全国城市轨道交通专业高职高专规划教材

Chengshi Guidao Jiaotong Gailun

城市轨道交通概论

（第2版）

主　编　阎国强　仇海兵
主　审　徐新玉［苏州大学城市轨道交通学院］

人民交通出版社

内 容 提 要

本书是全国城市轨道交通专业高职高专规划教材。主要内容包括：绪论，城市轨道交通概况，城市轨道交通规划，城市轨道交通线路和车站，城市轨道交通车辆，城市轨道交通供配电系统，城市轨道交通信号与通信系统，城市轨道交通运营管理，城市轨道交通环境控制与安全管理，共九个单元。每个单元都附有自主学习项目供学习时选用。

本书是城市轨道交通专业核心教材，可供高职、中职院校选用，也可作为城市轨道交通行业岗位培训或自学用书，同时可供城市轨道交通行业工程技术人员学习参考。

* 本书配有多媒体助教课件，任课教师可通过加入职教轨道教学研讨群（**QQ 群:129327355**）索取。

图书在版编目(CIP)数据

城市轨道交通概论/阎国强,仇海兵主编. —
2 版. — 北京：人民交通出版社, 2012.8
全国城市轨道交通专业高职高专规划教材
ISBN 978-7-114-09923-6

Ⅰ.①城… Ⅱ.①阎…②仇… Ⅲ.①城市铁路-高等职业教育-教材 Ⅳ.①U239.5

中国版本图书馆 CIP 数据核字(2012)第 152195 号

全国城市轨道交通专业高职高专规划教材

书　　名：	城市轨道交通概论(第 2 版)
著 作 者：	阎国强　仇海兵
责任编辑：	袁　方
出版发行：	人民交通出版社
地　　址：	(100011)北京市朝阳区安定门外外馆斜街 3 号
网　　址：	http://www.ccpress.com.cn
销售电话：	(010)59757973
总 经 销：	人民交通出版社发行部
经　　销：	各地新华书店
印　　刷：	北京市密东印刷有限公司
开　　本：	787×1092 1/16
印　　张：	14
字　　数：	294 千
版　　次：	2010 年 6 月　第 1 版
	2012 年 8 月　第 2 版
印　　次：	2020 年 12 月　第 16 次印刷　总第 33 次印刷
书　　号：	ISBN 978-7-114-09923-6
定　　价：	35.00 元

(有印刷、装订质量问题的图书由本社负责调换)

全国城市轨道交通专业高职高专规划教材
编审委员会

主　　任： 施建年（北京交通运输职业学院）

副主任：（按姓氏笔画排序）
　　　　王　彤（辽宁省交通高等专科学校）
　　　　李加林（广东交通职业技术学院）
　　　　杨金华（云南交通职业技术学院）

特邀专家：（按姓氏笔画排序）
　　　　尹相勇（北京交通大学交通运输学院）　　王　英（北京京港地铁有限公司）
　　　　史小俊（苏州轨道交通有限公司）　　　　刘卫民（长春市轨道交通集团有限公司）
　　　　佟关林（北京市地铁运营有限公司）　　　周庆灏（上海申通地铁集团有限公司）
　　　　林伟光（北京京港地铁有限公司）　　　　郑树森（香港铁路有限公司）
　　　　徐树亮（南京地下铁道有限责任公司）　　徐新玉（苏州大学城市轨道交通学院）

委　　员：（按姓氏笔画排序）
　　　　万国荣（广西交通职业技术学院）　　　　王　华（四川交通职业技术学院）
　　　　王劲松（广东交通职业技术学院）　　　　王建立（北京铁路电气化学校）
　　　　王　越（辽宁铁道职业技术学院）　　　　田　文（湖北交通职业技术学院）
　　　　邝青梅（广东省交通运输技师学院）　　　刘　奇（西安铁路职业技术学院）
　　　　刘　杰（北京市电气工程学校）　　　　　刘柱军（黑龙江第二技师学院）
　　　　吕建清（青岛港湾职业技术学院）　　　　江　薇（武汉市交通学校）
　　　　张洪革（辽宁省交通高等专科学校）　　　张　莹（湖南铁道职业技术学院）
　　　　张　燕（成都市工业职业技术学校）　　　李士涛（南京交通职业技术学院）
　　　　李中秋（河北交通职业技术学院）　　　　李　军（北京交通运输职业学院）
　　　　李志成（安徽交通职业技术学院）　　　　李　季（北京市自动化工程学校）
　　　　杨亚芬（云南交通职业技术学院）　　　　汪成林（武汉铁路职业技术学院）
　　　　汪武芽（江西交通职业技术学院）　　　　沈　艳（哈尔滨铁道职业技术学院）
　　　　单　侠（北京市外事学校）　　　　　　　周秀民（吉林交通职业技术学院）
　　　　罗建华（北京地铁技术学校）　　　　　　范玉红（南通航运职业技术学院）
　　　　俞素平（福建船政交通职业学院）　　　　耿幸福（南京铁道职业技术学院）
　　　　郭凯明（甘肃交通职业技术学院）　　　　都娟丽（西安科技商贸职业学院）
　　　　阎国强（上海交通职业技术学院）　　　　谭　恒（广州市交通运输职业学校）

秘　　书： 袁　方（人民交通出版社）

出版说明

21世纪初,随着我国城市轨道交通建设进入快速发展时期,各地职业院校面临这一大好形势,纷纷开设了城市轨道交通相关专业。为了满足我国城市轨道交通专业高职高专教育对教材建设的需求,我们在人民交通出版社2009年推出的"全国职业教育城市轨道交通专业规划教材"基础上,协同中国交通教育研究会职业教育分会城市轨道交通专业委员会,组织北京交通运输职业学院、南京铁道职业技术学院、上海交通职业技术学院、湖南铁道职业技术学院、广东交通职业技术学院、辽宁省交通高等专科学校等一线资深教师组成的编写团队,同时组建由北京交通大学交通运输学院、苏州大学城市轨道交通学院、香港地铁、北京地铁、京港地铁、上海地铁、南京地铁等资深专家组成的主审团队,联合编写审定了"全国城市轨道交通专业高职高专规划教材"。

为了做好教材编写工作,促进和规范城市轨道交通行业职业教育教材体系的建设,打造更为精品的城市轨道交通专业教材,我们根据目前职业教育"校企合作,工学结合"的教学改革形势,在多方面针求各院校的意见后,于2012年推出以下16种:

《城市轨道交通概论(第2版)》

《城市轨道交通客运服务英语(第2版)》

《城市轨道交通客运组织(第2版)》

《城市轨道交通行车组织(第2版)》

《城市轨道交通运营安全(第2版)》

《城市轨道交通票务管理(第2版)》

《城市轨道交通车站设备(第2版)》
《城市轨道交通客运服务(第2版)》
《城市轨道交通通信信号(第2版)》
《城市轨道交通车辆构造》
《城市轨道交通导论》
《城市轨道交通运营组织》
《城市轨道交通通信与信号系统》
《城市轨道交通安全管理》
《城市轨道交通设备管理》
《城市轨道交通调度指挥》

本套教材具有以下特点:

1. 体现了工学结合的优势。教材编写过程努力做到了校企结合,将北京、上海、广州、南京等地先进的地铁运营管理经验吸收进来,极大地丰富了教材内容。

2. 突出了职业教育的特色。教材内容的组织围绕职业能力的形成,侧重于实际工作岗位操作技能的培养。

3. 遵循了形式服务于内容的原则。教材对理论的阐述以应用为目的,以够用为尺度。语言简洁明了,通俗易懂;版式生动活泼、图文并茂。

4. 整套教材配有教学课件,读者可于人民交通出版社网站免费下载;单元后附有复习思考题,部分单元还附有实训内容。

5. 整套教材配有课程标准,以便师生教学参考。

希望该套教材的出版对职业院校城市轨道交通专业教材体系建设有所裨益。

全国城市轨道交通专业高职高专规划教材
编审委员会
2012年7月

前言

当前我国城市轨道交通发展十分迅速,近期,城市轨道交通建设、运营管理急需各类人才,尤其是从事一线维护检修工作的初、中级人才缺口更大,为了适应快速发展的形势,社会上各种各样的城市轨道交通培训教材相继出版,但这些教材要么内容较难较深,要么大而求全、理论多于实践,不太适合初、中级人才的培训和培养,而本书就是在此情况下诞生的。

为适应目前职业教育"校企合作,工学结合"的人才培养模式改革,本教材突出了职业教育的特点,在讲述专业知识的基础上,突出了实际操作技能的培养。专业知识以应用为目的,以必需、够用为度,围绕职业能力的形成组织课程内容。本书内容简洁明了,文字通俗易懂且图文并茂。

城市轨道交通是一个多工种的行业。本书是城市轨道交通类专业的核心课程教材,它对城市轨道交通所涉及的专业门类,如规划和建设、线路和车站、车辆、供电、信号、通信、运营管理、安全管理等一一作了介绍,使学生通过学习对整个城市轨道交通系统有一个全面的了解,为学习后续专业课程做好准备。

《城市轨道交通概论(第2版)》为全国城市轨道交通专业高职高专规划教材之一。内容包括:绪论、城市轨道交通概况、城市轨道交通规划、城市轨道交通线路和车站、城市轨道交通车辆、城市轨道交通供配电系统、城市轨道交通信号与通信系统、城市轨道交通运营管理和城市轨道交通环境控制与安全管理,共九个单元。每个教学单元都有教学目标、复习与思考,内容中穿插阅读材料、问题解析等,以激发学生学习的兴趣。

本书由上海交通职业技术学院阎国强(编写绪论,第1、2、3单元)任主编,北京交通运输职业学院仇海兵(编写第4、5单元)任第二主编,辽宁省交通高等专科学校董威(编写第6单元),广东交通职业技术学院李俊辉(编写第7单元),吉林交通职业技术学院于慧玲(编写第8单元),苏州大学城市轨道交通学院徐新玉担任主审。为方便教师和学生,本书还配有电子课件,可从人民交通出版社网站下载使用。

全书在编写的过程中参阅了大量专业书籍和报纸杂志上的专题文章,书末列出了参考文献目录,在此我们对其作者表示衷心的感谢。

由于编者水平有限,时间仓促,书中不足之处,敬请读者批评指正。

编　者

2012 年 7 月

目录 MULU

绪论 ·· 1
  0.1 发展轨道交通的必要性 ··· 2
  0.2 我国城市轨道交通的建设情况 ·· 3
  0.3 城市轨道交通所涉及的专业门类 ··· 4
  0.4 城市轨道交通发展对人才的需求 ··· 5
  复习与思考 ·· 6

单元1 城市轨道交通概况 ·· 7
  1.1 城市轨道交通的定义及主要类型 ··· 8
  1.2 世界主要城市的轨道交通 ·· 16
  1.3 我国主要城市的轨道交通 ·· 22
  复习与思考 ·· 29

单元2 城市轨道交通规划 ·· 30
  2.1 城市轨道交通规划概述 ·· 31
  2.2 城市轨道交通线网规划 ·· 35
  2.3 城市轨道交通规划方案评价 ··· 43
  复习与思考 ·· 45

单元3 城市轨道交通线路和车站 ································· 46
  3.1 城市轨道交通线路设计 ·· 47
  3.2 城市轨道交通线路组成与施工方法 ···································· 53
  3.3 城市轨道交通车站 ·· 64
  3.4 城市轨道交通换乘方式 ·· 73
  复习与思考 ·· 79

单元4 城市轨道交通车辆 ·· 80
  4.1 城市轨道交通车辆的类型和选用要素 ································· 81
  4.2 城市轨道交通车辆的机械组成部分 ···································· 84
  4.3 城市轨道交通车辆的电气组成部分 ···································· 97
  4.4 城市轨道交通车辆检修基地 ··· 104
  复习与思考 ·· 112

单元 5　城市轨道交通供配电系统 …… 113
　5.1　概述 …… 114
　5.2　变电所 …… 117
　5.3　接触网 …… 122
　5.4　远动监控(SCADA)系统及地下迷流 …… 126
　　复习与思考 …… 130

单元 6　城市轨道交通信号与通信系统 …… 131
　6.1　城市轨道交通信号系统 …… 132
　6.2　城市轨道交通通信系统 …… 145
　　复习与思考 …… 153

单元 7　城市轨道交通运营管理 …… 154
　7.1　城市轨道交通的运行组织 …… 155
　7.2　城市轨道交通运行调度指挥系统 …… 160
　7.3　城市轨道交通的行车组织 …… 164
　7.4　城市轨道交通的客运组织 …… 168
　7.5　城市轨道交通的票务管理 …… 174
　7.6　城市轨道交通网络化运营 …… 180
　　复习与思考 …… 186

单元 8　城市轨道交通环境控制与安全管理 …… 188
　8.1　城市轨道交通的环境控制系统 …… 189
　8.2　城市轨道交通的安全管理 …… 195
　8.3　城市轨道交通应急预案 …… 202
　　复习与思考 …… 207

附录　《城市轨道交通概论(第 2 版)》课程标准 …… 208
参考文献 …… 214

绪 论

教学目标

1. 了解发展轨道交通的必要性；
2. 了解我国轨道交通的建设情况；
3. 了解轨道交通所涉及的专业；
4. 了解轨道交通发展对人才的要求。

建议学时

2 学时

0.1 发展轨道交通的必要性

改革开放以来,我国经济高速发展,城市面貌日新月异,大量农村富余劳动力向城镇转移,我国城市化进程明显加快,城市化率由1979年的17.9%,提高到2011年的51.27%。到2016年年底,全国城市总数达660个。预计到2020年,中国的城市化率将达到60%。

城市化进程加速,机动车数量增加迅猛。我国私人汽车拥有量由1985年的28.5万辆,激增至2011年的7748万辆。按照国际大都市汽车保有量饱和标准300万~400万辆来看,北京、上海等大城市的汽车保有量已经逼近饱和。如北京人口已达2000万,机动车总量2011年年底突破500万辆,这就带来了如何缓解城市交通拥堵、减少环境污染、解决能源危机等一系列问题。图0-1为拥挤不堪的城市街道。

图0-1 拥挤不堪的城市街道

 想一想

城市化带来了哪些优势和弊端?

城市轨道交通列车(不包括磁浮、自动导向和市域快速轨道等)的速度可以达到25~45km/h,是公共汽车的3倍;安全、准点率高,给城市上班族提供了时间保障;轨道交通多采用电力牵引,能源利用率高,环境污染少;轨道的铺设和运转提升了所在地块的价值和所在城市的经济竞争力,相应商业和服务一体化设施也同步出现。所以,城市轨道交通因其快速、安全、舒适、节能等特点,已经成为人们出行工具中的首选之一,尤其是在一个随时随地都有可能发生交通拥堵的城市,它的方便、快捷成为人们依托。

0.2 我国城市轨道交通的建设情况

城市轨道交通系统包括有轨电车、地铁、轻轨、单轨(独轨)、磁浮、自动导向和市域快速轨道等形式,其中,使用较为普遍的是地铁和轻轨交通系统。

当前我国城市轨道交通发展十分迅速,截至2016年年底,共有58个城市的城轨线网规划获批(含地方政府批复的14个城市),规划线路总长达7305.3km。在建、规划线路规模进一步扩大,投资额持续增长,建设速度稳健提升。

第一批得到国家批准建设轨道交通项目的城市有15个,包括北京、上海、天津、广州、南京、深圳、武汉、西安、重庆、成都、哈尔滨、长春、沈阳、杭州和苏州。

2007年,又有南宁、宁波、无锡、大连、东莞、昆明、郑州、长沙、福州和贵阳10个城市在制订规划或报批之中。此外,还有合肥、青岛、济南、厦门、太原、大同和兰州等一批城市也在筹备轨道交通,筹备轨道交通的城市总计达到40多个。加上这些筹备建设的城市,中国轨道交通建设线路将达到4000km以上,到2020年年末,全国建成总里程将达7000km左右。

知识链接

我国城市申报地铁建设的标准

2003年9月,国务院办公厅下发的关于加强城市快速轨道交通建设管理的通知中明确了申报发展地铁的城市应达到的基本条件为:地方财政一般预算收入在100亿元以上;生产总值达到1000亿元以上;城区人口在300万人以上;规划线路的客流规模达到单向高峰3万人/h以上。

城市轨道交通的建设也符合我国"公交优先"的政策。作为国外大城市交通发展的成功经验,现代化大城市必须建立高效、快捷、安全、舒适的公共交通系统,实行"公交优先"政策,促进社会效益、经济效益和环境效益的有机统一,而城市轨道交通具有这一系列的优点,对缓解城市交通压力、引导城市发展、促进城市化进程、改善城市环境、保证城市经济的持续发展等方面将起到巨大的推动作用,是"公交优先"的真正体现。

0.3 城市轨道交通所涉及的专业门类

城市轨道交通是一个多专业多工种配合工作、围绕安全行车这一中心而组成的有序联动、时效性极强的系统。它有一套极为严格的操作流程。在运输组织上要实行集中调度、统一指挥、按运行图组织行车;在功能实现方面,各有关专业如隧道、线路、供电、车辆、通信、信号、车站机电设备及消防系统均应保证状态良好,运行正常;在安全保障方面,主要依靠行车组织和设备正常运行来保证必要的行车间隔和正确的行车路径。

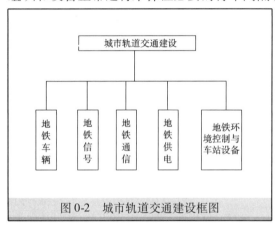

图 0-2 城市轨道交通建设框图

城市轨道交通建设是一个庞杂的系统工程,一般而言(以地铁为例),它主要包括地铁车辆、地铁信号、地铁通信、地铁供电、地铁环境控制与车站设备、轨道线路和车辆段等几大部分,如图 0-2 所示。

(1)地铁车辆。地铁车辆是地下铁道交通系统的重要组成部分,也是技术含量较高的机电设备。地铁车辆有动车(M,Motor)和拖车(T,Trailer)、带驾驶室车和不带驾驶室车等多种形式。地铁车辆在运营时一般采用动拖结合、固定编组,形成电动列车组。由于它本身带有动力牵引装置,兼有牵引和载客两大功能,因此和铁路列车不同,不需要再连挂单独的机车。

(2)地铁信号。地铁的信号设备是保证行车的安全和提高线路的通过能力,包括信号装置、联锁装置、闭塞装置等。信号装置是指示列车运行条件的信号及附属设备;联锁装置是保证在车站范围内,行车和调车安全及提高通过能力的设备;闭塞装置是保证在区间内行车安全及提高通过能力的设备。

(3)地铁通信。地铁的通信设备是构成地铁各部门之间有机联系、实现运输集中统一指挥、行车调度自动化、列车运行自动化、提高运输效率的必备工具与手段。

(4)地铁供电。地铁的供电系统是为地铁运营提供电能的。地铁列车是电力牵引的电动列车,其动力是电能。此外,地铁中的辅助设施包括照明、通风、空调、排水、通信、信号、防灾报警、自动扶梯等，也都依赖电能。地铁供电电源一般取自城市电网，通过城市电网一次电力系统和地铁供电系统实现输送或变换，然后以适当的电压等级供给地铁各类设备。

(5) 地铁环境控制与车站设备。为了保证地铁安全正常运行，地铁内设置环境控制设备和各类必需的车站辅助设备，包括通风、空调、给排水、消防、自动扶梯、直升电梯、动力、照明、旅客引导等系统设备。现代化程度较高的地铁还配置了自动售检票系统、车站设备自控系统、屏蔽门等。地铁车站里的辅助设备包括自动扶梯、直升电梯、卷帘门、防洪门、旅客引导、照明、售检系统、车站设备自控系统等。根据需要还可设置屏蔽门和防核辐射门等。

0.4 城市轨道交通发展对人才的需求

城市轨道交通是个新兴行业，设备先进，技术含量高，技术发展快，对从业人员技术水平要求也较高。根据测算，每公里轨道交通线路要投入运营需要 50~60 人。随着全国各大城市轨道交通项目相继开展，尤其是像北京、上海、广州这样的超级大都市，其轨道交通超常规的发展带来的人才需求就更加可观。目前城市轨道交通急需的人才有下列几种：

❶ 轨道交通运营管理人才

轨道交通需要大量能从事轨道交通运营管理、调度、行车值班等工作的高等应用型专门人才。然而目前轨道交通运营管理人才非常紧缺，与产业发展不相吻合。

该类人才主要从事城市轨道交通线路规划、工程设施和控制系统运营和管理方面工作，应掌握运筹学、系统工程、运输经济学、管理学、计算机应用等专业知识，具备现代城市轨道交通线路规划、运输管理、设备操作与管理和运输指挥等工作经验。

❷ 轨道交通工程人才

城市轨道交通工程涉及线路规划、设计、工务管理、线路日常维护等环节，直接影响城市轨道交通的顺畅与安全，相关人才的重要性不言而喻。

该类人才主要从事轨道运输规划、交通工程设计、工务管理等方面工作，应掌握土木工程、力学、测量学、运输规划、计算机应用等专业知识，具备城市轨道交通线路规划、设计、检测、故障分析与处置等能力，有从事城市轨道交通工务管理和线路维护等工作经验。

③ 轨道交通通信信号人才

城市轨道交通通信信号人才是保障城市轨道交通通信信号正常工作的高级工程技术人才。此类人才需要具有研发能力,集控制科学与工程、信息与通信工程、计算机科学与技术三类专业知识于一身,还需要掌握数据的采集、传输与处理,电子设备与信息系统等方面的基本理论和技术,接受过电子与信息工程分析、设计与实践等方面的基本训练,掌握现代轨道交通列车运行自动控制系统、现代通信系统的分析和应用技术。

④ 轨道交通技术(机电设备)人才

城市轨道交通中的机电设备包含自动售检票系统、电梯和自动扶梯、暖通和环控、给排水、消防安全、屏蔽门等设施。城市轨道交通技术(机电设备)人才正是为轨道交通运营环节保驾护航的应用型工程技术人才。

该类人才需掌握工程制图、工程力学、电工技术、微机原理及应用、机械设计基础、电力拖动原理、电梯与自动扶梯、触网技术、变配电技术、机电设备、空气调节、供热工程、通风工程和给排水工程等专业知识。

⑤ 轨道交通技术(车辆技术)人才

城市轨道交通技术(车辆技术)人才是负责城市轨道交通车辆驾驶、运用与管理、车辆故障诊断处理、车辆保养与维护方面的一线工程技术人才。

该类人才需掌握机械设计、工程力学、车辆构造与原理、车辆电力牵引与控制、故障诊断与维修、车辆电气辅助系统等专业知识。

⑥ 供电工程与接触网人才

供电工程与接触网人才是指能从事轨道交通供变电系统的设计、安装、调试、维护与维修、变配电等工种的高级应用型人才。

该类人才需掌握电路、电子技术基础,微机远动技术,电力电子技术,高低压电器,电力系统故障分析,电气测量技术,继电保护技术,高低压柜的设计与安装,电力工程等专业知识。

复习与思考

1. 城市轨道交通发展的必要性有哪些?
2. 城市轨道交通所涉及的专业有哪些?

单元 1

城市轨道交通概况

教学目标

1. 掌握城市轨道交通的类型；
2. 了解城市轨道交通的起源；
3. 了解世界主要城市轨道交通的发展情况；
4. 了解中国主要城市轨道交通的发展情况。

建议学时

6 学时

1.1 城市轨道交通的定义及主要类型

一 城市轨道交通的定义

广义上的城市轨道交通是指采用轨道进行承重和导向的车辆运输系统,设置全封闭或部分封闭的专用轨道线路,具有车辆、线路、信号、车站、供电、控制中心和服务等设施,车辆以列车或单车形式,运送相当规模客流量的城市公共交通方式。城市轨道交通作为城市公共交通的重要组成部分,具有城市公共交通的特点。它区别于一般的城市道路交通,例如公共汽车、出租车等,是另一种现代化的城市公共客运系统。

狭义上的城市轨道交通特指地铁、轻轨和单轨(独轨)。

二 城市轨道交通的主要类型

城市轨道交通经过一个多世纪的发展,形成了多种多样的城市轨道交通方式:按照运量规模可以分为大运量、中运量和小运量三个等级;按照在空间上的分布位置又可分为地下、地面和高架三种形式;按照轮轨的材料可以分为钢轮钢轨、胶轮钢筋混凝土轨;按照导向方式分为轮轨导向、导向轮导向等。

城市轨道交通的发展虽然根据各种分类标准有许多形式,但通常人们所说的轨道交通主要是按照其技术特征来分类的,主要有有轨电车、地铁、轻轨、单轨(独轨)、磁浮、自动导向交通系统和市域快速轨道系统等,尤其是以地铁和轻轨为主。

1 有轨电车

有轨电车已有100多年历史。在1881年德国柏林工业博览会期间,展示了一列3辆电车编组的小功率有轨电车,只能乘坐6人,在400m长的轨道上往返运行。这是世界上第一辆有轨电车,它给世人提供了富有创意的启示。

世界上第一个投入商业运行的有轨电车系统是1888年美国弗吉尼亚州的里士满市。此后有轨电车系统发展很快,在20世纪20年代,美国的有轨电车线总长达25 000km。到20世纪30年代,欧洲、日本、印度和我国的有轨电车有了很大发展,如图1-1所示。1899年我国第一条有轨电车在北京建成通车,到 1908 年上海也建成了中国内地第三条有轨电车,如图 1-2 所示。在随后的年代里,我国的沈阳、哈尔滨、长春、鞍山等城市都相继修建了有轨电车,在当时我国城市的公共交通中发挥了骨干作用。

图 1-1　1913 年法国的 24 路有轨电车

图 1-2　1908 年上海有轨电车

但旧式有轨电车行驶在城市道路中间,与其他车辆混合运行,又受路口红绿灯的控制,运行速度很慢,正点率低而且噪声大,加减速性能较差,但仍不失为居民出行的便捷交通工具。

随着汽车工业的迅速发展,西方国家的私人小汽车数量急剧增长,大量的汽车涌上街头,城市道路面积明显不够用,导致世界上各大城市都纷纷拆除有轨电车线路。这阵风也波及了我国,到 20 世纪 50 年代末,我国一些大城市已把有轨电车拆除,仅剩下长春、大连和鞍山 3 座城市的有轨电车没有完全拆除,并一直保留至今,继续承担着正常的公共客运任务。

但汽车数量的过度增长使城市交通又出现了新的问题:交通堵塞,行车速度下降,空气污染和噪声严重,在闹市区甚至连停车也很难找到适当地方。到 20 世纪 60 年代初,西方一些人口密集的大城市,除考虑修建地下铁道外,又重新把注意力转移到地面轨道交通方式上来。我国上海浦东,于 2009 年年底采用法国劳尔公司开发的新型有轨电车投入运营,如图 1-3 所示。

图 1-3　2009 年上海浦东新型有轨电车

利用现代高科技改造和发展有轨电车系统,在欧美已取得了显著成效。据不完全统计,现在世界上已有 270 多座城市建有新型有轨电车系统,说明新型有轨电车在一些国家的城市中,正在发挥着重要作用。

2 地铁交通系统

(1) 概述

一般而言,通常所说的地铁是指大运量行驶在地下的钢轮钢轨系统,但这种说法也不是绝对的。由于地下隧道的建设造价比较昂贵,许多城市的地铁系统在城市外围区域或在适当的位置也采用地面或高架线路方式。而据国际隧道协会对地铁的定义是:轴重相对较重,单方向高峰输送能力在3万人次/h以上的城市轨道交通系统。

地铁交通系统在市区间提供客运服务,但有些线路也可延伸到市郊的运输线,它的车站间距较紧密,所有系统均为电力驱动,一般线路全封闭,实现信号自动化控制,具有运量大、速度快、安全、准时、舒适、节约城市土地资源等特征,是发达国家主要城市中公共交通的骨干力量。它的主要技术参数如表1-1所示。

地铁主要技术参数　　　　　表1-1

序号	项目	技术参数	序号	项目	技术参数
1	高峰小时单向运送能力	30 000~70 000人	9	安全性和可靠性	较好
2	列车编组	4~8节,最多11节	10	最小曲线半径	300m
3	列车容量	3 000人	11	最小竖曲线半径	3 000m
4	车辆构造速度	89~100km/h	12	舒适性	较好
5	平均运行速度	30~40km/h	13	城市景观	无大影响
6	车站平均间距	600~2 000m	14	空气污染、噪声污染	小
7	最大通过能力	30对/h	15	站台高度	一般为高站台,乘降方便
8	与地面交通隔离率	100%			

(2) 适应范围

地下铁道之所以在世界范围内得到广泛的发展,一个很重要的原因就在于它具备城市道路交通不可比拟的优势。首先,地铁是一种大容量的城市轨道交通系统,单向高峰每小时运送能力可以达到30 000~70 000人次,而公共汽电车单向每小时运送能力只在8 000人次左右,远远小于地铁,因而在客流密集的城市中心地带建设地铁可以明显疏散公交客流,分担绝大部分城市公共交通流量;其次,地铁具有可信赖的准时性和速达性,地铁线路与道路交通隔绝,有自己的专用线路,不受气候、时间和其他交通工具的干扰,不会出现交通阻塞而延误时间,因而在保证准时到达目的地方面得到乘客的信赖,对居民出行具有很大的吸引力;第三,由于地铁大多在地下或高架,因而与其他交通方式无相互干扰,安全性高,在当今世界汽车泛滥、交通事故居高不下的情况下,地铁如果不发生意外或自然灾害,乘客安全总可以得到保障,这也是地铁吸引人的地方之一;第四,地铁噪声小,污染少,对城市环境不会造成破坏。另一方面,在城市发展空间日益狭小的今天,地铁充分利用了地下空间,节约出地面宝贵的土地资源为人类所用,这在一定程度上也刺激了地铁的发展。

虽然地铁具有很多其他交通方式并不具备的优势,但其缺点也相当突出,制约着地铁的进一步发展。首先,地铁的建设费用相当高,在日本,每公里地铁建设费要超过 200 亿日元,我国每公里地铁造价平均达 4 亿~5 亿元人民币。即使对于工业发达国家来说,大量建设地铁所需的建设费用也是难以承担的。地铁不仅建设费用比较高,而且建设周期长,见效慢。其次,地铁一个致命的弱点是在于一旦发生火灾或其他自然灾害,乘客疏散比较困难,容易造成人员伤亡和财产损失,对社会造成不良影响。乘客选择交通方式,主要考虑的是速达性、准时性、便利性、舒适性、安全性和经济性。国外专家的研究表明:人口超过 100 万的特大城市建设地铁是比较合适的,但如果在特定线路上,由于城市的特殊交通需求,人口在 50 万~100 万的城市也可考虑建设地铁。当然随着科学技术的发展,地铁车辆日益小型化、轻量化,建设费用不断降低,地铁的适用范围会不断扩展,为更多的城市所接受。图 1-4 所示为上海地铁 3 号线。

图 1-4　上海地铁 3 号线

3　轻轨交通系统

(1) 概述

轻轨概念的出现,是在 1978 年 3 月,国际公共交通联合会(UITP)在比利时首都布鲁塞尔召开会议,会上确定了新型有轨电车交通的统一名称,英文为 Light Rail Transit,简称"轻轨",英文缩写:LRT。它是在有轨电车基础上发展起来的,由电气牵引、轮轨导向,列车或车辆编组运行在专用行车道上的中运量城市轨道交通系统,输送客流能力介于地铁与有轨电车之间,单向高峰小时客运量在 15 000~30 000 人次之间,是地铁的 1/3~1/2,其运载在轨道上的负荷相对于市郊铁路和地铁更轻,因而称为轻轨,如图 1-5、图 1-6 所示。需要说明的

图 1-5　西班牙巴塞罗那现代有轨电车(轻轨)

图 1-6　东京轻轨 12 号线

是:在我国,根据《城市快速轨道交通工程项目建设标准(试行本)》,用轻轨来命名中运量的地铁(包括地面和高架铁路),而欧洲所说的"轻轨",一般是特指现代有轨电车交通。为了与欧洲的定义兼容,所以我们提出轻轨分为两类——准地铁与新型有轨电车。

目前,无论是发达国家,还是发展中国家,轻轨交通方兴未艾,因为轻轨交通的工程造价要比地铁减少2/3还多,为广大经济实力并不太强的城市所接受,因此这种中等运量的"客运走廊"受到人们的普遍欢迎。各国也纷纷根据自己的国情,制订相应的轻轨交通发展战略和模式。

(2)轻轨交通在我国的前景展望

城市化进程的加速,给我国大中城市带来严重的交通问题,而经济基础薄弱又是制约交通建设的主要因素,选择经济合理而且符合我国人口众多这一国情的交通模式是当务之急。轻轨交通既免除了地铁的昂贵投资,又具有中运量的特点,因此,选择轻轨交通作为城市公共交通的主要发展目标是极为适当和势在必行的。我国的轻轨交通建设,必须从国情出发,既要采用先进技术,向国际先进水平靠近,也要考虑实际,充分利用我国现有的技术条件和科技能力,走自力更生发展轻轨交通的道路。虽然我国的轻轨交通建设刚刚起步,但已有成功建成现代化轻轨交通工程项目的先例,因此轻轨交通在我国前景广阔。

 议一议

地铁与轻轨的区别有哪些?

4 单轨(独轨)交通系统

(1)概述

单轨交通,国外也称为独轨交通,是指车辆在一根轨道上运行的一种轨道交通系统。通常区分为跨坐式和悬挂式两种,跨坐式是车辆跨坐在轨道梁上行驶,如图1-7所示。悬挂式是车辆悬挂在轨道梁下方行驶,如图1-8所示。相关资源见二维码1。

二维码1

图1-7 重庆跨坐式单轨交通

单轨交通历史悠久,早在1821年英国人P. H. Palmer就开发了单轨铁路,并因此而获得发明专利。1824年在伦敦船坞为运送货物修建了世界上第一条单轨铁路,这比1825年开通的蒸汽机车牵引的铁道线路还早。当时采用木制轨道,用马来牵引着前进。1888年法国人在爱尔兰铺设了约15km的跨坐式单轨铁路,用蒸汽机车牵引,从此有动力的单轨走向实用化阶段,但因为车辆摇摆、噪声大等原因,1924年这条线路停止运营。1893年德国人Langen发明了悬挂式单轨车辆,1901年在伍珀塔尔开始运营,长度13.3km,其中10km线路跨河架设,成为利用街道上空建设单轨铁路的

图1-8 悬挂式单轨交通

先驱。这条线路至今仍在使用,成为该市的一个历史景观,并在交通系统中发挥着重要的作用。第二次世界大战后,随着科学技术的进步,单轨铁路的技术逐渐成熟,轨道、车辆和通信信号设备都有了很大的发展,再加上单轨铁路可以利用公路和河流上方空间,单轨技术受到一定的重视。1958年,在瑞典出生的德国工业家AxelLennart Wenner-Gren研制出跨坐式、混凝土轨道和橡胶充气轮胎的单轨交通制式,即目前所称的ALWEG型。后来,美国、日本、意大利等许多国家都建设了这种形式的单轨铁路。尽管单轨交通已经经历了一个多世纪的发展历程,但因为单轨铁路的导向、稳定及转辙装置等关键技术问题尚未完全解决,而且单轨交通的运输能力又与有轨电车不相上下,技术要求却高得多,因此在世界范围内并没有得到广泛的应用。

(2)单轨交通的优点和缺点

单轨交通与轻轨交通相比,突出优点表现在以下几方面:

①占用土地少。高架单轨不需要很大空间,每根支柱直径仅为1~1.5m,双线轨道梁的线路断面总宽度为5~7m,与其他高架轻轨系统相比是最窄的。

②运量较大。国外单轨列车一般由4~6辆组成,列车运输能力每小时为5 000~20 000人次。

③能适应复杂地形要求。由于使用橡胶轮胎,可以适应复杂地形的要求,适宜在狭窄街道的上空穿行,可减少拆迁,降低造价。

④建设工期短,造价低。高架单轨结构简单,易于建造,因此,工期较短,造价较低,一般为地铁的1/3。

⑤能确保安全。由于车辆与轨道的特殊结构,在轨道梁两侧均有起稳定作用的导向轮,能确保运行安全。

⑥噪声与振动均低,且无排气污染等公害。由于采用橡胶轮胎,所以振动和噪声大大降低。此外,电力驱动也不存在污染环境的问题。

⑦对日照和城市景观影响小。由于高架独轨占用空间少,沿线不会投下很大的遮光阴影,并且对城市景观还能起到一定的点缀作用。

单轨交通的缺点有两个方面：一是它的运量在实践中还没有达到过计算运量，所以，对独轨车辆的最大运量问题尚需进一步论证；二是这种类型车辆我国还没有研制的经验，而引进的价格每辆高达 160 万美元。国外研究表明，在人口不少于 100 万的城市建设单轨交通是比较合理的，但城市人口不足 100 万的，如德国伍珀塔尔也有单轨交通线路，如图 1-9 所示，而且运营良好。因此，各城市应结合自己的实际，对地铁、轻轨交通、单轨交通进行充分细致的技术经济比较，最终选择经济、合理、高效的轨道交通方式。

图 1-9　德国中部城市乌伯塔尔的悬挂式独轨交通

  想一想

单轨车辆发生火灾如何逃生？

5　磁浮系统

二维码 2

磁浮列车是依靠磁悬浮技术将列车悬浮起来并利用直线电机驱动列车行驶的交通工具，它分为常速、中速、高速和超高速等几种形式。城市轨道交通主要是利用中低速磁悬浮，它一般运行距离较短，如上海磁悬浮列车，如图 1-10 所示。相关资源见二维码 2。

图 1-10　上海磁悬浮列车

上海磁浮列车目前是全世界唯一一条投入商业运营的线路，它是在德国的 TR08 列车的基础上发展起来的，基本技术规格与 TR08 一样，在运行速度、舒适性、能耗、环境、安全性和运行维护等方面，具有铁路车辆和飞机无可比拟的优势。

上海磁浮列车由两节首尾车及一节中间车编组成列，单节车不能用作正常运行。车辆分为上部车体、夹层结构和下部车体。磁浮列车没有传统的轮轨系统，列车和轨道的作用由一个无接触的悬浮、导向和驱动电磁系统所取代。列车受电磁吸力而悬浮，导向系统则保持列车在预定的轨迹中。利用长定子同步直流电机的工作原理，使列车在走移磁场的作用下同步而无接触地被牵引和制动，从而取消了受电弓。由于电磁系统将支撑、导向和牵引力作为面荷载作用于线路上，列车与轨道无直接接触，使列车运行速度高达 430km/h。列车可通过 38G 无线通信系统和控制中心通话，紧急情况下，还可通过 GSM 车载移动电话进行通信。列车受 OCS 系统直接控制，可实现无人驾驶。

城际交通间的磁悬浮列车一般运距较长,主要利用高速磁悬浮,连接相邻两大城市的快速客运。

查一查

磁悬浮技术的发展情况。

❻ 自动导向交通系统

自动导向运输系统(Automated Guideway Transit,简称 AGT),一般泛指以无人驾驶的车厢在专用路权及自动化控制条件下运行的新型运输系统。这种系统在美国早期被称为"水平电梯"(Horizontal Elevators)、"空中巴士"(Sky Bus)或"捷运快道"(Transit Expressway),近年来则统称为"运人系统"(People Mover System)。法国与日本将 AGT 技术进一步发展并应用于城市地区的中量大众运输,在法国称 Vehicule Automatique Leger,简称 VAL;日本则以"新交通系统"统称 AGT 技术类型的中运量捷运系统。上海外滩的人行过江隧道从定义来看也是属于 AGT 范畴。

自动导向交通系统是一种车辆采用橡胶轮胎在专用轨道上运行的中运量轨道运输系统,其列车沿着特制的导向装置行驶,车辆运行和车站管理采用计算机控制,可实现全自动化和无人驾驶技术,线路形态在市区采用地下隧道,郊外采用高架架构,占地面积小,自动化程度高,它是一种既节省人力也节省费用的有轨快速客运系统。自动导向交通系统适用于城市机场专用线或城市中客流相对集中的点对点运送乘客,必要时,中间可设少量停车站。自动导向交通系统的车辆比地铁和轻轨车辆小,一般列车编组 2～6 节,适用于单向每小时 1 万人次客运量,属中运量的城市轨道交通系统。目前,世界上营运的自动导向交通系统有 20 多条,总长超过 200km,其中以日本居多。日本神户自动导向交通车辆如图 1-11 所示。

图 1-11　日本神户自动导向交通车辆

查一查

为什么日本建设的自动导向交通线路比较多？

7 市域快速轨道系统

市域快速轨道交通系统是一种适用于城市群城际之间的中程距离客运交通的轨道运输系统，日单向客运量可达 50 万～80 万人次（一般不采用高峰小时客运量的概念）。根据线路、车辆使用范围和条件不同，可采用不同类型的车辆，在城市市郊或城市之间的地面或高架桥上运行，必要时也可在隧道中运行。由于站距往往可达5～10km，甚至在城市至城市之间中间可以不设站，因而可选用铁路动车组或运行速度120km/h 以上的特种车辆，旅行速度可达 50km/h 以上。其动力也可因地制宜，可选用电气化铁路 AC 25kV 的供电方式，也可采用 DC 1 500V 的供电方式，必要时也可选用内燃动车组，如上海市金山铁路就属于该类型。市域快速轨道交通动车组如图1-12所示。

图1-12 市域快速轨道交通动车组

1.2 世界主要城市的轨道交通

一 世界城市轨道交通的发展历史

城市轨道交通的诞生和发展已有150多年历史，经历了一个曲折的过程，大致可分为以下几个阶段。

1 初始发展阶段（1863—1924）

1843 年，英国人 C.皮尔逊提出修建地下铁道的建议，1860 年开始在英国伦敦修建地铁，1863 年 1 月 10 日建成通车，线路长 6.4km，用蒸汽机牵引，这是世界上第一条地铁线路。

1874年在英国伦敦又首次采用盾构法施工,于1890年12月18日修建成另一条约5.2km的地铁线路,并首次采用电力机车牵引。在19世纪的后10年及20世纪初,世界上有许多城市修建了地铁,例如芝加哥、费城、波士顿、巴黎、柏林、汉堡、纽约、马德里等。这一阶段欧美的城市轨道交通发展较快。

❷ 停滞萎缩阶段(1924—1949)

众所周知,这一阶段发生了第二次世界大战,造成了这一阶段城市轨道交通发展的停滞和萎缩。另外,汽车工业的发展也是一个因素,由于汽车具有灵活、便捷和可达性强等特点,在这一阶段得到了飞速发展。而城市轨道交通因投资大、建设周期长和运营成本高等特点,一度失宠。不过在这一阶段,还是有一些城市发展了地铁,例如东京、莫斯科、大阪等。

❸ 重新发展阶段(1949—1969)

由于汽车过度增加,使城市道路交通堵塞、行车速度下降,严重时还会导致交通瘫痪,加之汽车有污染空气、噪声严重、大量耗费石油资源和停车难等缺点,人们重新认识到解决城市客运交通必须依靠电力驱动的城市轨道交通,这一阶段世界上又有许多国家的城市修建了地铁,例如名古屋、北京、蒙特利尔等,城市轨道交通从欧美扩展到了亚洲国家。

❹ 高速发展阶段(1970年至今)

世界各国城市化的趋势,导致人口高度集中,要求城市轨道交通高速发展以适应日益增加的客流运输需求,科学技术的进步也为城市轨道交通奠定了良好的发展基础。另外,城市轨道交通本身具有的大运量、高效率、节约城市土地资源等特点也为其高速发展创造了条件。这一阶段,城市轨道交通的发展遍及世界范围,从发达国家扩展到发展中国家。

据日本地下铁道协会统计,到1999年全世界已有115个城市建成了地下铁道,线路总长度超过了7 000km。战后中等发达国家和发展中国家地下铁道建设进程按年代见表1-2(从建成第一条地下铁道至1999年通车的总里程)。

战后中等发达国家和发展中国家地下铁道建设进程　　　　表1-2

年　代	城市数目(个)	建成里程(km)	年　代	城市数目(个)	建成里程(km)
1950—1960	10	455.65	1981—1990	29	978.2
1961—1970	10	799.0	1991—1999	95	415.3
1971—1980	29	1 634.8	总计	95	4 262.95

二 世界主要城市的轨道交通

❶ 伦敦地铁简介

伦敦是地铁的发源地,被称为是"建在地铁上的都市"。1863年1月10日建成,至今已经历了150年的风风雨雨。其实,最早提出修建地下铁道的C.皮尔逊并不是铁道专家,而是一位律师。当时,伦敦的车辆很多,交通非常拥挤,经常发生事故,他预感到这种状况将随着城市的发展而日趋严重。因此,他借鉴了铁路时速高、运量大的特点,向伦敦政府当局提出了把铁路修建在城市街道下面的设想,经论证后被英国政府采纳。地铁车辆在伦敦市中心是地下运行的,而郊区则在地面运行,其中地面运行线路占55%。伦敦地铁在英语中常被昵称为The Tube(管子),名称来源于车辆在像管道一样的圆形隧道里行驶。

今天伦敦已建成总长439km的地铁网,其中160km在地下,共有12条路线、275个运作中的车站,每日载客量平均高达267万人。

伦敦地铁如图1-13所示。

2 纽约地铁简介

纽约地铁(New York City Subway,简称NYCS)诞生于1904年,是美国纽约市的快速大众交通系统,也是全球最错综复杂且历史悠久的公共地下铁路系统之一。目前已发展为由27条线路组成的地铁网,全长443km,504个车站,日运送乘客490万人次。年客运量15亿人次,纽约地铁运量占公交系统运量的70%左右,它以简便实用为特点,即使一些换乘站,结构也极为简单,方便实用,上几层台阶便可换乘相互垂直的另外线路。

纽约地铁如图1-14所示。

图1-13 伦敦地铁

图1-14 纽约地铁

3 东京地铁简介

东京是全日本以至全亚洲最早有地下铁路线开通的城市,现今银座线上野站—浅草站一段于1927年12月通车。目前共有13条路线(东京地下铁共9条线路、都营地下铁共4条线路),285个车站(东京地下铁共179个、都营地下铁共106个,当中复数路线共用的车站重复计算),路线总长304.1km(东京地下铁共195.1km、都营地下铁共109km,不含与私营铁路直通运转的路段),每日平均运量将近800万人次,年运送乘客28亿人次,发达程度居世界前五名。

东京地铁车站以多样化著称,有岛式、侧式、双岛式、一岛一侧式、上下式等多种形式,车站出入口的布局与地面建筑物协调一致,融为一体,有的设在大银行、大公司或影剧院、百货商场等的门口或里面,有的在方便乘客的交通路口等。东京地铁如图 1-15 所示。

4 巴黎地铁简介

巴黎地铁(Le Métropolitain de Paris,简称 Métro)于 1900 年开通,总长度 221.6km,年运送乘客 9.76 亿人次,市区内所有建筑距离地铁最远 500m,是法国巴黎的地下捷运系统。有 14 条主线、2 条支线,合计 380 个车站、87 个交汇站。

地铁路网拓展大致分为三个阶段:1900 年至 1920 年间,修筑路线以巴黎核心路网为主;1930 年至 1950 年,路线扩展至近郊;1960 年至 1980 年以建设区域快铁(RER)的路网为主,整体路网于 1990 年年末完工。巴黎地铁如图 1-16 所示。

图 1-15　东京地铁

图 1-16　巴黎地铁

5 莫斯科地铁简介

莫斯科地铁(全称为列宁莫斯科市地铁系统,俄语：Московский метрополитен имени В. И. Ленина),是世界上使用率最高的地下轨道系统。其中不少车站在建设的时候融入了卓越的设计风格以及大理石立柱的设计,使得莫斯科地铁的富丽堂皇程度也是世界上首屈一指的。莫斯科地铁总长度 287km,年运送乘客 33 亿人次,地铁车速为全世界最快,时速达 120km。莫斯科地铁如图 1-17 所示。

6 其他主要城市地铁简介

韩国首尔轨道交通系统是世界前五大载客量最高的铁路系统,其服务范围为韩国首都首尔特别市,一天载客量可达 400 万人次,服务首尔和周边京畿道的首都圈。首都圈电铁以首尔的八条地下铁路为主,并辅以国铁的盆唐线及仁川地铁的两条路线,共 11 条路线。整个铁路系统里,单是国铁运营路段以外的地下铁路线,其总长度已达 278km,日运送乘客 800 万人次,拥有全世界最大的地铁车站,如

图 1-17　莫斯科地铁

图1-18所示。

马德里地铁是西班牙首都马德里的地下铁路系统,于1919年10月17日由当时国王阿方素十三世开幕。直至现在,共有281个车站,其中27个为两线转乘站,12个为三线转乘站,1个(美洲大道站,Avenida de América)是四线转乘站。整个地铁网络包括12条主线及1条支线,合计长度为281.58km。有3站提供同线转乘,以前往其他地区,有21站提供与马德里近郊线的转乘,如图1-19所示。

加拿大蒙特利尔地铁(法文：Métro de Montréal,英文：Montreal Metro)是蒙特利尔市、朗基尔市和拉华尔市的城市轨道交通系统,由蒙特利尔交通局(法文：STM)管理。整个系统包括4条线路、73个车站。蒙特利尔地铁是世界上少数使用胶轮路轨系统的重铁系统,其技术采纳自法国巴黎地铁的MP—59列车。它是世界最繁忙的地铁系统之一,如图1-20所示。

图1-18 首尔地铁

图1-19 马德里地铁

巴西圣保罗市人口约为1 200万,大圣保罗区人口约2 000万,是世界级大都市之一。圣保罗市地铁1号线(蓝色)、2号线(绿色)、3号线(红色)和5号线(紫色)全长61.3km,车站55个,日均载客量为330万人;7号线、8号线、9号线、10号线、11号线、12号线(全部由CPTM公司运作)全长260.8km,车站93个。这两个系统由圣保罗州政府的一家公司管理,乘客在这两个系统之间可以换乘,被称为世界最清洁的地铁系统。如图1-21所示。

图1-20 蒙特利尔地铁

图1-21 圣保罗地铁

查一查

截至目前世界主要城市轨道交通的建设情况。

 知识链接

地 铁 之 最

世界上最早的地铁——伦敦地铁,于1863年投入使用,其干线长度为439km。

世界上最繁忙的地铁——莫斯科地铁,1935年启用,年最高流量达33亿人次。同时因其营运时间长,发车频繁,行车迅速,坐车舒服,票价低廉,换车方便,也被称为最方便的地铁。

世界上最长的地铁系统——纽约地铁全长443km。

世界上车站最多的地铁——纽约地铁,1904年启用,共有504个车站。

世界上最短的地铁——土耳其伊斯坦布尔地铁,只有610m,也是世界上车站最少的地铁,设首尾两座车站。

世界上最高的地铁——瑞士阿尔卑斯山上的缆索地铁,全长15km,列车只需要2min就可以将200名旅客送上3 500m高的游览胜地。

世界上最有经济效益的地铁——香港地铁,全长168.1km,9条线路,80个车站,日客运量246万人次。

世界上最现代化的地铁——美国旧金山地铁,列车运行时速高达128km,为世界地铁列车的高速冠军。

世界上第一条全自动地铁——伦敦维多利亚地铁,列车行驶、售票、维持秩序等一切工作全由计算机完成。

世界上最具有艺术氛围的地铁——斯德哥尔摩地铁,50多个地铁车站,装有半个世纪以来的150多位艺术家的作品。

世界上最深的地铁——朝鲜平壤市的地铁,由于地质的原因,路线和车站都离地面七八十米深。

世界上最豪华的地铁站——法国巴黎的地铁站名扬全球,它建在火车站下面,建筑设计十分精美,技术设备极为先进,被人们誉为"地下宫殿"。

 知识链接

国际地铁协会 CoMET 组织

国际地铁协会(Community of Metros,简称 CoMET)是一个国际性的地铁基准组织。它是世界上几个规模较大的捷运系统(地铁)结合而成的组织,目前有12个成员,分别是:德国柏林交通运输公司、香港地铁公司、伦敦地铁公司、马德里地铁公司、墨西哥城地铁公司、莫斯科地铁公司、巴黎公交公司、纽约市公交局、圣地亚哥地铁公司、圣保罗地铁、上海地铁运营有限公司以及北京地铁公司,每个成员的年客运量都在5亿人次以上。

国际地铁协会的四大主要目标是:
(1)通过设立国际标准,建立起最佳地铁模式;
(2)为地铁行业和政府部门提供具有比较性的信息;
(3)为地铁的管理引入一套评估体系;
(4)优先考虑需要改进的地方。

所有的协会活动都是由成员机构决定的。每年,成员机构中的一名高级管理人员将被选为协会主席,同时会有一份工作计划大纲协助实现协会目标。

伦敦帝国学院的轨道科技战略中心(TRSC)作为协会的管理者,其为协会的运作过程提供帮助,并提供研究资源。

所有国际地铁协会的基准化分析小组活动都是在保密的前提下进行的,任何发布的信息都是通过匿名的形式。同时,没有成员的一致同意,任何机密信息不得流向第三方。所有作为成员的地铁机构将被要求签署并遵守一份保密协议书。

1.3 我国主要城市的轨道交通

一 我国城市轨道交通的发展历史

自从1863年世界上第一条地铁在英国伦敦建成通车,标志着城市轨道交通方式的诞生。在不同国家、不同发展阶段内,凡经济发达的国家与城市都建有地铁。地铁已成为一个国家综合国力、城市经济实力、人们生活水平及现代化程度的重要标志。

在中国,自1956年毛泽东在北京首倡建造地铁以来,中国各城市的地铁企业已经探索了整整50年。从1969年10月1日中国北京第一条地铁建成通车开始,发展至今,大致经历了以下五个阶段。

1 起始阶段(20世纪60~80年代)

该阶段是以1965年开始建设、1969年10月1日建成通车的北京地铁(北京站—苹果园站)全长23.6km,1970年开始建设、1984年建成通车的天津地铁全长7.4km为代表。

这一阶段地铁的规划与建设,除了实现城市的客运功能之外,更重要的是考虑满足人防战备的需要。

② 开始建设阶段(20世纪90年代)

这一阶段以北京地铁1号线完全建成,天津地铁、上海地铁1号线、广州地铁1号线的建成为标志。在这一阶段,随着改革开放和经济体制改革的逐步深入,城市交通需求剧增,导致道路交通供给能力严重不足,交通供需矛盾突出,成为城市社会经济发展的一个重要制约因素。为适应城市发展的需要,缓解城市交通紧张状况,我国政府加大了对城市交通基础设施的投入,强调轨道交通对解决城市交通问题和引导城市发展的作用。从此,发展大容量轨道交通方式的理念开始显现,我国开始了城市轨道交通的建设阶段。

③ 建设高潮阶段(20世纪末至21世纪初)

随着我国经济的发展和城市化进程的加快,我国城市的规模和人口在不断扩大,城市交通问题更加突出。城市交通问题的解决必须依赖公共交通的发展,大城市及特大城市还必须建设一个以轨道交通系统为骨干,以公共交通为主体,多种交通方式相互协调的综合交通系统。同时,经济的快速发展也为发展城市轨道交通奠定了雄厚的物质基础。自20世纪末至21世纪初,我国城市轨道交通进入快速发展的建设高潮阶段。

在这一阶段,城市轨道交通的建设具有以下特点。

(1)兴建城市轨道交通的城市迅速增多

截至2016年12月,全国已开通城市轨道交通的城市有北京、上海、天津、广州、长春、大连、重庆、武汉、深圳、南京、沈阳、成都、西安、苏州、杭州、昆明和佛山等,共30个城市133条线路,运营线路总长达到4152.8km。全国48个百万人口以上的大城市中已有20多个城市开展了城市轨道交通建设的前期工作,初步统计规划建设55条线路,长约1700km,总投资近6000亿元。除上述30个开通了轨道交通的城市外,已开工建设的还有济南、太原、贵阳、都江堰等城市。我国总计有58个城市正在建设和筹建轨道交通,我国的城市轨道交通处于良好的快速发展阶段。

(2)城市轨道交通的网络化

目前,我国部分城市的轨道交通建设出现网络化的发展。无论是北京,还是上海、天津、广州等城市,均在建和筹建多条城市轨道交通线路,形成纵横交错、相互沟通连接的网络交通体系。

(3)城市轨道交通类型的多元化

目前,我国的城市轨道交通已不再是单一的地铁交通。北京建成了市郊城市铁路交通;天津建成了滨海快速轨道交通;大连、长春、武汉建成了轻轨交通;重庆建设了跨坐式单轨交通;上海开通了常导高速磁悬浮交通;广州出现了直线电机驱动的列车。城市供电系统不仅有第三轨供电,而且还有架空线接触网供电形式。轨道交通类型呈多元化发展。

(4) 城市轨道交通的现代化

随着城市轨道交通建设的发展，以车辆为代表的技术体系也实现了现代化。通过国际技术交流合作，引进先进技术，实现设计制造技术的现代化。在提升技术水平的同时，也促进了国产化的进程。

4 建设调整阶段（20世纪末）

在我国城市轨道交通的发展过程中，值得指出的是，从1995年到1998年，由于地铁建设发展迅猛，有部分城市不顾地方经济实力，盲目上马建设轨道交通项目，速度过快、过猛。还有的城市盲目追求高标准，忽视了是否适合本城市的实际情况等问题，使城市轨道交通建设带有很大的盲目性。针对工程造价高（每公里地铁造价接近7亿元人民币）、车辆全部引进、大部分设备大量引进等问题，1995年国务院办公厅60号文通知，除上海地铁2号线项目外，所有地铁建设项目一律暂停审批，并要求做好发展规划和国产化工作。2002年10月中旬，国务院冻结了近20个城市的地铁立项，委托中国国际工程咨询公司对国内的地铁项目作全面的调查分析，准备出台一系列有关地铁项目审批的新政策，加大地铁项目的宏观调控力度。从1995年到1998年，近3年时间国家没有审批城市轨道项目，轨道交通的建设与发展经历了一段曲折的历程。

5 蓬勃发展阶段

我国的城市轨道交通建设在经历了早期建设、高速发展、建设调整等曲折过程后，正步入稳步、持续、有序的蓬勃发展阶段。

《国家中长期科学和技术发展纲要》明确提出构建以城市轨道交通为骨架的城市公共综合交通体系，我国城市轨道交通建设在"十一五"期间迎来真正的建设高潮。

国家"十一五"规划提出轨道交通"超前规划、适时建设"，有条件的大城市和城市群地区要把轨道交通作为优先发展领域。在国家政策的指导下，特别是在面对全球金融危机，国家投巨资拉动内需，加强基础设施建设的经济方针指导下，今后一段时间将是我国内地城市轨道交通的快速发展时期，其建设规模世界罕有。根据15个城市近期的建设规划，目前已开工（或很快开工）的建设线路达1 000km以上。"十一五"期间轨道交通的建设速度远远超过过去十年的建设历程。

随着我国经济社会的不断发展和进步，我国城市轨道交通将会快速发展。在肯定我国轨道交通长足发展的同时，我们也应清醒地看到，轨道交通的发展目前仍存在一些问题。主要表现在四个方面：一是城市轨道交通规模小，财务效益差，对经济社会发展的"瓶颈"制约仍较严重。高峰期运输紧张问题突出，路网规模总量、结构仍然有待提高和改善。二是在城市交通问题日益尖锐，大城市交通拥堵，路网结构不够合理的状况下，大城市快速、大容量的轨道交通方式发展仍较缓慢。三是城市群快速发展，城际旅游流量不断增加，城际间交通运输能力越来越不适应，城际间大容量、高效、低污染和节省资源的轨道交通建设滞后。四是国产化率偏低，有待进一步提高。

为了实现我国轨道交通的可持续发展,2003年,国务院办公厅出台了《关于加强城市快速轨道交通管理的通知》(国办发[2003]81号),对城市轨道交通的建设进行严格的控制管理。根据通知的要求,人口规模、交通需求和经济水平将是衡量一个城市能否建设轨道交通的三大基本要素,缺一不可。城市轨道交通的建设应坚持"量力而行、规范管理、稳步发展"的方针。

为保证城市轨道交通的稳步发展,目前迫切需要整合全国资源,构建国家级技术标准,建立国家级技术标准体系。住房和城乡建设部于2006年7月19日召开会议,集中研究城市轨道交通关键技术的有关问题,形成具有中国特色的城市轨道交通政策、法规和标准体系。

展望未来,轨道交通作为一种与我国国情和资源禀赋相适应的交通运输方式,发展前景十分广阔。

知识链接

国内城市轨道交通的发展历程

1969年10月1日,中国第一条地铁线路在北京建成通车;
1979年10月1日,香港地铁正式通车;
1984年,天津地铁建成通车;
1995年,上海地铁建成通车;
1999年,广州地铁建成通车;
2002年,长春轻轨、大连轻轨建成通车;
2004年,深圳地铁、武汉地铁建成通车;
2005年,南京地铁、重庆地铁建成通车;
2010年,沈阳地铁、成都地铁、佛山地铁建成通车;
2011年,西安地铁建成通车;
2012年,苏州地铁、昆明地铁、杭州地铁建成通车;
2013年,哈尔滨地铁、郑州地铁建成通车;
2014年,长沙地铁、宁波地铁、无锡地铁建成通车;
2015年大连地铁、青岛地铁、南昌地铁、淮安有轨电车建成通车;
2016年福州地铁、东莞地铁、南宁地铁、合肥地铁建成通车。

二 我国主要城市的轨道交通

1 北京城市轨道交通简介

北京地铁是服务于中国北京市的城市轨道交通系统。截至2016年12月31日,北京地铁共有19条运营线路(包括18条地铁线路、1条机场轨道),组成覆盖北京市11个市辖区,拥有345座运营车站(换乘车站重复计算,不重复计算则为288座)、总长574km运营线路的轨道交通系统。

北京地铁的规划始于1953年,工程始建于1965年,最初试运营于1969年10月1日,是中国的第一个地铁系统。目前,北京地铁由一家国有企业——北京市地铁运营有限公司和一家公私合营企业——北京京港地铁有限公司分别运营不同线路,北京京港地铁有限公司运营的4号线也是中国内地第一条采用公私合营模式建设和运营的轨道交通线路。

目前,北京地铁是中国内地最繁忙的城市轨道交通系统。2014年,北京地铁工作日日均客运量达到1008.76万人次。2015年,北京地铁年乘客量达到32.5亿人次,居全球第一。2016年4月29日,北京地铁创下单日客运量最高值,达到1269.43万人次。

目前,北京地铁正在进行大规模建设。根据2015年9月国家发改委批复的《北京市城市轨道交通第二期建设规划(2015—2021年)》,北京将再建设12条地铁线路。到2021年,北京将建成24条线路、998km的轨道交通网络,届时北京市公共交通占机动化出行量比例将达到60%,轨道交通占公共交通出行量比例将达到62%。北京地铁如图1-22所示。

2 天津城市轨道交通简介

天津地铁是中国大城市中建成的第二条地铁,始建于1970年4月,其中由于唐山地震的影响,1984年才建成通车,全长7.4km,共8个车站。天津第一条轻轨称为津滨快速轨道交通,于2003年年底建成,从中山门到滨海新区,全长45.409km,共设19座车站。天津地铁1号线已经开工,规划从刘园到双林,设车站22座,全长26.188km。2号线规划从曹庄到李明庄,全长22.5km,设车站20座,3号线规划从华苑工业园到北辰区小淀,全长28.4km,设车站22座。

为响应中央扩大内需、促进经济增长的新措施,未来两年天津市将有三条地铁主干线投入运营,逐步成为具有四通八达地铁交通网络的国际化"地铁城市"。天津地铁如图1-23所示。

图1-22 北京地铁 　　图1-23 天津滨海线

3 上海城市轨道交通简介

上海是中国内地中第三个拥有地铁的城市。1990年1月19日,国务院批准上海地铁1号线开工建设。1993年5月28日,上海地铁第一条线路——1号线南段(徐家汇—锦江乐园)建成试通车,1995年4月10日,向社会开放试运营。上海地铁经过20余年的建设,截至

2016年12月,上海轨道交通共开通线路14条(1～13号线、16号线),全网运营线路总长617km,车站366座(不含上海磁浮示范运营线,3/4号线共线段9个车站的运营路程不重复计算,多线换乘车站的车站数分别计数),并有5条线路延伸规划、4条线路新建计划,运营规模已居于世界各大城市中第一位。目前,上海地铁工作日日均客流达900万人次。2015年1月1日,上海地铁全路网单日客流突破1000万人次,达到1003万人次,为历史最高。

依据远期规划,到2020年,上海轨道交通建成22条线路,行车里程1000km左右,线网规模位列全国之首。届时,将构成完整的上海城市轨道交通网络,使轨道交通成为客运系统的主体。上海地铁如图1-24所示。

4 广州城市轨道交通简介

广州地铁是中国广东省广州市的城市轨道交通系统,首段于1997年6月28日正式开通。广州是中国第一个拥有地铁的副省级城市和省会城市。广州地铁也是中国第三大城市轨道交通系统。截至2016年12月28日,广州地铁共有10条营运路线(1号线～8号线、广佛线及APM线),总长为308.7km,共167座车站,开通里程居全国第三,世界前十。此外,广州地铁还是城际地铁线路广佛地铁的建造者及运营商,因此广州地铁的服务范围亦延伸至佛山市。广州地铁已经成为广州市民最主要的交通工具之一,2017年5月1日,广州地铁单日客流纪录达到908.3万人次,目前日均客流量达777万人次,客流强度全国第一。为更好地解决地面交通堵塞的问题,广州地铁仍在进行大规模的扩建工程,正在建设的路线包括6号线、7号线、9号线、广佛线后通段。经过数次修订,广州地铁的远期规划长度将达到751km。广州地铁如图1-25所示。

图1-24 上海轨道交通6号线

图1-25 广州地铁

5 香港城市轨道交通简介

香港的地铁(英文:Mass Transit Railway,MTR)原称地下铁路,日运送乘客246万人次。曾经是香港两大城市轨道交通系统之一,已在2007年12月2日的两铁合并中,和九广铁路合并成港铁(意为香港的铁路)。自1977年开通至2007年两铁合并期间,香港的地铁由地铁有限公司(现称香港铁路有限公司)营运,发展成一个综合的铁路系统,全长168.1km,由

9条市区线共80个车站组成。香港地铁也是世界上盈利状况最好的城市地铁。香港地铁如图1-26所示。

6 其他城市轨道交通简介

深圳地铁是中国广东省深圳市的城市地铁系统。始建于1999年,于2004年12月28日正式通车。随着深圳地铁的开通,深圳已成为大中华地区继北京、香港、天津、上海、广州及台北后第七个拥有地铁系统的城市。目前,深圳地铁总里程285km。

台北市1986年提出建设地铁规划,地铁线网由文湖线、淡水线、中和新芦线、新店线暨小南门线及板南线组成,服务范围涵盖台北市、新北市、桃园县,现今已经成为台北都会区的交通骨干。其路线长度117.4km,营运长度115.6km,营运车站共99站(官方计为104站),每日平均旅客量约178余万人次。台北捷运也是国际地铁联盟(CoMET)的成员之一。

除此以外,我国还有南京、重庆、武汉、大连、杭州、长春、西安、成都、青岛、哈尔滨和苏州等多个城市已拥有或正在进行地铁建设,总共有40多个城市在建、筹建或在规划中。如图1-27~图1-29所示。

图1-26 香港地铁

图1-27 南京地铁

图1-28 武汉地铁

图1-29 大连地铁

在寸土寸金的大都市里,地铁已经成为占用土地和空间最少、运输能量最大、运行速度最快、环境污染最小、乘客最安全舒适的理想交通方式,因此,越来越被国际大都市所选用。50多年来,我国的地铁建设取得了相当不错的成绩,在缓解城市交通压力方面发挥了巨大的作用。"十一五"后期,为应对金融风暴,扩大内需,中国进一步扩大地铁建设规模,地铁建设的发展迎来黄金时代。

比一比

我国主要城市轨道交通通车时间的先后顺序。

复习与思考

一、判断题
1. 老式有轨电车由于其性能差,已经在全世界范围内被彻底淘汰。　　　　(　)
2. 世界上第一条地下铁道于1836年诞生在英国伦敦。　　　　　　　　　(　)
3. 地铁首次采用电力牵引是从1890年开始。　　　　　　　　　　　　　(　)
4. 有轨电车是介于轻轨交通与地铁交通之间的轨道交通系统。　　　　　　(　)
5. 人们常说的地铁是由传统的有轨电车发展而来的。　　　　　　　　　　(　)
6. 轻轨交通与地铁交通的主要区别在于地铁运行于地下专用隧道内,轻轨运行在高架上。　　　　　　　　　　　　　　　　　　　　　　　　　　　　　　　(　)
7. 单轨交通与我们常见的汽车类似,由司机控制前进方向。　　　　　　　(　)
8. 世界上通车里程最多的城市是纽约。　　　　　　　　　　　　　　　　(　)
9. 世界上最繁忙的地铁是上海地铁、经济效益最好的地铁是香港地铁。　　(　)
10. 我国通车里程最多的城市是上海。　　　　　　　　　　　　　　　　(　)

二、填空题
1. 世界上第一条地铁在_____年建于英国伦敦。世界上第一辆有轨电车_____在_____工业博览会期间展示。世界上第一个投入商业运行的有轨电车系统是_____年美国弗吉尼亚州的_____市。
2. 我国北京第一条地铁建于_____年。上海地铁1号线于_____年建成通车向社会开放。
3. 单轨通常区分为_____式和_____式两种。
4. 狭义上的城市轨道交通特指_____、_____和_____。
5. 磁浮列车是依靠_____技术将列车悬浮起来并利用_____驱动列车行驶的交通工具,它分为_____、_____、_____和超高速等几种形式。

三、问答题
1. 城市轨道交通系统的定义是什么?
2. 城市轨道交通按技术经济特征来分有哪些基本形式?
3. 地铁的优缺点有哪些?

单元 2

城市轨道交通规划

 教学目标

1. 了解城市轨道交通规划的原则和内容；
2. 了解城市轨道交通线网设计的定义；
3. 掌握城市轨道交通线网的基本结构；
4. 了解城市轨道交通规划方案评价过程和指标体系。

 建议学时

4学时

2.1 城市轨道交通规划概述

随着我国经济快速发展和城市化进程的不断加快,城市交通需求迅速扩大。如何满足这种日益增长的城市交通需求和优化城市空间结构是我国各大城市所关注的问题。城市轨道交通系统的规划建设是建立可持续发展的交通系统的关键。城市轨道交通对调整城市布局和土地利用形态、调整城市交通结构、缓解交通拥挤、减少环境污染和能源消耗,均具有决定性作用。近几年,我国城市轨道交通建设已经进入了快速发展期。城市轨道交通建设投资巨大、建设工期长、影响深远。因此,做好城市轨道交通规划,保证对轨道交通建设的科学性、合理性和可行性,具有十分重要的意义。

一 城市轨道交通规划的地位和作用

城市轨道交通作为一种有轨交通方式从属于交通范畴。其规划也是依托于交通规划的原形,在发展过程中逐渐形成自己的特点与规律。世界上最早的轨道交通规划可以追溯到19世纪80年代西班牙的马德里,轨道交通的规划以地下、地面和高架相结合的方式进行建设。轨道交通的规划距今已有120多年的历史。1956年,在我国上海开始编制城市交通规划,距今也有50多年历史。

"规划"是研究如何从全面和长远的角度确定发展目标,并对现有资源进行优化配置,从而达到目标的理论和方法。

城市轨道交通规划是城市交通规划的一个分支。城市轨道交通规划是在城市交通规划的基础上,科学分析客流发展趋势和不同交通方式在未来城市中的发展比例,同时结合城市的自然地理条件,合理规划线网,确定轨道交通发展规模并制订相应的实施对策以及交通政策,为城市轨道交通的发展设计蓝图。

对于一个现代化大城市来说,没有轨道交通是不可想象的。轨道交通规划已成为新的城市交通规划中的重要环节。一个科学、合理、完善的轨道交通网是城市客运交通的发展方向,轨道交通网不仅是城市交通网中的骨干线路网,还是对城市发展起到决定性的引导激发作用的机构网。

城市轨道交通是一种投资高、技术要求高、施工难度高的"三高"系统。建设已属不易,建成后的改造调整更是近乎不可能。因此,城市轨道交通规划又是一项既须顾及多种相关因素,又须顾及城市发展趋势,带有极强的空间相关性和时间延缓性效应的高难度规划。

由此而言,城市轨道交通规划是一项既有整体性(服从于城市规划、城市交通规划的整体要求),又有独立性的相对独立体系。既有超前性(建设时间跨度大,对城市发展影响大),又有调整性(在逐步完成的过程中,在导向与适应两方面均有内部调整的必要与可能)。因此,城市轨道交通规划既要科学,又要大胆,更要谨慎。

二 城市轨道交通规划的原则

城市轨道交通规划是建设城市轨道交通的蓝图,对城市交通的发展具有导向作用。因此,城市轨道交通的规划应遵循以下原则。

1 可持续发展原则

城市可持续发展应重视公共交通,公共交通首选轨道交通。城市轨道交通规划作为未来城市轨道交通发展方向的指南针,必须符合可持续发展的原则,用最小的自然资源作代价来换取最大的社会效益。

2 协同性原则

城市交通规划必须与城市社会经济发展规划相适应,城市轨道交通也不例外,应与社会经济协同发展。与此同时,城市轨道交通规划还应与国家的路线、方针、政策,尤其是城市发展方针、目标相一致;与城市总体规划、土地利用规划、产业布局规划相一致,并且应该结合地方特色,统筹兼顾。注重保护历史文物,城市传统风貌和自然景观等。

3 整体性原则

城市轨道交通规划是城市交通规划这个大系统的子系统。城市交通系统最优化就是要求各种运输方式的合理配置,协调发展,最终达到满足城市居民出行的需求。因此,应将城市交通系统作为一个整体,在城市总体交通规划的基础上,结合各种交通运输方式的发展规划,制订城市轨道交通的发展规划。

4 动态性原则

城市的发展是动态的,城市交通的发展也是动态的。随着世界范围内城市化进程的加快,各种现代化交通工具伴随着社会经济的发展和科技进步应运而生,从而拓宽了城市交通的发展空间。动态的发展需要动态的规划来适应,一成不变的静态交通规划是不符合科学发展观的,也不能适应现代化城市发展的需要。

5 客观性原则

规划必须客观,要采用科学的理论和方法来指导规划工作。城市轨道交通规划应反映客观事实,提出未来城市交通模式和方向,从而为城市决策者提供真实可靠的决策依据。

6 可操作性原则

规划的目的是为了实施。轨道交通规划既要满足社会经济发展的需要,又要受建设能力的制约,应在两者之间寻求一个平衡点,以保证规划是在最大可能实现前提下的对需求的适应。

7 经济性原则

轨道交通建设投资巨大,这在一定程度上要求政府投入大量的人力、物力和财力来建设轨道交通。因此,城市轨道交通规划应本着经济、节约的原则,最大限度地挖掘交通潜力,有步骤、有目的地在财力允许的基础上逐步建设轨道交通网络,而不能不顾经济实力盲目发展。

三 城市轨道交通规划的内容

规划的核心内容是确定目标。城市轨道交通规划的目标在于建立合理的轨道交通网络,使之对现有城市结构的不利影响减至最小,对未来城市可持续发展有利,能够最大限度地运送来往客流,满足市民出行需求。

城市轨道交通规划流程如图 2-1 所示。规划内容如下。

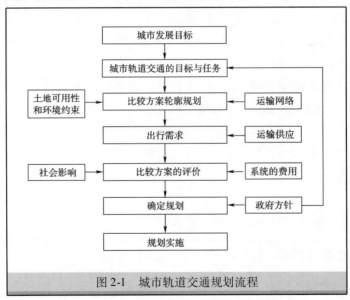

图 2-1 城市轨道交通规划流程

1 社会经济调查

社会经济调查的目的是针对交通规划的需求,对指定范围的社会经济状况进行全面的了解,详尽收集资料,通过分析和整理以供规划中使用。按规划阶段不同,可分为综合经济调查和个别经济调查。

综合经济调查是对一个城市以至整个区域的社会经济现状和发展远景进行全面调查,主要任务是收集编制交通网所需的全部资料。

个别经济调查是按某一工程项目需要所进行的调查,主要任务是为规划线路设计确定位置、标准、施工程序以及为经济评价提供依据。

社会经济调查的步骤一般为准备调查、实施调查、资料分析三个阶段。

② 土地使用规划

城市轨道交通的设施是建立在土地的基础上,土地使用规划的目的是合理有效地使用有限的土地。由于城市轨道交通规划是解决城市活动中市民流动的规划,因此,必须和土地使用规划协调运作,才能在保证土地合理使用的前提下构建轨道交通网络。

③ 出行需求的分析与客流预测

城市轨道交通规划中出行需求分析与客流预测通常采用国际通行的"四阶段法",建立出行生成模型、出行吸引模型、出行分布模型和出行分配模型,并进行分析和客流预测。"四阶段法"的具体内容可参考有关资料。

客流预测是确定城市轨道交通网络规模、交通方式选择及线路运输能力、车站规模设备能力、运营组织、经济效益评价的重要依据。在规划路网时,先要根据居民出行调查及城市道路网等资料初拟路网规划图,然后预测路网客流量以证明路网设计的合理性,如发现不当之处,要重新调整路网规划,并重作客流预测,多次反复,直到满意为止。

客流预测是一门新兴的学科,城市总体客流预测方法逐步趋于成熟,而对轨道交通线路的客流预测尚处于探索研究阶段。

客流预测在城市轨道交通规划中十分必要。首先,客流预测是进行轨道交通项目宏观、微观投资决策的依据;其次,客流预测是轨道交通项目可行性研究和项目评估的基础。

查一查

城市交通规划采用的"四阶段法"的内容是什么?

④ 轨道交通系统的规划

轨道交通系统的规划有线路规划、站点设置、环境保护等方面的内容,现分述如下。

(1)线路规划

城市轨道交通的线路规划应能满足未来城市发展对交通设施的需求。各城市因自然地理环境、居民出行习惯的差异,轨道交通线路的规划应有所不同。但在充分利用自然条件,最大限度发挥轨道交通的能力方面应该是共同的。

轨道交通系统的线路规划应采用网络结构形式,即路网结构。其基本模式有放射形线路、环状线路及两者的组合。

线路规划还应考虑能与其他公共交通方式以及城市间铁路、航空、水运换乘便利,衔接紧密。

(2) 站点设置

站点设置要考虑城市布局和居民出行便利,一般在能容纳大交通量的地区,尤其是能充分接近高密度居住区为最好。

换乘枢纽应根据枢纽站的种类来确定其位置和规模。一般而言,各种交通方式应能便利换乘,尽量缩短乘客换乘时间。

(3) 环境保护

在城市轨道交通地面、地下、高架三种结构中,地面轨道交通的噪声、振动等公害最为严重;地铁可以避免这些公害,但造价昂贵;高架轻轨则能有效减少公害,且建设费用较地铁低得多,日益成为城市轨道交通的主要模式之一。

经过科学论证制订的轨道交通规划所赋予的城市交通发展模式及发展方向,在一定时期内是不可动摇的原则。当然在实践过程中,会出现一些未预料到的问题,或预见不够准确的问题,在实施规划过程中可以进行动态调节。城市轨道交通规划一经制订,就应该作为有关决策部门的决策参考依据,轨道交通项目的建设应符合规划的基本原则。

2.2 城市轨道交通线网规划

城市轨道交通的线网规划是指规划、决策人员对城市轨道交通系统未来各个时期,包括从无到有、从线到网的不断发展的过程,进行分析、预测并提出相应的、科学合理的规划方案与实施计划的全过程。

一 线网规划的分类

1 按规划对象分类

线网规划按规划对象可分为路网规划和线路规划,两者可统称为线网规划。所谓路网规划,主要是确定路网的基本结构、总体规模及主要站点、枢纽的布局形态,同时给出路网的可实施性论证,包括线路铺设方式、换乘节点、修建顺序、联络线分布、与地面其他交通方式的衔接、路网建设的经济性等,以期逐步形成科学合理的交通网络,使其能够起到客流组织的主导作用,并与城市总体的发展与形态的合理演化相协调。所谓线路规划,主要是指确定线路的走向、站点的设置、与其他交通路线或交通方式的换乘及分段修建计划等。

2 按规划时间分类

线网规划按规划时期可分为近期规划、中期规划、中远期规划和远景规划。通常线路建成运行后 2~5 年为近期,建成运行后 5~10 年为中期,建成运行后 10 年以上为中远期规划,建成运行后 25 年为远景。关于规划期限的划分,主要应考虑引起城市轨道交通线路或路网客流量的突变因素。一般而言,线路客运量的突变因素主要来源于它在路网上所处环境的突变和与其相衔接的对外交通枢纽点,主要是指车站、机场、大型购物中心等的突变因素。

线网规划考虑的年限越长,研究设计的范围越广,得到的结果也更为宏观,因而应遵循"近期宜细,远期可粗"的规划原则。

图 2-2、图 2-3 分别为北京、上海的轨道交通规划图。

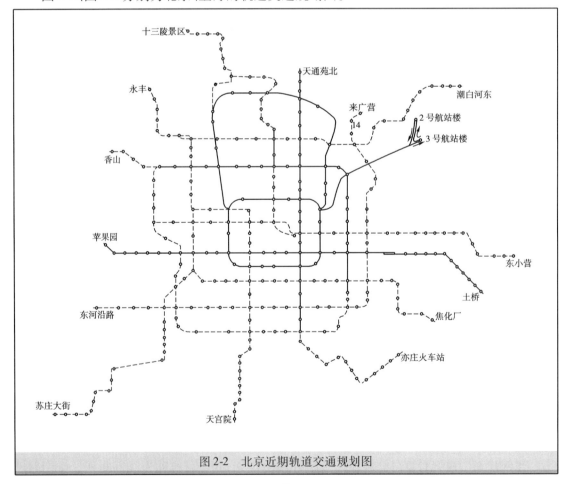

图 2-2 北京近期轨道交通规划图

单元 2　城市轨道交通规划

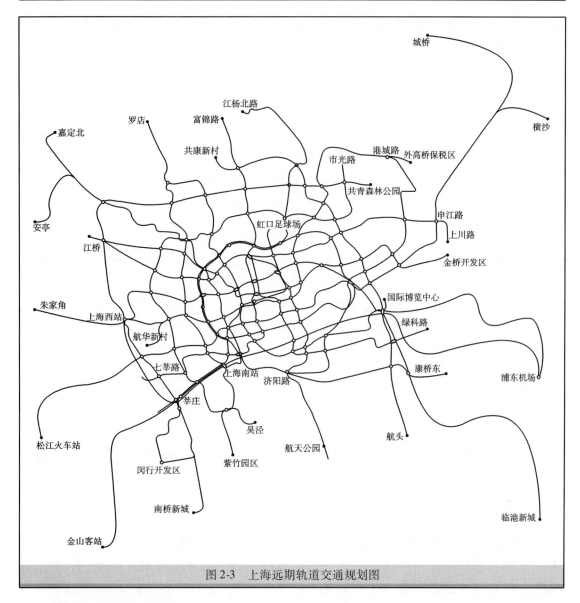

图 2-3　上海远期轨道交通规划图

3　按规划范围分

一个城市按照区域位置来划分,通常可以分为中心城区和周边郊区。城市轨道交通线网规划的范围,应覆盖整个城市的区域范围。线网规划的范围,还应进一步明确重点研究范围,在重点研究范围内,城市轨道交通线路一般更加密集。根据城市的具体特点,重点研究范围一般选择城市中心区域。

二　线网规划的主要原则

迅速有效地运送客流是轨道交通建设最直接的目的。作为城市公共交通骨干地位的城市轨道交通系统,要最大限度地满足居民的出行需求,改善城市交通拥堵的现状,提高轨道交通的分担率。因此,线网的规划要遵循以下原则:

1 线网布设要与城市主客流方向相一致

城市轨道交通首先要满足的是居民现在和未来的交通需求,解决城市交通拥堵、居民乘车难和出行时间长等问题。因此,线网规划应研究城市现状和未来土地发展方向、城市结构形态、人口分布特点、就业岗位分布特征、道路交通情况等,目的是了解和预测城市现状和未来居民出行的主客流方向,使轨道交通能最大限度地承担交通需求大通道上的客流,真正实现轨道交通的骨干作用,提高轨道交通的经济效益和社会效益。

2 规划线路要尽量沿道路主干道布设

城市道路主干道空间开阔,也是客流汇集的地方。轨道交通线路沿着道路主干道布设,不仅可以方便施工,大大减少工程量和拆迁量,对居民生活的干扰也相对较小;而且轨道交通车站分布也往往在主干道附近,有利于地面公交和轨道交通之间的换乘,方便居民出行。例如,上海轨道交通2号线是沿着天山西路、南京西路、南京东路和世纪大道等道路主干道布设的;北京轨道交通1号线是沿着长安街等主干道布设的。

3 规划线路要尽量经过或靠近大型客流集散点

大型客流集散点主要有对外交通枢纽站(如火车站、飞机场、码头和长途汽车站等)、文化娱乐中心(如足球场、大剧院等)、商业中心、大型生活居住小区、大学城和大型生产厂区等,轨道交通线路要尽量经过或靠近这些客流集散点,一来可以增加轨道交通客流,二来方便居民直达目的地,减少换乘,提高可达性。

4 线网规划要考虑资源共享

一个城市规划的轨道交通线路往往长达数百公里,规划的轨道交通线路也有数十条或十几条之多,考虑到城市用地的局限性,往往会将轨道交通各种资源的共享,即两条或多条轨道交通线路合用同一资源,如车辆段和牵引变电站等。下面以车辆段为例说明资源共享问题。车辆段是轨道交通车辆停放和检修的场所,占地面积大。在轨道交通建设初期,一条轨道交通线路通常配一个车辆段,但随着轨道交通建设线路条数的增加,受城市用地的限制,每新建一条轨道交通线路就增加一个车辆段较难实现。这就要求在线网规划阶段,统筹考虑车辆段在整个轨道交通线网中的位置和规模,以及车辆段与各条正线之间的联络线。

三 线网规模的确定

1 线网规模影响因素

外界环境因素制约,这决定了城市轨道交通线网规模影响因素的多元化。因此,为了对城市轨道交通线网规模作出合理预测,就应当对其影响因素进行综合分析,分清主次关系和各因素的联结关系等,为预测方法分析奠定基础,同时也使决策者对影响线网发展的各种因素有一个清晰的认识。

一方面,线网规模受城市形态及布局、城市人口、城市面积、城市交通需求、城市国民生产总值和城市基础设施投资比例等的直接影响。另一方面,这些影响因素也相互制约,如城市人口、城市面积、城市形态及布局对城市交通需求又造成影响;国家交通政策、城市交通发展战略及政策、城市国民生产总值又对城市基础设施投资比例造成影响;城市交通发展战略及政策又受国家交通政策大环境的影响。这种相互影响和关联的复杂关系构成了一个大系统。

线网规模的影响因素众多,但每个因素对其的影响作用却不同。有资料表明,城市交通需求和城市基础设施投资比例是城市轨道交通线网规模最直接的影响因素,城市形态及布局、城市人口、城市面积通过城市交通需求对线网规模产生间接的控制作用,城市国民生产总值和城市交通发展战略及政策则决定了城市基础设施投资比例,体现了城市经济实力对线网规模的影响。各个因素对其的影响作用如图2-4所示。

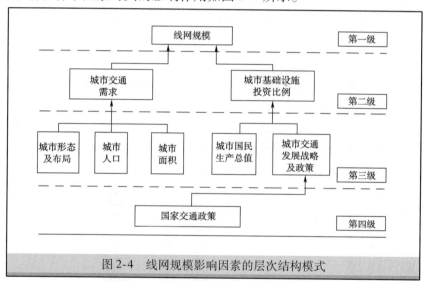

图2-4 线网规模影响因素的层次结构模式

❷ 线网规模的确定方法

线网规模的准确把握应使其在不同阶段都能满足出行客流的要求,发挥最大的作用。线网的规模要包括不同阶段线网的编织密度和服务水平等级。

(1)定性的确定

①线网的规模与城市发展规划紧密结合。根据城市发展规划,结合城市特点、出行需求、客流预测,对重点发展地区、商业区、高新技术开发区等进行重点开发。对人口增长和就业岗位的分布进行科学的预测,以指导和帮助我们更合理地确定不同区域中线网的编织密度。

②线网的规模与经济发展政策紧密相关。经济发展是支持城市进步,活跃城市社会活动和影响全市居民出行的重要因素之一。很显然,出行率与市民富裕程度休戚相关。同时,

发展交通的投资力度也与经济发展紧密相连。

由于经济发展与机动化程度,总出行率和私人机动化出行率之间有紧密的联系,因此,未来 GDP 的增长趋势对交通发展有重大的意义。根据经济发展的预测,可推算出未来各种交通模式的综合投资潜力及未来公共交通的投资潜力,从而更好地确定不同时期线网的规模。

③线网的规模与城市交通发展政策紧密相关。进行准确的交通调查,掌握居民的出行情况。如进行出行方式、出行率、主要出行客流分配等调查,以此确定合理的交通发展政策。

积极发展公共交通,有效控制私人机动化出行,对自行车出行人员合理引导,使这部分人能转向公共交通。必须推行合理的总体交通发展政策,使各交通体系协调发展。

④轨道交通服务水平目标的制订。轨道交通服务水平目标的制订对线网规模的确定起到重要指导作用,很大程度上决定了线网的发展方向和未来建设速度。如:北京市轨道线网服务水平目标制订时考虑如下几点:

a. 易达性:居民住所或上班地点距与其最近车站的距离不超过 750m;

b. 出行时间:在市区范围内,出行时间不超过 60min;

c. 候车时间:高峰小时候车时间不超过 3min;

d. 舒适度:除座位外,为 6 人/m^2 为标准。

(2)定量的分析

在定性确定设计原则后,可根据公共交通客流总量、人均指标测算法和面积密度测算公式分别定量计算轨道线网规模。

对线网规模的影响作用有的可以量化,有的无法量化,所以确定城市轨道交通线网规模要采用定量计算和定性分析相结合的方法。定性分析对线网规模具有宏观指导作用,而定量计算是对定性分析的一种合理验证和修正,在以往的工作中,由于技术手段和调查数据积累的不足,定量计算的可信度大打折扣。今后随着数据采集手段的提高和城市公共交通信息化平台的建立,将为城市轨道交通的合理规划提供有力的技术保障。

知识链接

目前国内城市城市轨道交通通车里程和中期规划里程见表 2-1。

目前国内城市城市轨道交通通车里程和中期规划里程　　　　表 2-1

排名	城市	在建里程(公里)	中期规划里程(公里)	排名	城市	在建里程(公里)	中期规划里程(公里)
1	上海市	187	600	6	天津市	115	1036
2	北京市	105	561	7	大连市	170	262.9
3	广州市	114.66	600	8	南京市	215	775
4	深圳市	170	720	9	武汉市	158.7	540
5	重庆市	41.14	820	10	长春市	41.98	179

续上表

排名	城市	在建里程（公里）	中期规划里程（公里）	排名	城市	在建里程（公里）	中期规划里程（公里）
11	沈阳市	87.8	210	28	温州市	51.9	140.7
12	杭州市	69.6	375.6	29	太原市	49.2	234.5
13	成都市	129.7	401.5	30	乌鲁木齐市	47.9	211.9
14	昆明市	38.96	602	31	长沙市	45.83	456
15	苏州市	92.89	254.3	32	郑州市	44.47	202.35
16	西安市	138.65	550	33	南昌市	43.4	212
17	佛山市	68.3	255.4	34	珠海市	37.5	300
18	宁波市	72.1	247.5	35	兰州市	36	207
19	徐州市	66.95	118	36	厦门市	31.5	246.2
20	东莞市	59.9	194.4	37	澳门	27	27
21	石家庄市	59.6	244.7	38	合肥市	24.58	215.3
22	贵阳市	58.7	140	39	济南市	0	262
23	无锡市	56.11	157.77	40	南宁市	0	252.1
24	哈尔滨市	55.35	340	41	泉州市	0	214
25	福州市	55.3	324.72	42	南通市	0	180
26	青岛市	54	227	43	镇江市	0	82
27	常州市	53.91	129				

注：相关数据统计截止2013年5月31日。

四 线网的基本结构

线网基本结构可分为网状式、环形式和放射式等几种形式。其中，放射结构是指线路多为径向线且线路交叉向外辐射的线网形式，是一种近似三角形的形态，这种网络形状性能好，乘客换乘方便，它一般由多条穿过市中心的直径线和市中心发出的向外辐射的放射线构成，因此，从乘车点到市中心的绕行度较小，对于人口密集较大的城市，较有利于客流向外分散，也方便乘车到市中心工作、学习、购物和娱乐等。环形结构是指线路封闭，环绕市中心区域一圈的线网形式，是一种近似椭圆形的形态，这种形状因线路闭合，可避免和减少折返路线，由于环绕市中心外围，对市中心客流起到一定的疏散作用，并因此形成城市除市中心外的副中心，使整个城市轨道交通网络成形，并有层次感。放射环形网状结构实际上是以上三种基本结构的综合，它是在放射网状的基础上增加环形，通过环形将各条线路有机联系起来的一种线网结构，例如伦敦、巴黎、莫斯科等特大型城市都属于这种结构，上海"申"字形轨道交通网络也属于这种结构，放射环形网状结构综合了以上三种基本结构的优点，又克服了其中单个结构本身的不足之处。

图2-5、图2-6为世界主要城市轨道交通运营线路示意图。

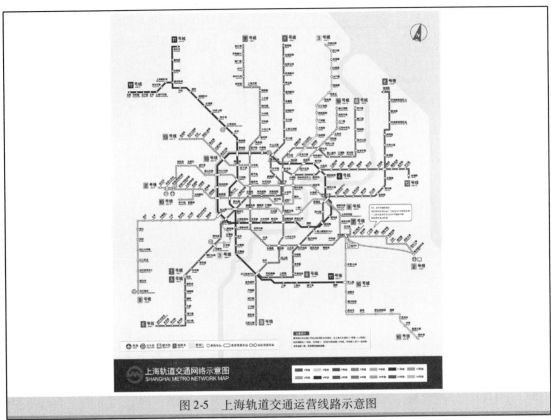

图 2-5　上海轨道交通运营线路示意图

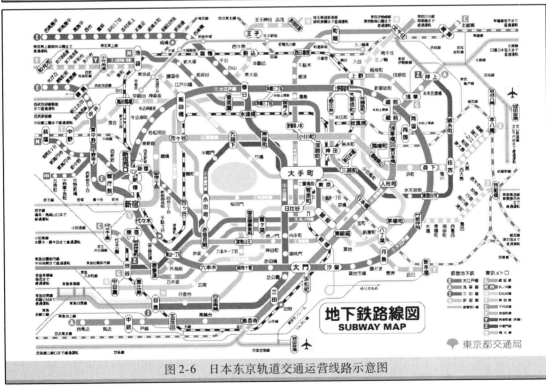

图 2-6　日本东京轨道交通运营线路示意图

议一议

线网的基本结构还有哪些？

 查一查

你所在城市的轨道交通运营线路图。

2.3 城市轨道交通规划方案评价

城市轨道交通系统是一个综合、复杂、开放和动态的系统,如何评价该系统的运营状况、存在的问题及可能发挥的潜力？如何评价城市轨道交通规划方案对今后城市发展的适应性？如何检验城市轨道交通系统今后实施的效果？对诸如此类问题的解答都需要一套科学的评价体系和方法。

城市轨道交通线网评价是城市轨道交通线网规划的重要环节。在线网方案构架研究中,线网评价需确定每一个备选方案价值并进行优劣排序。在最终的评优决策中,评价则对备选方案进行全面而系统的定性定量分析,从而选择出技术先进、经济合理、实施可行的最优或满意的方案。就线网评价本身而言,其主要任务包括以下几个方面：

(1)明确评价对象。
(2)确定评价目的及准则。
(3)建立评价指标或指标体系。
(4)各评价指标的分析与计算。
(5)选择合适的评价方法,综合各评价指标的分析及计算结果,对备选方案进行比选。
(6)最终确定最优或最满意方案。

一 评价过程与指标

轨道交通线网方案的评价是优化选择方案的环节之一,但不能将优化方案的选取依托在一次性的方案比选上。优选方案应通过下面3个过程来获得：

(1) 在轨道交通的以上层次的规划，即在城市规划或城市综合交通规划中，应确定一些宏观的、战略性的问题或指标，如公交出行比例，这些是在规划方案时必须要达到的目标；反之，不符合这些目标的方案必须淘汰。

(2) 通过方案设计的过程进行方案初步筛选。规划者应明确轨道交通线网规划的设计准则或原则，通过这些定性的准则或原则淘汰一些方案。将一些定性的指标，如近期线网实施性、线网发展适应性和线网结构的合理性等，在方案设计过程中通过设计者个人或集体的广泛的经验及综合判断能力进行筛选，保留下来的方案应是总体比较优秀、各有优缺点且难分高下的备选方案。

(3) 通过一些定量评价指标体系对上述备选方案进行定量分析和比较。定量评价指标体系应反映线网对城市发展、运营效果和经济性三方面的影响，尽量采用相互独立的、比较客观性的定量指标。

二 评价指标体系

城市轨道交通系统的各项影响因素较多，一般采用塔式结构的层次指标体系。过于复杂和多变的结构关系不利于决策分析，故树状的关系结构是目前比较普遍采用的评价指标体系结构，如图2-7所示。

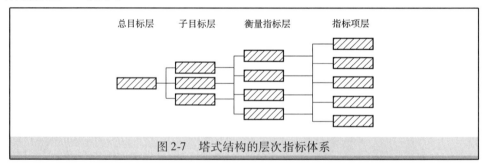

图2-7 塔式结构的层次指标体系

目前，我国北京、上海、广州和南京等城市在进行城市轨道交通线网规划的工作中，根据城市自身的特点，进行了相应的研究，积累了一定的经验。一般情况下，城市轨道交通线网规划方案评价的总目标又可进一步细分为技术评价、经济评价和社会环境影响评价3个子目标。建立合理的衡量指标层有助于指标项层的明确分类。例如，对技术评价子目标进行分析，同时与线网方案构架过程的主导因素相对应，确立的衡量指标层包括以下3个要素，如图2-8所示。

(1) B1 对居民出行条件的改善作用——体现不同方案对居民出行条件的改善程度。

(2) B2 运营效果——体现线网运营特征。

(3) B3 建设实施性——从工程施工角度考察规划方案实施的难易程度，并对方案分期建设的合理性进行考察。

对衡量指标层又可进一步细分，来确定各具体的指标项层。

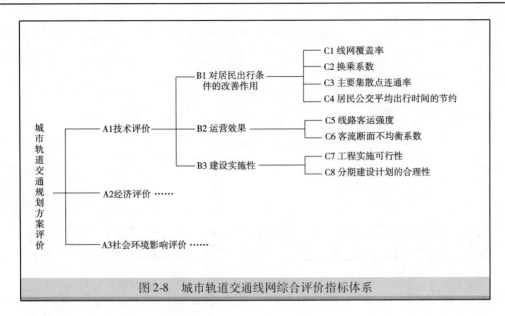

图 2-8　城市轨道交通线网综合评价指标体系

复习与思考

一、判断题

1. "规划"是研究如何从全面和长远的角度确定发展目标,并对现有资源进行优化配置,从而达到目标的理论和方法。（　）
2. 城市轨道交通是一种技术要求高、施工难度高的"二高"系统。（　）
3. 轨道交通系统的规划有线路规划、站点设置、环境保护等方面的内容。（　）
4. 线网的规划研究首要要确定城市轨道交通线网合理的走向。（　）
5. 线路经过中心城区时,宜以地下隧道为主,以减少拆迁、噪声、振动、与城市交通的相互干扰。（　）
6. 规划线路尽量避开道路主干道,以防止相互干扰。（　）
7. 影响线网规模最直接的因素是城市交通需求。（　）
8. 线网基本结构可分为网状式、放射式和环形式等几种形式。（　）
9. 对线网评价本身而言,主要任务包括六个方面。（　）
10. 线网评价指标体系一般选择定性的评价指标体系。（　）

二、问答题

1. 城市轨道交通规划的原则和线网规划的原则有什么区别？
2. 线网规划的定义是什么？
3. 线网规划分哪三类？
4. 线网的基本结构有哪几种？
5. 简述城市轨道交通线网综合评价的过程。

单元 3

城市轨道交通线路和车站

 教学目标

1. 掌握线路设计的基本知识；
2. 了解城市轨道交通线路的施工方法；
3. 掌握城市轨道交通车站的类型和组成；
4. 了解城市轨道交通车站的文化；
5. 了解城市轨道交通的换乘方式。

 建议学时

8 学时

3.1 城市轨道交通线路设计

城市轨道交通线路的空间位置由线路平面和线路纵断面所决定。线路平面是线路中心线在水平面上的投影；线路纵断面是沿线路中心线展直后的轨面高程在铅垂面上的投影线。

城市轨道交通线路设计的任务是在规划路网和可行性研究的基础上，对拟建的城市轨道交通线路走向及其平面和纵断面位置，通过不同的设计阶段，逐步由浅入深，进行研究与设计，达到最佳确定城市轨道交通线路在城市三维空间的准确位置。线路设计的基本要求是保证行车安全、平顺，并且使整个工程在技术上可行，经济上合理。

城市轨道交通线路设计，一般分四个阶段进行，即可行性研究阶段、总体设计阶段、初步设计阶段、施工图设计阶段。

(1) 可行性研究阶段主要是通过线路多方案比选，完善线路走向、路由、敷设方式，基本确定车站、辅助线等的分布，提出设计指导思想、主要技术标准、线路平纵断面及车站的大致位置等。

(2) 总体设计阶段是根据可行性研究报告及审批意见，通过方案比选，初步确定线路平面、车站的大体位置、辅助线的基本形式、不同敷设方式的过渡段位置，提出线路纵断面的初步标高位置等。

(3) 初步设计阶段是根据总体设计文件及审查意见，完成对线路设计原则、技术标准等的确定，基本上确定线路平面位置、车站位置及进行右线纵断面设计。

(4) 施工图设计阶段则是根据有关设计规范、具体工程的设计原则、技术标准等设计文件完成工程施工图设计的阶段。

鉴于城市轨道交通的载质量小、车速不高、列车短、行车密度大、停站频繁等特点，其设计标准与城际铁路有所不同，其差异程度与城市轨道交通类型及形式有关。

一 线路走向选择

城市轨道交通的主要服务对象是城市居民的出行，所以沿客流方向布置是城市轨道交通选线的基本原则。从线路运营后能方便旅客、有效地利用土地,缩短建设工期,节约建设投资等方面考虑,市区线路绝大多数应铺设在城市街道地区主要道路下面。由于轨道交通一旦建成,如欲改造则十分困难,而且费用昂贵,所以线路的走向应该慎重考虑选定。

城市轨道交通系统是城市的重要组成部分,必须与城市的发展方向、布局形态结合,既要配合城市的开发,还应诱导城市向正确合理方向发展。

线路基本走向应沿主客流方向并通过大客流集散点(如工业区、大型住宅区、商业文化中心、公交枢纽、火车站、码头、长途汽车站等),以便最大限度地吸引客流。如上海轨道交通线路规划确定包括漕河泾(上海南站)、铁路上海站、真如火车站、徐家汇、静安寺、人民广场等16处大客流集散点作为其必经的控制点。

选择线路走向要考虑地质条件、历史文物保护、地面建筑和地下建筑物等情况,为确保城市的环境质量,在城区内线路宜选择地下线路。在郊区及次中心区有条件地段,可以选择地面线或高架线,以节省建设投资,降低运营费用。

车站应与城市综合交通规划网相协调,使轨道交通成为城市公共交通骨干;轨道交通车站成为城市交通换乘中心。当线路预定与远期规划线联络时,先期建设的线路应考虑与远期规划线路交叉点处的衔接,为未来路网中乘客的换乘方便创造条件。

选择线路走向时要考虑车辆段、停车场的位置和地铁线路间的联络线。

二 车站站距

我国轨道交通在吸收世界轨道交通建设经验的基础上,在地下铁道设计规范中规定"车站间的距离应根据实际需要确定,在市区宜为1km左右,在郊区不宜大于2km"。我国已建地铁平均站间距离见表3-1所示。

我国已建地铁平均站间距离　　　　　　表3-1

城市名	线　别	线路运营长度(km)	车站数(个)	平均站间距(m)
北京市	1号线西段	16.87	12	1 534
北京市	2号线	23.01	18	1 354
天津市	1期工程	7.4	8	1 057
上海市	1号线	21.61	16	1 441
上海市	2号线	19.15	13	1 596
上海市	3号线	24.97	19	1 387
广州市	1号线	18.48	16	1 232

对于平均站间距离,世界上有两种趋向,一种是小站间距,平均为1km左右;一种是大站间距,平均1.6km左右。中国香港地铁平均站间距为1 050m,其中港岛线仅947m;莫斯科地铁平均站间距为1.7km左右。中国香港、莫斯科都是以公共交通为主要运输工具,地铁都有

很好的运营业绩。

车站分布应根据科学的综合分析,经过详细的方案比选后确定。尤其是轨道交通车站分布数目多,对建设费用、运营成本、施工等都有很大影响。但是客流吸引量及乘客出行时间需要进行具体分析计算,在市场经济条件下,车站分布一定要进行经济效益的比较。

车站是一种昂贵的建筑物,其建筑费及设备费在初始投资中占很大比重。根据上海地铁2号线的概算资料,一般车站长度为284m,其土建工程造价为6 000万~7 000万元,拆迁工程和车站设备是车站土建造价的2.1~2.2倍;而区间土建工程造价9 000万~10 000万元/km。单从土建工程造价比较,车站每延米的造价约是区间的2.4倍。

站间距越小,车站数量越多,轨道交通的造价就越高。

站间距增大,车站数量可以减少,车站造价可以节省,但是乘客步行距离及时间加长,轨道交通在综合交通中的客流吸引能力会降低,同时单个车站的负荷有所增加,车站设计规模相应加大。

在站距缩短、车站数量增加的同时,列车运营费用也会上升。根据前苏联地铁运营统计资料,地铁运营速度约与站间距离的平方根成正比。站间距离缩短会降低运营速度,进而增加线路上运营的列车对数,还会因频繁地起停车而增加电能消耗、轮轨磨耗等,从而增加运营费用。

从车站在城市中的作用看,如果车站之间的间距足够大,则各车站会发展成为综合性的公共活动中心及交通枢纽,并逐渐集中社会、生产、行政、商业及文化生活职能于一体,发展成为吸引居民居住和工作的核心。

综上所述,车站的间距大小会对乘客出行时间、运营费、工程费以及车站在城市中的作用等多方面产生错综复杂的影响,应综合考虑,合理确定。

三 线路平面和纵断面设计

地铁线路的设计是正线为上下行双线,列车单向右侧行车,轨距和铁路标准相同,为1 435mm。地铁正线间以及与其他交通线间交叉采用立体交叉,以保证高效和运营安全,车站一般设在直线上,并尽量采用大半径曲线,直线与曲线连接以缓和曲线过渡,线路纵坡坡度长度不小于一个列车长度,变坡点以竖曲线连接,根据运营的需要,设置适当的渡线、折返线及联络线。相关资源见二维码3。

1 线路平面设计

二维码3

线路平面是线路在水平面上的投影,由直线和曲线组成,曲线为圆曲线,线路曲线对列车运行具有阻力。

(1)曲线最小半径 R_{min}。地铁:正线 R_{min} 常用300m,困难地段不小于250m。场线常用150m,还可更小(需限速)。单轨:正线 R_{min} 常用60m,其他 R_{min} 采用30m。

《城市轨道交通工程项目建设标准》(建标 104—2008)规定:正线 A 型车允许的最小曲线半径标准为 300m,相应的最大允许速度为 74km/h,比国产地铁车辆(长春客车厂生产)的构造速度 80km/h 要低。

世界各个城市现存的旧地铁,主要线路上的曲线半径比我国的标准小得多。纽约地铁的最小曲线半径为 107m;芝加哥和波士顿地铁的最小曲线半径为 100m;日本东京都营地铁 12 号线路的最小曲线半径为 80m;而巴黎地铁的最小曲线半径为 75m。

(2)缓和曲线。缓和曲线是介于直线轨道和曲线轨道之间的曲率渐变的连接曲线。设置缓和曲线的目的如下:

①当车辆自直线进入曲线或从曲线进入直线时,在车辆上产生的离心力不应突然出现和消失,而应在缓和曲线范围内逐渐地增加或减小,以保证行车平稳而不在缓和曲线的始、终点产生振动冲击。

②曲线设置的外轨超高在缓和曲线范围内逐渐递增,使因超高而产生的车辆重力的向心力分量与离心力相适应。

③曲线上的轨距加宽也在缓和曲线范围完成。

2 纵断面设计

城市轨道交通的线路纵断面是由坡段和连接相邻坡段的竖曲线组成的。

(1)线路纵断面设计的主要技术要素

城市轨道交通线路纵断面设计的主要技术要素有坡度、坡段长度及坡段连接。

由于城市轨道交通坡度已不是限制列车牵引质量的主要因素,所以称线路允许设计的最大坡度值为最大坡度,而不称为限制坡度,也不存在加力坡度。

城市轨道交通列车为了适应小站距的频繁起动、制动,具有良好的动力性能,一般采用全动轴或 2/3 动轴列车,起动加速度要求达到 $1m/s^2$ 及以上,这就意味着列车可以爬 100‰ 及以上的当量坡度。城市轨道交通由于高密度行车和大运量,为保证行车安全与准点,设计原则要求列车失去部分(最大可达到一半)牵引动力的条件下,仍能用另一部分牵引动力,将列车在最大坡度路段上起动,因此,最大坡度阻力及各种附加阻力之和不宜大于列车牵引动力的一半。

在实际设计纵断面时,线路坡度在满足排水及标高控制要求的前提下应尽可能平缓,一般宜在 25‰ 以下。正线允许的最大坡度值,主要受行车安全(与制动设备性能有关)、旅客舒适度、运营速度三方面影响,一般不大于 30‰,在困难地段(例如,深埋线路需要上升至地面以上时),允许将正线坡度设计到 35‰;辅助线的最大坡度一般不大于 40‰。但随着各种城市轨道交通车辆的改进,允许的最大坡度值也正在增大。例如,新型的线性电机车允许的正线设计最大坡度可以达到 60‰。目前日本东京都营地铁 12 号线路的正线设计最大坡度已经达到 50‰。

为便于排水,地下区间线路不宜设计成平坡,而设计成不小于 3‰ 的坡度。当然,在能解决排水问题的地段,可不受此条件限制。隧道内的车站站台段线路应设单一坡度,坡度值宜采用3‰,困难时可设在2‰~5‰的坡道上,坡度太大不利于列车起停,坡度太小不利于隧道排水。特殊情况下,也可设在平坡上,但需设置一定坡度的排水沟,以保证排水。

隧道内的存车线和车辆折返用的尽端线上应设2‰的纵向坡度,且方向是由车站向车挡为上坡。道岔宜设在不大于5‰的坡道上,在困难地段可设在不大于10‰的坡道上。

地面和高架桥上的车站站台段线路坡度宜设在平坡上,困难地段可设在不大于5‰的坡道上。地面或高架桥上车场线可设在不大于1.5‰的坡道上。

两个坡段的连接点,即坡度变化点,称为变坡点。一个坡段两端变坡点之间的水平距离称为坡段长度。如果坡段长度小于列车长度,那么列车就会同时跨越2个或2个以上的变坡点,各个变坡点所产生的附加应力和局部加速度会因叠加而加剧,影响列车的平稳运行和旅客的舒适。因此,线路坡段长度不宜小于远期列车计算长度。按每节车辆19.11m计算,当列车编组为8节车厢时,约为150m;当列车编组为6节车厢时,约为115m;当列车编组为4节车厢时,约为75m。与城间铁路不同,城市轨道交通线路不要求坡段长度取50m的整倍数。

列车通过变坡点时,车钩产生附加应力,并致使车辆的局部加速度增加,其值与相邻两坡段的坡度代数差成正比。坡度代数差太大,会影响旅客舒适度。地铁规范没有对坡度代数差加以限制,但是根据国内外传统经验做法,如两反向坡段的坡度值均超过5‰时,通常采用一段坡度不大于5‰的坡段连接。

(2)竖曲线

在纵断面上,若各坡段直接相连则形成一条折线。列车运行至坡度代数差较大的变坡点处,容易造成车轮脱轨、车钩脱钩等问题。为避免出现这类情况发生,当坡度代数差大于或等于2‰时,应在变坡点处设置竖曲线,将折线断面平顺地连接起来,以保证行车的安全和平稳。竖曲线有抛物线形和圆曲线形两种。抛物线形曲率是渐变的,更适宜于列车运行,但由于铺设和养护工作较复杂,当要求速度不高时,基本上不采用。另一方面,圆曲线形竖曲线,具有便于铺设和养护的优点,当竖曲线半径较大时,近似于抛物线形。因此,我国城市轨道交通线路采用圆曲线型竖曲线。

《城市轨道交通工程项目建设标准》(建标104—2008)规定:对正线的区间线路,竖曲线半径一般取5 000m,困难情况下取2 500~3 000m;车站两端因行车速度较低,其线路的竖曲线半径可取3 000m,困难情况下可取2 000m。对辅助线和车场线,竖曲线半径可取2 000m。而对于车型较小的C型车,竖曲线半径可以取1 000m。

车站站台和道岔范围不得设竖曲线,竖曲线离开道岔端部的距离不应小于5m。渡线应设在5‰以内的坡度上,而且竖曲线不应伸入道岔范围之内。竖曲线起点至道岔基本轨起点的距离,或距辙叉跟端以外短轨端点的距离,均不应小于5m。

由于允许的坡段长度较短,而允许的坡度值又较大,因而实际设计时常会出现两条竖曲线重叠或相距很近的情形。为了避免或减轻列车同时位于两条竖曲线而产生的振动叠加,规范规定两条竖曲线之间的夹直线长度不宜小于50m。

四 限界

限界是指列车沿固定的轨道安全运行时所需要的空间尺寸。城市轨道交通车辆在隧道内运行，一方面，隧道结构内部要有足够的空间，以供车辆通行和布置线路结构、通信信号、供电、给排水等设备；另一方面，为了确保列车安全运行，凡接近城市轨道交通线路的各种建筑物(如隧道衬砌、站台等)及设备，必须与线路保持一定的距离。因此，城市轨道交通规定有车辆限界、接触轨限界、设备限界、建筑接近限界等。城市轨道交通工程区间隧道的断面尺寸就是根据这些限界确定的。限界越大，安全度越高，但工程量和工程投资也随之增加。因此，合理限界的确定既要考虑保证列车运行的安全，又要考虑系统建设成本。

1 车辆限界

车辆限界是根据车辆外轮廓尺寸和主要技术参数，并考虑车辆在平直线路上静态运动包迹线和动态情况下横向和竖向偏移量及偏转角度，按可能产生最不利情况进行组合计算确定的。

2 设备限界

设备限界是在车辆限界的基础上考虑轨道的轨距、水平、方向、高低等在某些地段出现最大容许误差时引起车辆的附加偏移量，以及在设计、施工、列车运行中不可预计的因素在内的安全预留量。设备限界是一条轮廓线，所有固定设备以及土木工程的任何部分都不得侵入此轮廓线内，它是保证轨道交通系统中的列车等移动设备在运营过程中的安全所需要的限界。

3 接触轨限界

接触轨限界应根据受流器的偏移、倾斜和磨耗、接触轨安装误差、轨道偏差、电间隙等因素确定。

4 建筑限界

建筑限界是指在行车隧道和高架桥等结构物的最小横断面所形成的有效内轮廓线基础上，再考虑其施工误差、测量误差、结构变形等因素，为满足固定设备和管线安装的需要而必需的限界。换言之，建筑限界以内、设备限界以外的空间主要是为各类误差、设备变形和其他管线安装所预留的空间。

上述限界一般是按车辆在平直线轨道上运行时制定，对于曲线和道岔区的限界，一般应在直线地段限界的基础上根据车辆的有关尺寸以及不同的曲线半径、超高、道岔类型等，再分别考虑适当的加宽量和加高量。

3.2 城市轨道交通线路组成与施工方法

城市轨道交通线路是由各种不同材料的部件所组成的,具有规定强度和稳定性,能保证列车以规定的速度平稳、安全、正点和不间断地运行的整体工程结构。

城市轨道交通(以地铁、轻轨为例)线路是由钢轨、轨枕、道岔、道床、连接零件和轨道加强设备等组成。它是城市轨道交通列车行车的基础,是城市轨道交通运营的重要设备之一。

一 城市轨道交通线路的分类

城市轨道交通系统的线路有不同种类型,以地铁系统为例,地铁线路按其在运营中的作用分为正线、折返线、渡线、停车线、检修线、试验线、出入库线和联络线等。相关资源见二维码4。

1 正线

地铁运营由区间隧道、或护栏、或地面、或区间高架桥全部封闭的线路,一般为上下行双线,实施右侧行车惯例(日本、英联邦国家除外)。

如上海地铁规定,南北走向向北的为上行(正向);东西走向向东的为上行;环线内圈为上行。

二维码4

2 折返线

折返线是在终点站或中间站以方便列车掉头、转线及存车等的线路。

折返线有如下三种折返方式:

(1)环形(灯泡线)。实际上已消除了折返过程,保证了线路的最大通过能力,节约了有关设备。但占地面积大、轮轨磨耗大、无法停放和检修列车,难以延长线路等,如图3-1所示。

(2)尽端式。折返线数量由检修作业量、代发车存车数量决定。需要检修的折返线上设有检修坑,如图3-2所示。

(3)渡线折返。在车站前或后设置渡线完成折返,分为站前、站后、区间站渡线三种,如图3-3a)、图3-3b)、图3-3c)所示。

但单轨线路(磁浮)折返比较特别,需要利用专门设备如折返道岔来完成,如图3-4a)、

图 3-4b)所示为单轨线路折返方式,图 3-5 为磁浮线路折返道岔。

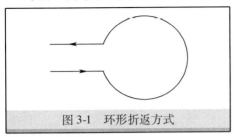

图 3-1 环形折返方式

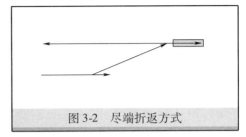

图 3-2 尽端折返方式

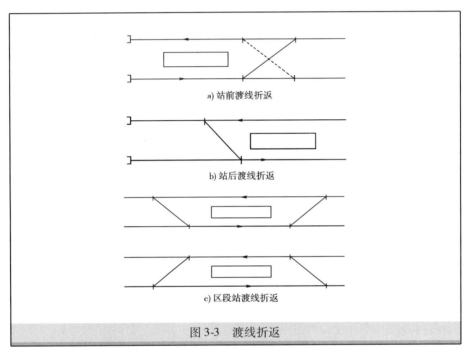

图 3-3 渡线折返

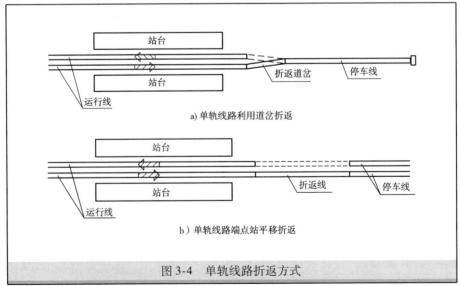

图 3-4 单轨线路折返方式

③ 渡线

在上下行正线之间（或其他平行线路之间）设置的连接线为渡线。

④ 停车线

停车线是场内作业停放列车的线路。

⑤ 检修线

检修线是设在车辆基地检修库内，专门用于检修列车的线路，设有地沟，配有架车设备、检修设备（如行车）。

⑥ 试验线

试验线是设在车辆基地，用于对检修完毕的列车进行状态检测的线路。

图 3-5　磁浮线路折返道岔

⑦ 出入场线

出入场线是连接车站和正线的线路。根据地铁列车运营及检修的需要，地铁列车出入车场的走行线一般为双行线。

⑧ 联络线

联络线是轨道交通线路之间为调动列车等作业而设置的连接线路。如上海地铁 1 号线与 2 号线在人民广场之间就设置有联络线。联络线如图 3-6 所示。

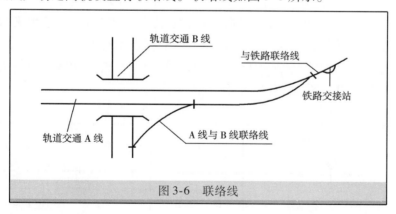

图 3-6　联络线

 议一议

尽端折返线和渡线的区别是什么？

二 城市轨道交通轨道的组成

轨道是城市轨道交通线路的重要组成部分,它直接承受列车荷载,并引导列车运行,一般由钢轨、轨枕、道岔、道床、连接零件和轨道加强设备等组成,如图 3-7 所示。

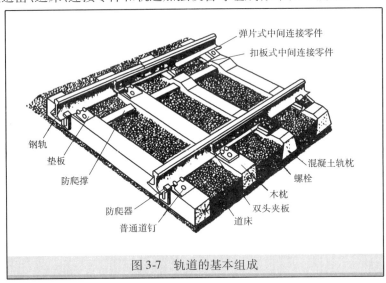

图 3-7 轨道的基本组成

1 钢轨

钢轨是轨道的主要组成部分,直接承受列车荷载并将其传递到扣件、轨枕、道床至结构底板(例如路基或桥梁)中。依靠钢轨头部内侧与车辆轮缘的相互作用,引导列车前进。在列车动荷载作用下,钢轨产生弹性挠曲和横向弹性变形。一般钢轨应具有足够的承载能力、抗弯强度、断裂韧性及稳定性、耐磨性和耐腐蚀性,如图 3-8 所示为钢轨外形。轨道上通常用定长的钢轨连接或连续的轨线,在两根定长钢轨之间用夹板连接,这种夹板称为钢轨接头。虽然在地铁和轻轨线路上已大量采用无缝线路,但在无缝线路的缓冲区、轨道电路的绝缘区、有道岔的线路区段中,还必须用钢轨接头。钢轨接头的连接零件包括夹板、螺栓、螺母、弹簧垫圈等,如图 3-9 所示为钢轨连接零件。

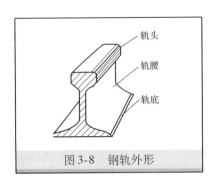

图 3-8 钢轨外形

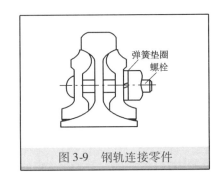

图 3-9 钢轨连接零件

查一查

钢轨有哪些类型？

2 轨枕

轨枕是轨道轨下基础的重要部件。它的功能是支承钢轨，保持轨距和方向，并将钢轨对它的各向压力传递到道床上，使用扣件把轨枕和钢轨连在一起形成"轨道框架"，增加了轨道结构的横向刚度。

轨枕按其材料可分为木枕、钢筋混凝土轨枕及钢枕。

（1）木枕又称枕木，是铁路上最早采用而且到目前为止依然被采用的一种轨枕。优点是弹性好，易加工，运输、铺设、养护、维修方便，绝缘性能好。缺点是易于腐朽和产生机械磨损，使用寿命短，且木材资源缺乏，价格比较昂贵，所以木枕已逐渐被钢筋混凝土轨枕所代替。但是在道岔、停车场等站线部位由于要求不等长的轨枕，钢筋混凝土轨枕尚难取代木枕。

（2）钢筋混凝土轨枕的主要特点是稳定性好，使用寿命长，能提供较高的阻力，但质量比较大，不利于铺设，且弹性比较差，如图3-10所示。

图3-10 钢筋混凝土轨枕

（3）钢枕主要在德国轨道交通中使用，在新中国成立前的某些铁路中曾经使用。

3 扣件

扣件的作用是固定钢轨正确位置，阻止钢轨的横向和纵向位移，防止钢轨倾翻，还能提供适量的弹性，并将钢轨所受的力传递给轨枕。扣件主要由扣压件、轨距垫、铁垫板、橡胶垫板、螺旋道钉、玻璃钢套管等组成，如图3-11a）、图3-11b）所示。

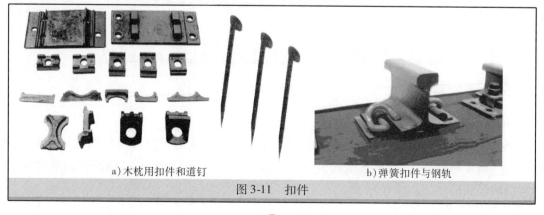

a) 木枕用扣件和道钉　　b) 弹簧扣件与钢轨

图3-11 扣件

4 道床

道床一般有碎石道床和整体道床两种,地铁和轻轨系统区间隧道内一般采用整体道床。整体道床的优点是:道床整体性好、坚固稳定、耐久,轨道建筑高度小,可减少区间隧道净空,节省投资,轨道维修量小,适合地铁和轻轨系统运营时间长、维修时间短的特点。整体道床主要有无枕道床、短枕道床、长枕道床、浮置板式整体道床、弹性整体道床等几种形式。区间高架桥上的轨道结构分为有砟轨道和无砟轨道两类,目前大多用无砟轨道。区间高架桥上的无砟轨道结构是通过扣件直接把钢轨和钢筋混凝土桥面连接起来。钢轨、扣件、道床和轨枕如图3-12所示。

图3-12 钢轨、扣件、道床和轨枕

5 道岔

轨道交通列车由一条线路转向或越过另一条线路时的设备称为道岔。地铁和轻轨采用双线线路,线路中间站通常不设配线,两个方向线路之间很少有交叉、连接存在,但在折返地段,要利用道岔实现线路的转换。地铁与轻轨线路上常用的是普通单开道岔,占全部道岔总数的95%以上,如图3-13所示。通过尖轨的平移,形成不同的开通方向,实现列车安全转线的目的。地铁与轻轨线路的道岔主要有正线道岔和车场线道岔。正线道岔用于设有渡线和折返线的车站,通过设置道岔来实现车辆的转线。车场线道岔设在停车场,车辆段内通过道岔与走行线连接。

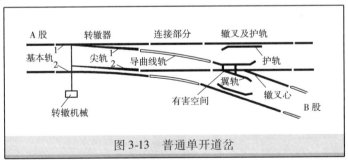

图3-13 普通单开道岔

6 其他附属设备

(1)车挡

车挡设置在尽头线末端,用于阻止由于操作不当轨道交通车辆冲出尽头线或撞坏其他构筑物。国外有磁力式车挡、液压式车挡和滑动式车挡等,前两种车挡构造复杂、造价高,后种车挡构造较简单。如图3-14所示为滑动式车挡。

（2）标志

①线路标志，是用来表示线路状态和位置的一种标志性设施。线路上应设有百米标、地度标、曲线要素标、曲线起终点标和水准基点标等。如图 3-15 所示为曲线要素标。

②信号标志，是指导列车操作人员的一种标志，主要有限制速度标、列车停车位置标、终点停车标和警冲标等。如图 3-16 所示为警冲标。

图 3-14　滑动式车挡

图 3-15　曲线要素标

图 3-16　警冲标

查一查

轨道交通线路中还有哪些线路标志和信号标志？

知识链接

无 缝 线 路

无缝线路是指将钢轨焊接起来而没有轨缝的线路，所以又称为焊接长钢轨线路。

钢轨接头是轨道结构中的薄弱环节。列车通过钢轨接头时会产生很大的冲击力，对轨道结构产生很大的破坏作用，使机车车辆的振动加剧，导致使用寿命缩短，修理费用增大。养护钢轨接头区所需的费用，约占养护费用的 35%。直到无缝线路问世，为大量减少接头创造了良好的条件。

焊接长钢轨因温度变化会引起伸缩，按处理此种伸缩的方法不同，无缝线路分温度应力式和放散应力式两种。

温度应力式无缝线路的钢轨由一根焊接长轨条及其两端2~4根标准轨组成，并采用普通钢轨接头的形式，如图3-17所示。无缝线路铺设后，焊接长轨条因受扣件及道床纵向阻力的抵抗，两端自由伸缩受到一定的限制，中间自由伸缩受到完全的限制，因而在钢轨内产生温度力，其值随轨温变化而异。这种无缝线路结构简单，铺设养护比较方便，故得到广泛的采用。但因钢轨承受很高的温度力，因此必须满足强度及稳定性方面设计的要求。

图3-17　温度应力式无缝线路示意图

放散温度应力式无缝线路又分为自动放散和定期放散两种。前者是在焊接长轨条两端设置钢轨伸缩调节器（如尖轨接头）来自动释放钢轨内的温度应力，如图3-18所示。这种形式的无缝线路主要用在桥梁（尤其是大桥）上。后者是把钢轨内部的温度应力每年调整放散1~2次。放散时，松开焊接长轨条的全部扣件，使它自由伸缩，放散内部的温度应力，在一定的轨温条件下把扣件全部扣紧。

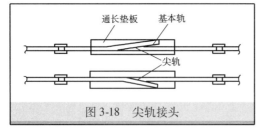

图3-18　尖轨接头

按焊接长轨条的长度不同而有普通无缝线路和超长无缝线路之分。前者的焊接钢轨的长度一般为1~2km左右，超长无缝线路为焊接长轨条贯通区间，并与车站道岔焊接，取消了缓冲区，彻底实现了线路的无缝化，从而全面提高了线路的平顺性，也为列车运行条件的平稳与舒适提供了良好的条件。在发展超长无缝线路时，必须解决无缝线路与锰钢辙叉的绝缘连接及焊接的技术难题。

我国钢轨焊接技术最早是采用电弧焊，后来采用铝热焊、气压焊、电接触焊等焊接方法。其中以电接触焊接的长钢轨，质量好，效率高。

长轨条的焊接方法一般是在焊轨厂将钢轨焊接成一定长度（250m）的长钢轨，然后运往工地，用铝热焊接或小型气压焊接成设计长度的长轨条；目前出现了在施工现场设立焊轨基地，用移动焊接列车在线路上焊接长轨条，就近运往工地铺设。

三　城市轨道交通线路的施工方法简介

1　隧道施工和车站施工的区别

隧道施工为连通地下相邻两座车站而进行的线路建设，一般采用掘进方式形成隧道，隧道掘进中需要在三度空间进行精确定位,同时,需要进行支撑形成稳定的结构。而车站施工是在确定位置进行的建设,它的特点是原地建设,基本不产生位移,属于建筑物的建设范畴。

2 隧道施工常用方法

(1)明挖法(open cut method)

在进行浅埋隧道、管道或其他地下建筑工程时,采用从地表开挖基坑或堑壕,修筑衬砌后,先将隧道部位的岩(土)体全部挖除,然后修建洞身、洞门,再用土石进行回填的施工方法,称为明挖施工法,简称明挖法,如图3-19所示。相关资源见二维码5。

明挖法施工的优点:施工条件有利、速度快、质量好、安全、简单、经济,城市地下隧道工程发展初期都把它作为首选的开挖技术。

(2)暗挖法——盾构法(shield tunneling method)

暗挖法是利用盾构机进行隧道掘进的一种施工方法。盾构机一般由盾构壳体、推进系统、拼装系统、出土系统四大部分组成。隧道断面形状取决于设计要求,一般可分为圆形、半圆形、矩形、马蹄形四种;施工具有自动化程度高、节省人力、施工速度快、一次成洞、不受气候影响、开挖时可控制地面沉降、减少对地面建筑物的影响和在水下开挖时不影响水面交通等特点,尤其在隧道洞线较长、埋深较大的情况下,用盾构机施工更为经济合理,如图3-20所示。相关资源见二维码6。

二维码5

二维码6

图3-19 明挖法施工

图3-20 盾构法施工

(3)沉管法(immersed tube method)

沉管法也称预制管段法或沉放法。施工的流程是先在隧道位址以外的船台上或临时干坞内制作隧道管段,并将两端临时封闭起来,预制完成后用拖轮拖运到隧道位址指定位置;然后在隧道定位处预先挖好水底基槽,待管段定位就绪后,向管段内灌水压载,使之下沉;将沉下并已放置在正确位置的多片管段内的水排空后形成水下联结,再经覆土(石)回填后,即形成了沉管内部的通道,水下隧道即告筑成。相关资源见二维码7。

沉管法施工的优点:因将水下操作改为陆上作业,施工安全、施工场地等条件均有改善;可同时进行多管段的预制和施工,有利于缩短工期;有利于安排工程的搭接施工。

二维码7

沉管法施工的缺点:局限于穿越河流、湖泊等水下隧道施工作业。

❸ 轨道交通车站施工方法的选择

车站施工要求:地下车站一般都设在城市中心圈,施工期间对城市交通的影响要降到最低;由于在人口、建筑物、地下管线等比较稠密的地段进行,工程地质复杂多变,所以施工技术含量高。

轨道交通地下车站常见施工法:盖挖逆筑法。

盖挖逆筑法与明挖法相比,其优势在于减少交通封堵时间,减轻施工对于环境的干扰。其区别在于主体结构的施工顺序上。

主要施工技术措施为:支撑桩采用以 H 形钢为柱芯的钢管或钻孔灌注桩,满足了沉降的控制要求;采用地下连续墙低注浆的方法,增强基底持力层的刚性,使地下连续墙与临时支撑柱共同承受上部荷载,以减小差异沉降;逆作法开挖支撑施工工艺中,利用混凝土板对地下连续墙的变形起约束作用,在暗挖过程中采用一撑两用的合理方法,大大减少了工程量,加快了工程进度,控制了墙体位移。

隧道或车站有哪些施工方法?

知识链接

区间隧道和高架桥建设简介

❶ 区间隧道的建设简介

区间隧道主要从城市轨道交通系统建设角度上理解,从直观上认识。一般在场地开阔、建筑物稀少、交通及环境允许的地区埋设区间隧道,建设上应优先采用施工速度快、造价较低的明挖法施工。明挖法施工的隧道结构通常采用矩形断面,一般为整体浇筑或装配式结构。如果是区间隧道较深,可以采用暗挖法施工,矿山法是其中的一种,它一般采用拱形结构,其基本断面形式为单拱、双拱和多拱。单拱、双拱结构多用于单线或双线的区间隧道或联络线通道,多拱连跨结构常用于停车线、折返线或喇叭口岔线。区间隧道暗挖法施工中,除矿山法外还有盾构法,盾构法施工适用于松软含水地层及城市地下管线密布、施工条件困难地段。地铁或轻轨线路穿越江河时,往往采用预制节段的沉埋施工法。浅埋地铁或轻轨线路在穿越地面铁路、地下管网群、交通繁忙的城市交通干线、交叉路口及其他不允许挖开地面的区段时,常采用顶进法施工。这些都是城市轨道交通系统建设过程中经常采用的有效方法。另外，在车站周围的区间隧道，例如在岛式车站两侧行车道与正线双线区间隧道之间，需设置过渡段。区间隧道结构随线路间距的加大逐渐变化，形成喇叭口状。为了满足运营的需要，在进行列车折返调度、换线、停车等作业时，区间隧道内需设置单渡线、交叉渡线等构筑物。当列车在区间隧道内发生特殊情况时，为了保证乘客的安全疏散，两条单线区间隧道之间还需设置联络通道。另外，为了排除区间隧道的渗漏水、维修养护用水等，在线路最低点需设置排水站。根据通风、环控系统的需要，有时还需要设置区间隧道风道等附属建筑物。地铁系统区间隧道如图3-21所示。

❷ 区间高架桥的建设简介

城市轨道交通系统的区间高架桥也可以从建设角度理解，从直观上认识。区间高架桥一般可分为一般地段的高架桥和主要工程节点的高架桥。一般地段的高架桥，从城市景观和道路交通功能的角度考虑，常选用较大的桥梁跨径，给人以空透舒适感，可采用槽形梁、脊梁及板梁等结构简单的桥梁结构。区间高架桥如图3-22所示。

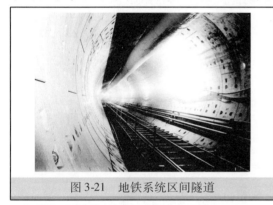

图3-21 地铁系统区间隧道

图3-22 地铁系统高架桥

对有些跨越主要道路、河流及其他市内主要交通设施的主要工程节点，即特殊地段的高架桥，可采用适用于城市桥梁的大跨度梁结构体系，但必须与城市景观相协调，采用较多的是钢结构连续梁。例如，上海地铁3号线跨漕溪路桥采用54m+128m+54m的系杆拱连续梁，如图3-23所示。跨苏州河采用25m+64m+25m的三跨连续中承式拱连续梁，如图3-24所示。

图3-23 上海地铁3号线漕溪路高架桥

图3-24 上海地铁3号线苏州河高架桥

3.3 城市轨道交通车站

车站是城市轨道交通路网中一种重要的建筑物。它是供旅客乘降、换乘和候车的场所,应保证旅客使用方便、安全、迅速地进出站,并有良好的通风、照明、卫生、防灾设备等,给旅客提供舒适、清洁的环境。车站应容纳主要的技术设备和运营管理系统,从而保证城市轨道交通的安全运行。

一 城市轨道交通车站的类型

城市轨道交通系统的车站按不同的标准有不同的类型,下面主要按所处位置、运营性质、站台形式和埋深距离等进行分类。

1 按车站所处位置分

按车站所处位置分,可分为地下车站、地面车站和高架车站,如图 3-25 所示。
① 地下车站,位于地面以下的车站。
② 地面车站,和地面连接的车站。
③ 高架车站,位于地面以上的车站。

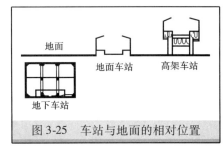

图 3-25 车站与地面的相对位置

2 按车站运营性质分

按车站运营性质分,可分为中间站、区域站、换乘站、枢纽站、联运站、终点站。各种车站类型见图 3-26。

① 中间站(即一般站)。中间站仅供乘客上、下车之用,功能单一,是地铁路网中数量最多的车站。

② 区域站(即折返站)。区域站是设在两种不同行车密度交界处的车站,设有折返线和设备。区域站兼有中间站的功能。

③ 换乘站。换乘站是位于两条及两条以上线路交叉点上的车站。它除了具有中间站的功能外,更主要的是它还可以从一条线上的车站通过换乘设施转换到另一条线路上的车站。

④ 枢纽站。枢纽站是由此站分出另一条线路的车站,该站可接送两条线路上的乘客。

⑤ 联运站。联运站是指车站内设有两种不同性质的列车线路进行联运及客流换乘。联

运站具有中间站及换乘站的双重功能。

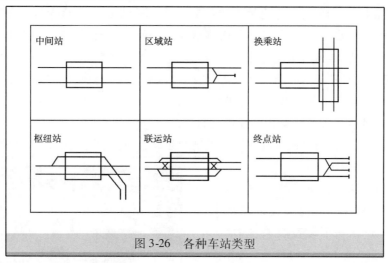

图3-26 各种车站类型

⑥终点站。终点站是设在线路两端的车站,就列车上、下行而言,终点站也是起点站(或称始发站),终点站设有可供列车全部折返的折返线和设备,也可供列车临时停留检修。如线路远期延长后,则此终点站即变为中间站。

 知识链接

（1）换乘站

换乘站是线网框架中各条线路的交织点,是提供乘客转线换乘的车站。乘客通过换乘站及其交通设施,实现两条或两条以上线路之间的换乘。所以,换乘点的分布和换乘方式的灵活性,对整个城市轨道交通网络的整体功能是十分重要的,同时,换乘站的形式对轨道交通线网框架的稳定性也有较大影响。另外,由于换乘站是线网中不同线路的交叉点上乘客转线换乘的场所,除了供乘客上、下车外,还要实现不同线路之间的客流沟通。换乘站可以由中间站补充换乘设备而成,或者一开始就建成供两条及两条以上相交线路使用的联合车站。换乘站点如图3-27所示。

换乘站的形式与换乘方式关系密切,换乘站按换乘方式可分为同站台换乘车站、终点

图3-27 地铁换乘站

换乘车站、站厅换乘车站、通道换乘车站等。同站台换乘是乘客在同一站台从这条轨道交通线换乘到另一条轨道交通线,一般两条并线的轨道交通线在并线段都属同站台换乘。例如,上海地铁3号线、4号线在金沙江路站等并线段就是这种类型。终点换乘车站就是在两线交

叉处,将两线隧道重叠部分的结构做成整体的终点,并采用楼梯将两座车站站台连通,乘客通过该楼梯进行换乘。例如,上海地铁1号线和轻轨5号线在莘庄站就是这种类型。站厅换乘是设置两线或多线的共用站厅,或相互连通形成统一的换乘大厅,通过站厅进行换乘。通道换乘是在两线交叉处,车站结构完全分开,用通道和楼梯将两车站连接起来,供客换乘的方式。另外,除了上述四种基本的换乘方式之外,还可以采用站外换乘及组合换乘来达到换乘的目的。站外换乘是乘客在车站以外进行换乘,实际上是没有专用换乘设施的换乘方式,例如,上海地铁3号线、4号线在宜山路上的换乘就属于这种类型。组合式换乘是在采用某种换乘方式不能奏效时,则可采用两种或多种换乘方式进行组合,以达到完成换乘目的的换乘方式。

(2) 大型换乘中心

大型换乘站(换乘枢纽或换乘中心)是城市轨道交通系统与其他交通方式之间的换乘。例如,在一个大型换乘中心,可以由几条轨道交通线之间的换乘,及其与公交、出租车或铁路、长途汽车之间的换乘,还可以在大型换乘中心内设停车场,作为乘客的中转站,达到与其他交通方式之间的换乘目的。上海地铁1、3号线与上海南站的大型换乘中心如图3-28所示。

图3-28 上海地铁1、3号线与上海南站的大型换乘中心

3 按车站站台形式分

按车站站台形式分,可分为岛式站台车站、侧式站台车站和岛、侧混合式站台车站。相关资源见二维码8。

①岛式站台车站,站台位于上、下行行车线路之间,这种站台布置形式称为岛式站台。具有岛式站台的车站称为岛式站台车站(简称岛式车站)。岛式车站是常用的一种车站形式。岛式车站具有站台面积利用率高、能灵活调剂客流、乘客中途改变乘车方向方便、车站管理集中、站台空间宽阔等优点,因此,一般常用于客流量较大的车站,如图3-29所示。

二维码8

②侧式站台车站,站台位上、下行行车线路的两侧,这种站台布置形式称为侧式站台。具有侧式站台的车站称为侧式站台车站(简称侧式车站)。侧式车站也是常用的一种车站形式。侧式车站站台上、下行乘客可避免相互干扰,正线和站线间不设喇叭口,造价低,改建容易,但是站台面积利用率低,不可调剂客流,中途改变乘车方向经地道或天桥,车站管理分散,站台空间不及岛式宽阔,因此,侧式站台多用于两个方向客流量较均匀(或流量不大)的车站及高架车站,如图3-30所示。

③岛、侧混合式站台车站,是将岛式站台及侧式站台同设在一个车站内,具有这种站台形式的车站称为岛、侧混合式站台车站(简称岛、侧混合式车站)。岛、侧混合式车站主要用于两侧站台换乘或列车折返。岛、侧混合式站台可布置成一岛一侧式或一岛两侧式。

❹ 按车站埋深和结构分

地下车站按车站埋深可分为浅埋车站和深埋车站。

①浅埋车站,采用明挖法或盖挖法施工,线路轨道面至地表距离在20m以内。

②深埋车站,采用暗挖法施工,线路轨道面至地表距离在20m以上。

高架车站按结构可以分为站桥合一结构车站和站桥分离结构车站。

①站桥合一结构车站,高架车站的结构和站内轨道结构是建在一起的。

②站桥分离结构车站,站内轨道结构和线路高架桥的结构是连通的。

图3-29 岛式站台车站

图3-30 侧式站台车站

二 城市轨道交通车站设计的原则

（1）根据车站规模、类型及总平面布置,合理组织人流路线,划分功能分区。在组织人流路线时,应考虑下列各要点：

①进、出站客流线路和换乘客流要分开,尽量避免交叉和相互干扰；

②乘客购票、问讯及使用公用设施时,均不应妨碍客流通行；

③当地铁与城市建筑物合建时,地铁客流应自成体系。

（2）车站公用区应划分为付费区与非付费区。此两区进、出站检票口应进行分隔。换乘一般设在付费区内。

（3）车站的站厅、站台、出入口楼梯和通道、升降设备、售票口、检票口等部位的通过能力应相互适应,且通过能力按远期超高峰客流量确定。

（4）有噪声源的房间应远离有隔声要求的房间及乘客使用区；对有高音质要求的房间,均采取隔、吸声措施。

（5）车站应考虑防灾设计和无障碍设计。

三 城市轨道交通车站的总平面布局

车站总平面布局是在车站中心位置及方向确定后,根据车站所在地周围的环境条件对车站布局的要求,选定车站类型及合理设计出入口、通道、通风道等设施的过程。图3-31 为地铁车站平面设计概图。

车辆总平面布局既要求使乘客能够安全、迅速、方便地进出车站,又要求能与周围的建筑物、道路、交通、过街道或天桥、大型商场、购物中心、绿地等协调,使之相互统一、相互融合,构成统一体。在进行车站总平面布局时,应考虑以下几个问题。

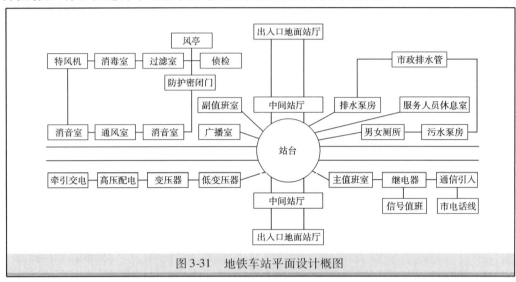

图 3-31 地铁车站平面设计概图

1 出入口位置的确定

地铁与轻轨系统车站出入口的主要作用是能够吸引和疏散客流,应尽力做到:

①出入口的位置选在城市道路的两侧,交叉路口及有大量客流的广场、大型商场附近,出入口宜分散均匀布置,出入口之间的距离应尽可能大,使其能够最大限度地吸引客流,方便乘客进出车站。

②出入口的位置宜设在火车站、汽车站、大中型企业、文体中心、居民区等附近,便于乘客换车,要设置明显的地铁与轻轨系统特征的统一标志,以便乘客识别。

③出入口的位置设置要符合有关部门的规划要求、消防要求及其他各种要求,在人流拥挤的地方,例如火车站,为避免与其他方向的人流相互交叉与干扰,减少出入口拥堵,应设在集散处适当远处,不宜设在客流主要集散出口。

2 出入口与城市过街地道、天桥等相结合

当地铁与轻轨系统车站出入口位于城市过街地道、天桥附近时,为了方便乘客,节约投资,可以将其进行合并一起修建,融为一体。这样,可以不影响车站的管理和对站内客流路线的干扰,对城市建设和地铁运营都有利。图 3-32 为地铁车站与天桥的连接图。

图 3-32 地铁车站与天桥连接

3 近、远期规划建设应统一

在进行车站总平面布局时,还应根据车站近、远期规划发展需要,结合车站具体条件和实际情况,采取一次建成、分期实施的方式建设,做到既能满足现状,又符合远期发展要求,为以后的建设留有余地。

四 城市轨道交通车站的组成

轨道交通车站形式上看和"火车站"相似,都是停靠轨道交通车辆,但是设计内涵、理念是完全不同的,而在使用功能上更接近"公共汽车站"。

1 车站的组成

车站由车站主体(站台、站厅、设备用房、管理用房等)、出入口及通道、通风道及地面通风亭(仅地下车站)三大部分组成。

车站主体是列车在线路上的停车点,其作用是供乘客集散、换乘,同时它又是地铁运营设备设置的中心和办理运营业务的地方。

出入口及通道是供乘客进、出车站的建筑设施。

地下车站需要考虑通风道及地面通风亭,其作用是保证轨道交通车站具有一个舒适的地下环境。

2 车站主体的组成和功能

车站主体根据功能的不同,可分为以下两大部分。

(1)乘客使用空间

乘客使用空间又可分为非付费区和付费区。非付费区是乘客购票未正式进入站台前的流动区域。它一般应有一定的空间,供设售检票设施。根据需要还可设银行、公用电话、小卖部等设施。非付费区的最小面积一般可以参照能容纳高峰小时 5min 内可能聚集的客流量的水平来推算。付费区包括部分站厅、站台、楼梯和自动扶梯等,它是为停车和乘客乘降提供服务的设施。

乘客使用空间是车站设计的重点,它对车站类型、总平面布局、车站平面、结构横断面形式、功能是否合理、面积利用率、人流路线组织等设计有较大的影响,设计时要注意人流流线的合理性,以保证乘客方便、快捷地出入车站。

(2)车站用房

车站用房包括运营管理用房、设备用房和辅助用房三部分。

运营管理用房是为保证车站具有正常运营条件和营业秩序而设置的办公用房,由进行日常工作和管理的部门及人员使用,是直接或间接为列车运行和乘客服务的,主要包括站长室、行车值班室、业务室、广播室、会议室、公安保卫、清扫员室等。

设备用房是为保证列车正常运行、保证车站内具有良好环境条件及在事故灾害情况下能够及时排除灾情不可缺少的设备用房,它是直接或间接为列车运行和乘客服务的,主要包括环控机室、变电所、控制室、通信机械室、信号机械室、泵房、票务室、工区用房、附属用房及设施等。技术设备用房是整个车站的心脏所在地。由于这些用房与乘客没有直接联系,因此,一般设在离乘客较远的地方。

辅助用房是为保证车站内部工作人员正常工作、生活所设置的用房,是直接供站内工作人员使用的,主要包括厕所、盥洗室、更衣室、休息室、茶水间、储藏室等。这些用房均设在站内工作人员使用的区域内。

3 车站的规模

车站规模主要指车站站台外轮廓尺寸、层数及用房面积的大小等。在进行车站总体布局之前,一般要确定车站规模,而车站规模主要根据本站远期预测高峰客流量、所处位置的重要性、站内设备和管理用房面积及该地区远期发展规划等因素综合考虑确定。其中客流量大小是一个重要因素。

车站规模一般分为三个等级,在大城市中,车站规模按三个等级设置;在中等城市中,其规模可以设两个等级。车站规模等级适用范围见表3-2。

车站规模等级适用范围   表3-2

车站规模	适用范围
大型站(甲级站)	适用于客流量大,地处市中心区的大型商贸中心、大型交通枢纽中心、大型集会广场、大型工业区及位置重要的政治中心地区
中型站(乙级站)	适用于客流量较大,地处较繁华的商业区、中型交通枢纽中心、大中型文体中心、大型公园及游乐场、较大的居住区及工业区
小型站(丙级站)	适用于客流量不大的地区

注:客流量特别大,有特殊要求的车站,其规模等级可列为特级站。

车站规模的大小,将直接影响工程造价的高低。规模过大,投资太高;规模不足,满足运营的需要期限短,影响运营功能且日后改建困难。因此,在确定车站规模时,应慎重进行技术经济比较。

五 城市轨道交通车站文化

城市轨道交通车站文化主要体现在车站的建筑形式、车站的艺术气息和车站的装饰装修三个方面。相关资源见二维码9。

二维码9

1 车站的建筑形式

处理城市轨道交通车站的建筑形式时,应始终将车站功能排在第一位,在满足车站功能要求的基础上,处理好车站的建筑形式问题。

车站是城市建筑的组成部分,车站建筑必须与城市建筑和街道等相关部分协调、相辅相成。选择车站建筑形式要与城市环境有内在的联系,不同建筑形式具有不同的特点、不同的魅力,同样的建筑形式,在一个地方可能是美的,但在另一个地方可能是不美的;在一个地方可能是得体和必要的部分,而在另一个地方则可能是牵强和多余的部分。图 3-33 和图 3-34 的车站形式十分符合周边环境的特色。

图 3-33　上海地铁 3 号线漕溪路站与周边环境

图 3-34　重庆单轨车站效果图

❷ 车站的艺术气息

随着城市的不断扩大,居民需要花费在出行上的时间越来越长。作为大城市公共交通运输系统中骨干地位的轨道交通系统是绝大多数居民首选的交通工具。但轨道交通车站往往受到各种资源和建设成本的限制,车站在满足实用功能的前提下,车站规模越小越好。车站有限的空间内如何让乘客不感到压抑?地下车站,完全靠人工采光,如何让乘客与现实社会相沟通?如何让人在地下空间中不感到乏味、单调?这是地下车站建设、运营管理中需要考虑的方面。越来越多的城市采用文化和艺术手法来装饰车站,如莫斯科地铁里的巨幅壁画、巴黎地铁里的文物和伦敦地铁里的现代艺术品等,车站已成为一个集交通、商业和艺术为一体的"地下世界",如图 3-35 ～图 3-38 所示。

图 3-35　莫斯科地铁里的巨幅壁画

图 3-36　巴黎地铁里的文物

图3-37 伦敦地铁里的现代艺术品

图3-38 北京地铁4号线动物园站:儿童涂鸦探索星空

3 车站的装饰装修

车站装修设计应遵循实用、经济、美观、简约等原则,地铁车站是交通性建筑,乘客在站内停留的时间是短暂的,所以应从实用、简洁的角度出发进行考虑。

车站装修主要包括顶、墙、柱、地面等部位以及照明灯具、色彩等方面,并且视觉标志是其中重要的部分。

所谓视觉标志,是需用人的视觉去辨别其所要表示的特定含义和内容的形象物体,它包括标志、指示标志、导向标志等。地铁与轻轨系统车站客流量大,流动性强,要使乘客安全、有序、迅速地汇集和输送,视觉标志的重要性是不言而喻的,必须做到清晰醒目、便于记忆、形象简练、含义明确并且艺术性要强。在站台、站厅、地面出入口以及与车站相连的物业、步行过道街、商店、火车站及公交站点等公共区域,必须设置明显的导向标志,以引导乘客以最捷径的路线流动,另外,一些制作精美的广告灯箱也是地铁与轻轨系统车站里一道不可或缺的风景线。

重庆轻轨临江门站装修方案如图3-39所示。

图3-39 重庆轻轨临江门站装修方案

3.4 城市轨道交通换乘方式

一个人口密集的城市建设几条轨道交通线路并不能根本解决交通拥挤问题,也不能满足市民出行的需要。我们应该认识到城市交通问题是一个系统工程问题,在发展及布局地面、地下、空中、立体城市公共交通时,要从建设系统、网络出发,并考虑地铁、轻轨、公共汽车、水上巴士及出租汽车等各种公共交通手段网络节点的连接方便,以及各种交通方式之间的便捷换乘、接驳,在中国还应该考虑自行车出行换乘公共交通工具的具体情况。根据城市现状及发展,建设方便乘客的交通枢纽在城市交通规划中应事先考虑周全的问题,城市用地是有限的,一旦建设完成再进行修修补补,不仅加大了投资且很难达到预期的目的。

一 轨道交通线路间的换乘

快速、大运量的城市轨道交通是城市公共交通的主动脉,轨道交通线网节点处组织良好的换乘能更好地发挥轨道交通的优势,也有助于吸引客流并提高公共交通的使用率。例如,上海轨道交通远期网络中规划有83个换乘站,其中17个为三线或三线以上的交会的大型换乘站。

1 换乘车站基本要求

城市轨道交通是城市的永久性基础设施之一,建造的目的就是为公众服务,换乘设计要始终贯彻以人为本,一经建造其线路走向、车站设置和换乘节点,都很难更改。

根据换乘方式不同有多种方案可供选择。在做具体设计时,应考虑尽量缩短换乘距离,做到明确、简洁、方便乘客。两线或多线的车站尽量减少换乘高差,避免高度损失。换乘客流与进、出站客流分开,避免相互干扰。

在做换乘设计时,应以远期高峰小时客流量为依据,换乘通道、楼梯、电梯等换乘设施应该能满足远期换乘量的需要。无障碍设施的建设在近期投入使用的轨道交通车站内已考虑,在换乘设施中也应该予以重视,达到肢残者和盲人与正常人一样的换乘目的。

换乘设施应考虑设置在各换乘车站的付费区内,实现一次购票即可到达最终目的地。这样可以达到购票乘车者不必重新购票,也可以充分发挥公交IC卡的功能。

一个城市的轨道交通线网不可能同步实施建设,一般而言,换乘车站也不会同步配套完成,在先期设计、施工的车站应预留切实可行的接口,先期投入使用的车站应该做好乘客安全防范措施及接口处的照明、排水设施。

轨道交通换乘枢纽一般而言都设置在人流集中的区域,各相关的轨道交通车站应考虑多设出入口通道,交叉路口的各象限均应布设,通道可以作为城市道路人行地道,既可解决行人交通障碍,也可吸引客流。相邻换乘枢纽距离比较近,可将这些换乘设施连成一个整体,并且在换乘通道设计、土地利用方面予以综合考虑。

21世纪是地下空间开发时代,针对土地资源越来越贫乏的问题,目前我国的规划、设计还处于平面设计水平,对城市地下深层次开发利用上尚处于初级阶段,这给城市轨道交通换乘枢纽的规划、设计和施工造成了一定的困难。

② 站台直接换乘

乘客在站台通过楼梯、自动扶梯等换乘到另一车站的站台。这种换乘方式线路短,换乘高度小,换乘方便,节约换乘时间。

根据站台的布置形式又可分为:

①平行换乘:两个车站站台可平面平行或上下重叠。平面平行设置,两站台面一般通过天桥或通道连接;上下重叠设置,一般构成"一"字形组合,站台上下对应,便于布置楼梯、自动扶梯,换乘方便。香港地铁在组织换乘方面的设计是值得借鉴的。如图3-40荃湾线和观塘线两线四个方向的换乘,香港地铁采用了在太子、旺角两个车站来进行,乘客只要简单地下车后到岛式站台的另一侧上车即可,非常方便。巴黎地铁东站有多条平行站台,乘客换乘则通过天桥来完成。

图3-40 香港荃湾线和观塘线换乘

②"T"形站台换乘:两个车站上下立交,其中一个车站的端部与另一车站的中部相连接,在平面上构成"T"形组合。可采用站台换乘。两个车站也可相互拉开一段距离,以减少下层车站的埋深。

③"十"字形站台换乘:两个车站中部相立交,在平面上构成"十"字形组合。"十"字形换乘车站采用站台直接换乘的方式。

北京地铁2号线与1号线在复兴门车站、建国门车站十字相交,1号线车站位于2号线车站之下,两条线在的复兴门车站均为岛式站台,1号线建设时已预留接口。2号线乘客换乘1号线,仅需走楼梯或电梯下到下面站台就可换乘1号线两个方向的地铁。"十"字形站台相重叠部位的面积有限,组织全部的换乘有困难。如果换乘的车站为侧式站台,则方案实施困难更大。

③ 站厅换乘

乘客由某层车站站台经楼梯、自动扶梯到达另一车站站厅付费区,再经楼梯、自动扶梯到达站台。这种换乘方式线路较长,换乘高度大,换乘时间长。站厅换乘一般采用"L"形布置,即两个车站上下立交,车站端部相互连接,在平面上构成"L"形组合。在车站端部连接处一般设站厅或换乘厅。有时也可将两个车站相互拉开一段距离,使其在区间立交,这样可减少两站间的高差,减少下层车站的埋深。上海地铁的规划网络图一直在修订,2号线施工时地铁4号线路走向还没有定下来,两线在世纪大道车站交会,目前只能采用补救的方案,在2号线南侧平行修建4号车站,将4号站厅层做成和2号线站厅层同高程,组织站厅换乘,如图3-41所示。

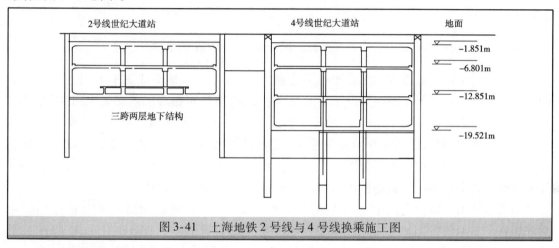

图3-41　上海地铁2号线与4号线换乘施工图

4 通道换乘

两个车站不直接相交,相互之间可采用单独设置的换乘通道进行换乘。这种换乘方式换乘线路较长,换乘时间也长,对老弱妇婴使用不便,且增加通道,又增加投资。通道换乘一般呈"工"或"L"字形布置,即两个车站在同一水平面平行设置,通过天桥或地道换乘,在平面上构成"工"或"L"字形组合。

上海地铁1号线和2号线因施工时间不同,1号线施工时没有预留换乘接口只能采用通道换乘,给乘客带来诸多不便,如图3-42所示。2号线因要从黄浦江下穿越埋层较深,自然形成与1号线的标高差,完全可以做成平行站台换乘。

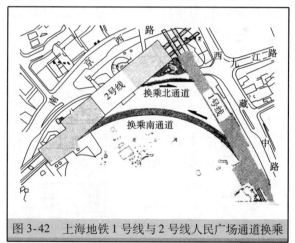

图3-42　上海地铁1号线与2号线人民广场通道换乘

二　轨道交通与地面公共交通的换乘

一个城市的交通系统可以比喻成人的循环系统中的动脉血管,有主动脉、动脉和毛细血管等组成,动脉血管中的任何一个环节出问题,都可能造成血脉不通,健康受损。城市轨道交通相当于主动脉,地面公共交通相当于动脉,主动脉中的血液如果不能通畅无阻地流向动脉、毛细血管,这个系统肯定有问题。

我国各已建轨道交通线路的城市中,目前轨道交通大多网络尚未健全,优势尚未完全发挥,但对于今后这两种交通方式之间分工已基本得到了确认,即以轨道交通为主,地面公共交通为补充。充分发挥轨道交通大容量、准点、快速的优势,以及地面公交便利、反应速度快捷、布局容易改变的特点。因此,加强两者之间的接驳配套,形成科学合理的换乘体系已刻不容缓。

1 轨道交通车站与地面公交配套枢纽接驳、换乘的困难

轨道交通车站在城市内大多设于地下或高架之上,乘客从地下或高架上到地面有一定的步行距离。轨道交通车站很多设于交通繁忙的交叉路口,根据我国的交通规则,距交叉路口一定的范围内机动车辆不得停靠,也即不能设有公交车站,这又加大了从轨道交通站出入口到公交站点的距离,乘客在这两种交通方式之间的接驳、换乘步行距离较大。比如上海地铁1号线人民广场站位于人民公园南北走向靠西藏路侧,公交枢纽位于东西走向的武胜路,如果地铁乘客欲换乘位于武胜路西端的公交123路汽车,需行走500m。

如果车站出入口位于路中央,乘客将把交通要道作为换乘通道,使本已拥挤的路面交通雪上加霜。典型的案例如上海地铁3号线中山公园高架车站位于凯旋路中间,横跨在长宁路之上,地铁出入口位于凯旋路中央,地铁乘客欲换乘地面公交必须横跨凯旋路。

由于轨道交通车站和地面公交站点各自设置的特殊性、局限性,加之城市布局和周边建筑的先期性,给轨道交通和地面公交换乘的设计带来了很大的困难,没有新意、因循守旧是很难有所突破,很难找到方便乘客在两种不同的交通方式之间进行换乘的方法和思路。例如上海地铁莘庄站是地铁1号线和5号线的起始站(如图3-43),没有设计同站台平面换乘,公交配套也没有利用空间,简单地置于线路两侧,给人们造成了不便。

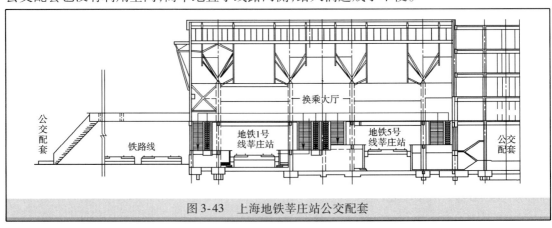

图3-43 上海地铁莘庄站公交配套

2 轨道交通车站与地面公交配套换乘枢纽布设

城市规划和城市建设早于轨道交通建设许多年,城市地面公交的设置、建设早已成型,公交乘客也已习惯使用这种公交站点的设置。

在城市已形成格局的情况下进行轨道交通线网规划、设计、接驳换乘配套,难免会出现不协调、不尽如人意的地方。而且轨道交通建设初期,建设方注意力会集中在轨道交通自身的建设,没有把精力放在与其他交通形式联系上。在地面公交与轨道交通配套问题上,地面公交调整往往只能浅尝辄止,难以进行系统优化调整。

在过去较长的一段时间里,我国的建设配套工程处于弱势地位,未引起足够的重视,配套资金也难以落实,由此产生了轨道交通站点周边的地面公交配套滞后,换乘不便,影响轨道交通发挥交通主动脉的优势。

3 轨道交通车站与地面公交配套的换乘客流基础数据

城市轨道交通与地面公交配套的目的在于组织客流,以最短的时间运送完成最多的出行客流,地面公交系统在以往的轨道交通配套中曾作出过一定的努力,但是由于近年发展速度相当快,整个中国的社会经济结构进行了有史以来最大的调整:

(1) 大中型企业转制、调整、关闭、合并,使工作出行的客流发生了很大变化。

(2) 旧城区改造、城市CBD的形成、居民新村不断外迁,购物、就学、就医等发生了明显变化。

(3) 我国正处于农村人口向城市转移的关键时期,各大城市流动人口比例持续走高。

(4) 各大城市在向高科技、高水准发展的进程中,必然涌进大批人才,这些城市新移民的居住、出行习惯改变了以往客流的常规规律。

(5) 在世界经济中心向太平洋沿岸区域,特别向中国转移的时机,中国大城市在走向世界,以博大的胸怀迎接了世界各国、各地区的人流,这些人员在各城市已达到一定数量,他们的出行客流有待研究。

以上诸多因素,已经反映了客流流向有很大的变化,而与此相关的数据库背景资料透明度不大,或资讯的传递途径不畅,更新率也较差,公共交通行业对这些背景资料的缺乏,在进行轨道交通与地面公交配套设计中难免捉襟见肘。

三 轨道交通站与出租车配套换乘

出租车是城市公共交通中较高层次的出行工具,随着改革开放的深入发展,出租车行业得到了较快的发展,以上海为例,截至2011年年底,全市拥有出租车超过5万辆,日均供车100余万车次,运送乘客300多万人次,以上海人口最新普查资料显示,全市2 348万常住人口,每天有18%乘坐出租车,占地面公交1/3还多。出租车能吸引这么多人乘坐,反映了时代进步,社会财富增加,人的消费观念也跟着转变,另一个重要的原因是出租车的服务方式迎合了现代人追求方便、迅速、舒适、门到门的出行要求。

长期以来,有关部门对于出租车在城市公共客运体系中作用的认识不足,致使在市政建设中、轨道交通规划中,出租车的候客站、扬招站配套严重滞后,导致乘客换乘极为不便。先期建造的轨道交通车站根本未考虑出租车的停靠问题,如前所述,轨道交通车站一般均设在交通繁忙、人流集中地段,由于事先未规划设计出租车停车区域,而轨道交通换乘乘客又需要在此换乘,造成出租车违章停车候客,堵塞交通。

在构筑城市交通一体化过程中,如何使出租车成为城市交通中有机的组成部分,应该充分引起各方面的重视。

根据上海交通研究部门在做上海轨道交通客流调查中,采用问卷调查方式得出上海轨道交通车站平均换乘出租车的换乘率大致为3%。根据车站所处位置不同,换乘率有所不同。

出租车上下客区域的选定是一个重要的服务质量问题,考虑出租车是以"门到门"为服务特点的交通工具,为体现以人为本、方便群众、为民服务的思想,根据我国城市道路具体情况,建议该区域应设置在轨道交通车站出口处附近,最远不超过50m。

四 P+R换乘方式

社会发展的规律是首先由农村向城市的转移,城市化、工业化达到一定程度,又开始逆向转移,从城市化区域转移到近郊,甚至远郊居民区,发达国家几乎家家都有小汽车,但是在纽约、曼哈顿、巴黎和新加坡等城市市中心区域内,政府有意识限制小汽车通行,这些城市区域内公共交通的乘坐率极高,人们出行变成开小汽车到居住地附近的轨道交通(地铁、轻轨或通勤列车)车站,然后换乘轨道交通列车进城,称为"P+R"(Park and Ride),这些国家的停车场是必要的配套设施,如图3-44所示。

图3-44 轨道交通P+R换乘

我国尚未达到这些国家的发达程度,但应该看到已开始有这方面的苗头,市中心区域交通拥堵,经济富裕的群体开始向近郊转移,这部分人是潜在的客源,但是我们在建设郊区轨道交通车站时未充分考虑停车场设置问题,而且也未有意识地留有将来发展的接口。这个问题值得思考和研究。

我国是自行车大国,一段时间以前自行车几乎成了家庭万能"自备车",在道路布局中快车道两边设置慢车道的做法颇具有中国特色,自行车在解决城市交通的问题中发挥了极其重要的作用,遗憾的是很少有人去研究如何更大地发挥自行车在交通中的作用,政府在解决城市交通的拥堵问题时也是以限制非机动车作为一项措施。即使这样,这种"门到门"的交通工具依然受到群众的欢迎和认可,社会保有量居高不下。旧城改造、动拆迁,城市居民大量迁往环线以外的地区,仅仅依靠自行车出行的传统做法变得不可能,中国式的"P+R",即骑车到轨道交通站点,寄放自行车换乘轨道交通车辆进城,变成一种群众自创的出行方式。我国的北京西直门站、上海莘庄站等,站外都设有民间的大型自行车寄放站,给人一种规模宏大、杂乱无章、临时性的感觉。在早期投入使用的轨道交通车站中没有设置自行车寄放站,规划设计中也没有将此列入议程。以人为本、为民服务是我们的施政原则,如何为工薪阶层创造更好的乘车条件?在轨道交通车站的建设中,把自行车寄放站考虑在车站的总体设计中就是其中一个很重要的措施。

复习与思考

一、填空题

1. 地铁:最小曲线半径在正线上一般取_____,困难地段不小于_____。
2. 城市轨道交通车站的站间距在市区一般的距离_____,在郊区不宜大于_____。
3. 城市轨道交通线路可分为正线、折返线、渡线、停车线、_____、_____、出入库线和_____。
4. 线路的组成有____、____、____、____、____。
5. 钢轨在直线段的标准轨距是_____。
6. 地下隧道暗挖法主要有_____、矿山施工法和新奥法。
7. 城市轨道交通车站按运营性质可分为_____、区域站、_____、_____和终点站。
8. 地铁的埋置深度以____ m为界来区分深埋和浅埋。
9. 轨道交通线路间的换乘主要通过_____、_____和_____三种方式来实现。

二、选择题

1. 适合市区软土层隧道施工的施工方法是(　　)。
   A. 明挖施工法　　B. 矿山施工法　　C. 盾构施工法　　D. 沉管施工法
2. 下列属于车站运营辅助用房的是(　　)。
   A. 值班室　　　　B. 厕所　　　　　C. 照明配电室　　D. 环境与通风用房
3. 车站按运营性质可分为(　　)。
   A. 中间站　　　　B. 终点站　　　　C. 始发站　　　　D. 大型站
4. 下列各处适合建立地铁车站的为(　　)。
   A. 机场　　　　　B. 公园　　　　　C. 大学城　　　　D. 敬老院
5. 城市轨道交通列车折返的方式有(　　)。
   A. 环线折返　　　B. 尽端线折返　　C. 渡线折返　　　D. 联络线折返

三、问答题

1. 城市轨道交通车站设计原则是什么?
2. 按运营性质分为几种类型的车站?
3. 地铁车站由哪几部分组成?
4. 乘客使用的车站空间有哪些?
5. 为什么要考虑交通枢纽?为什么要建立换乘车站?
6. 换乘车站有几种换乘形式?

四、作图题

作图说明普通单开道岔的基本组成。

单元 4

城市轨道交通车辆

教学目标

1. 了解城市轨道交通车辆技术的发展；
2. 掌握城市轨道交通车辆机械部件的结构和原理；
3. 掌握城市轨道交通车辆电气部件的结构和原理；
4. 了解城市轨道交通车辆检修基地的布局、作用及一般检修项目。

建议学时

10 学时

4.1 城市轨道交通车辆的类型和选用要素

一 城市轨道交通车辆的特殊要求

城市轨道交通车辆主要是指地铁车辆和轻轨车辆,它是城市轨道交通工程的最重要的设备,也是技术含量较高的机电设备。城市轨道车辆应具有先进性、可靠性和实用性,应满足容量大、安全、快速、舒适、美观和节能的要求。相关资源见二维码10。

城市轨道交通车辆作为城市公共交通工具,主要在市内和市郊运行。它的运行条件与干线铁道车辆有种种不同:车辆要在地下隧道、高架和地面轨道运行,站距短,线路曲线半径小,坡度大;客流量大而集中,乘客上下车频繁,高峰时会超载。

二维码10

作为公共交通,应尽量缩短乘客的乘坐时间,由于站距短,要提高最高运行速度是困难的,所以车辆一般有较高的起动加速度和制动减速度,以达到起动快、停车制动距离短、提高车辆平均速度的目的。

车辆的设计应遵循减少能耗、减少发热设备的原则,用以降低隧道内温度升高,为此要尽量减轻自重,选择效率高的传动系统。

由于运转密度较高,为确保安全行车,地下铁道的通信信号比较复杂,所以车载通信信号设备及车辆的控制系统,应有良好的适应能力。

随着生活水平的提高,人们对乘坐舒适性的要求也越来越高,所以车辆的悬挂系统比大铁路要求高,不少地下铁道车辆的车厢内除采用机械式通风换气来改善车内空气品质外,还增设空气调节装置,千方百计提高乘坐舒适性,并改善司机的工作条件。同时,在降低车厢内来自轮轨系统和动力系统的噪声上也采取多种有效的措施。上海地铁3号线车头外观如图4-1所示。

图4-1 上海地铁3号线车头外观

二 城市轨道交通车辆的类型

城市轨道交通车辆以地铁车辆为代表。地铁车辆是地铁用来运输乘客的运输工具,按有无动力可分为两大类:第一类是拖车(T),即本身无动力牵引装置的车辆;第二类是动车(M),即本身装有动力牵引装置的车辆,动车又分为带有受电弓的动车和不带受电弓的动车,由于动车本身带有动力牵引装置,因而它兼有牵引和载客两大功能。地铁车辆在运营时一般采用动拖结合、固定编组,形成电动列车组。相关资源见二维码11。

城市轨道交通车辆按照其适用范围和车体基本宽度进行分类,见表4-1。

二维码11

城市轨道交通车辆的分类　　　　表4-1

系统	分类	车辆和线路条件	客运能力 N(人次/h) 运营速度 v(km/h)	备注
地铁系统	A型车辆	车长:24.4m/22.8m 车宽:3.0m 定员:310人 线路半径:≥300m 线路坡度:≤35‰	N:4.0万~7.5万 v:≥35	高运量,适用于地下、地面或高架
地铁系统	B型车辆	车长:19.52m 车宽:2.8m 定员:230~245人 线路半径:≥250m 线路坡度:≤35‰	N:3.0万~5.0万 v:≥35	大运量,适用于地下、地面或高架
地铁系统	直线电机B型车辆	车长:17.2m/16.8m 车宽:2.8m 定员:215~240人 线路半径:≥100m 线路坡度:≤60‰	N:2.5万~4.0万 v:≥35	大运量,适用于地面高架或地下
轻轨系统	C型车辆	车长:18.9~30.4m 车宽:2.6m 定员:200~315人 线路半径:≥50m 线路坡度:≤60‰	N:1.0万~3.0万 v:25~35	中运量,适用于地下、地面或高架
轻轨系统	直线电机C型车辆	车长:16.5m 车宽:2.5m 定员:150人 线路半径:≥60m 线路坡度:≤60‰	N:1.0万~3.0万 v:25~35	中运量,适用于地面高架或地下

续上表

系 统	分 类	车辆和线路条件	客运能力 N(人次/h) 运营速度 v(km/h)	备 注
轻轨系统	有轨电车系统 （单车或铰接车）	车长:12.5m/28m 车宽:≤2.6m 定员:110/260 人 线路半径:≥30m 线路坡度:≤60‰	N:0.6 万~1.0 万 v:15~25	低运量,适用于地面道路混行
单轨系统	跨坐式单轨车辆 GJ_{231}	车长:15m 车宽:3m 定员:150~170 人 线路半径:≥60m 线路坡度:≤60‰	N:1.0 万~3.0 万 v:≥35	中运量,主要适用于高架
单轨系统	悬挂式单轨车辆	车长:14m 车宽:2.6m 定员:80~100 人 线路半径:≥60m 线路坡度:≤60‰	N:0.8 万~1.5 万 v:≥20	中运量,主要适用于高架
磁浮系统	低速磁浮车辆	车长:12~15.5m 车宽:2.6~3.0m 定员:150 人 线路半径:≥70m 线路坡度:≤70‰	N:1.5 万~3.0 万 最高运行速度:100	中运量,主要适用于高架
磁浮系统	高速磁浮车辆	车长:24~27m 车宽:3.7m 定员:100 人 线路半径:≥300m 线路坡度:≤100‰	N:1.0 万~2.5 万 最高运行速度:430	中运量,主要适用于郊区高架
自动导向系统	胶轮导向车辆	车长:8.4m 车宽:≤2.4m 定员:75 人 线路半径:≥30m 线路坡度:≤60‰	N:0.6 万~1.5 万 v:≥25	低运量,主要适用于高架
区域快速系统	特型车辆	车长:22~25m 车宽:≤3.4m 定员:≥120 人 线路半径:≥400m 线路坡度:≤30‰	v:120~160	大运量,适用于城市区域交通方式,日客运量可达 50 万~80 万人次

三 城市轨道交通车辆的选用要素

城市轨道交通车辆主要的选用要素如下。

1 客流特点

城市轨道交通运送的主要对象是市内常住人口的上下班客流、车站和机场的集中到达客流、节假日及大型活动的集中客流、流动人口集中进出城市的客流等。建设城市轨道交通的最终目的是缓解城市公共交通,改善人们的出行条件,促进城市的经济发展。

2 客流量

根据单向高峰小时最大断面客流量,通常单向高峰小时最大断面客流量在 0.6 万~1 万人次,宜采用地面公共交通车辆;1 万~3 万人次可采用轻轨交通车辆;3 万~7 万人次应选择地铁交通车辆。

3 旅行速度

市区采用地面公交车辆,旅行速度为 10~25km/h;市区交通采用轻轨、地铁交通车辆,旅行速度可为 30~40km/h;城郊间采用快速轨道交通车辆,旅行速度为 50~60km/h;城际区域间则要采用更高旅行速度的车辆。

4 线路条件

若由于地形限制,线路小半径、大坡度特别多,就要考虑采用单轨车辆、直线电机车辆或低速磁浮车辆。

4.2 城市轨道交通车辆的机械组成部分

一 城市轨道交通车辆的主要组成部分及总体结构

城市轨道车辆种类很多,性能各异。以上海地铁车辆为例,牵引供电方式为架空触网受电,供电电压为DC1500V。上海地铁车辆的主要特点有:采用铝合金车体,整体承载结构,走行部为无摇枕转向架,橡胶弹簧和空气弹簧悬挂,制动有电气制动和空气制动作用,牵引电机用斩波器进行无级调速,车辆连接采用密接式车钩进行机械、电气和空气管路的连接,操纵方式有ATC自动控制和人工操纵两种,容量大,舒适性较好。国内其他地方如北京、天津地铁采用的车辆,牵引供电方式为第三轨接触受电,供电电压为DC750V。另外,车辆的载客量、舒适性及部分构件的结构和工作原理也有所不同。但是,地铁车辆的基本构造却是相同的,它主要包括机械和电气两大部分,机械部分主要由车体与车内设施、转向架、车钩缓冲装置、牵引装置、制动装置、空调通风等其他辅助设施组成,电气部分主要由电力牵引、辅助供电、列车控制和故障诊断、乘客信息等组成。上海地铁车辆分为三类:A车——带驾驶室的拖车;B车——带受电弓的动车;C车——不带受电弓的动车。A车和B车的总体结构图如图4-2所示。相关资源见二维码12。

二维码12

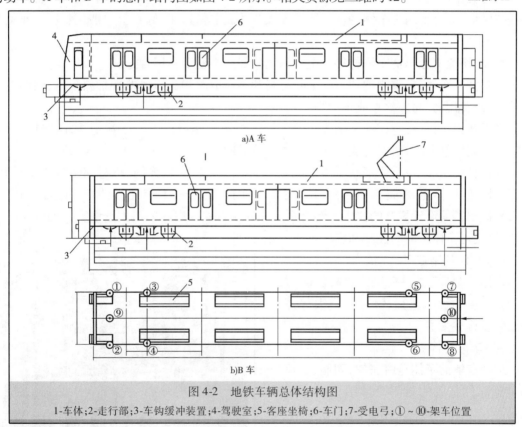

图4-2 地铁车辆总体结构图
1-车体;2-走行部;3-车钩缓冲装置;4-驾驶室;5-客座坐椅;6-车门;7-受电弓;①~⑩-架车位置

二 城市轨道交通车辆的机械组成部分

1 车体

(1)车体的特征

城市轨道交通车辆是大城市公共交通或近郊客运所选择的特殊运输工具,其车体的特征如下：

①由于城市轨道交通车辆服务于市内公共交通，车体的外观造型、色彩协调于城市市容规划；车体内部的布置是座位少、车门多且开度大，服务于乘客的设施较简单。

②重量限制较严格，以降低高架线路的工程投资。

③车体采用轻量化设计，其他辅助设施尽量采用轻型高科技新材料。

④车体的防火要求严格，特别是运行于地下隧道的地铁车辆，一旦发生火灾，后果不堪设想，故采用了防火、阻燃、低烟和低毒的材料。

⑤车体的隔音和减噪措施有严格要求，以最大限度地降低车辆噪声对乘客和沿线居民的影响。

（2）车体的材料

轨道交通车辆对于车体材料的具体要求是具有一定的强度和刚度，同时要耐腐蚀，并且要进行轻量化设计，因为车体轻量化能够大大节约制造材料、降低牵引力消耗和城轨车辆线路的损耗。

目前，轨道交通车辆车体材料已由碳素钢发展到不锈钢和铝合金。

①碳素钢车体，自重能达到 10~13t，材料和制造成本相对于另两种材料最低，耐腐蚀性最差，维修费用高，而导致总成本最高。

②不锈钢车体，自重比碳素钢可减轻 1~2t，材料和制造成本较碳素钢高，耐腐蚀、基本不需要定期维修保养，所以总成本在三者间是最低的。

③铝合金车体，自重比钢制车体能减轻 3~5t，是三者中最轻的，材料和制造成本最高，耐腐蚀性较好，需定期维护，所以总成本较高。为了保证车体具有足够的弯曲刚度，须满足城市轨道车辆的设计规范的要求。铝合金车体的主要承载构件采用大型中空截面的挤压铝型材，以满足车体所需的强度和刚度。

（3）车体的制造工艺

车体的制造工艺一般采用焊接和铆接，焊接和铆接两种工艺交替使用，但大部件之间组装以铆接为主。

（4）车体的构成

地铁车辆的车体是由底架、侧墙、车顶和端墙等部件组成的封闭筒形结构，如图4-3所示。

图4-3　车体的构成

（5）车体的承载方式

车体的承载方式一般有底架承载和整体承载两种方式。地铁车辆的车体是由底架、侧墙、车顶和端墙等部件组成桶形结构共同承载，即采用整体承载方式。

（6）车体的外形特点

地铁车辆车体断面形状类似鼓形，选取这样的外形是为了提高车辆在圆隧道内获得最大的空间截面积，从而使地铁工程的整体取得最好的经济效益，同时也提高了车辆在圆隧道内的"活塞"效应，加强隧道的自然通风能力。

（7）车体的防撞设计

①带驾驶室的拖车底架的前端设有撞击能量耗散区，其上开有数排椭圆孔，当车辆受到迎面意外撞击时，它能产生较大的塑性变形，从而吸收纵向冲击能量，起到保护司机、乘客和车体的作用。

②带驾驶室的拖车前端安装防爬器，防爬器不仅可以起到车辆之间防爬的作用，且可以设计使其具有吸收能量的功能，通过对防爬器内部剪切部件的破坏实现能量的吸收，起到保护司机、乘客和车体的作用。

知识链接

上海地铁1、2号线电动列车的车体

上海地铁1、2号线的直流和交流电动列车是从德国原装进口的，其车体结构基本相同，采用大型铝合金挤压型材的焊接结构，如图4-4所示，主要技术参数如下（括号内参数为交流型不同于直流型的参数）：

（1）两端车钩连接中心线长度

有驾驶室：24 140（24 400）mm；

无驾驶室：22 800mm。

（2）车体长

有驾驶室：23 540（23 690）mm；

无驾驶室：22 100mm。

（3）车体最大外宽：3 000mm。

（4）车体内部宽度：2 720mm。

图4-4 上海地铁1、2号线的直流和交流电动列车

（5）车顶中心线距轨面高（新轮，不包括静压排风扇）：3 800mm。

（6）客室地板面距轨面高度：1 130mm。

（7）贯通道最小宽度：900（1 500）mm。

（8）车钩水平中心线距轨面高：720mm。

（9）两转向架中心距（定距）：15 700mm。

（10）转向架轴距：2 500mm。

（11）轮对轴重：16t。

（12）有效载质量：24.6t。

（13）座位数：62个。

（14）超载时乘客总数（按9人/m^2）：410位。

2 转向架

转向架是城市轨道交通车辆的重要走行部件,列车在线路上行驶时,车体与转向架之间、转向架与轨道之间会产生各种力和位移,转向架承受并传递这些力和位移,保证列车沿着轨道安全、可靠地运行。

(1) 转向架的作用

① 增加车辆的载质量、长度和容积,提高列车运行速度。

② 通过转向架的轴承装置使车轮沿着钢轨的滚动转化为车辆沿线路运动的平动。

③ 支承车体,承受并传递各种荷载及作用力,并使轴重均匀分配。

④ 保证车辆安全运行,能灵活地沿直线线路运行及顺利地通过曲线。

⑤ 缓和车辆和线路之间的相互作用,减小振动和冲击,减小动应力,提高车辆运行的平稳性和安全性。

⑥ 充分利用轮轨之间的黏着,传递牵引力和制动力。

(2) 转向架的种类

城市轨道交通车辆所采用的转向架一般有动车转向架和拖车转向架两种。为了检修方便,满足相同部件的互换性,其基本结构相同,主要区别在于驱动系统。动车转向架由于要提供动力,通常配置牵引电机、联轴器、齿轮箱、齿轮箱悬挂装置以及动力轮对等,这也是动车转向架和拖车转向架的主要区别。

(3) 转向架的结构、组成

转向架的结构基本相同,如图4-5所示,一般由以下几个部分组成:

① 构架。如图4-6所示,构架是转向架的基础,它把转向架的零部件组成一个整体。它不仅仅承受和传递各种作用力及荷载,而且它的结构形状、尺寸和大小都应满足各零部件的结构、形状及组装的要求(如:应满足制动装置、弹簧减振装置、轴箱定位装置的安装要求)。

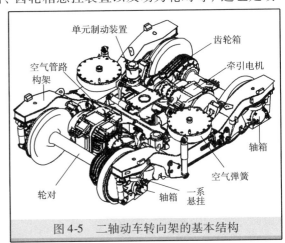

图4-5 二轴动车转向架的基本结构

② 弹性悬挂装置。为了减少线路的不平顺和轮对运动对车体的动态影响(如垂向振动、横向振动和通过曲线等),在轮对与构架之间、构架与车体之间,设有弹性悬挂装置,前者称为轴箱悬挂(又称一系悬挂),后者称为构架悬挂装置(又称二系悬挂),目前多采用空气弹簧,如图4-7所示。

③ 轮对、轴箱装置。轮对沿着钢轨滚动,除了传递车辆重量外,还传递轮轨之间的各种作用力,包括牵引力和制动力。轴箱与轴承装置是联系构架和轮对的活动关节,使轮对的滚动转化为车体沿钢轨的平动。

④ 单元制动装置。为了使车辆在规定的距离内停车,必须安装制动装置,其作用是传递

制动闸缸产生的制动力或单元制动机产生的制动力,使闸瓦与轮对之间产生的转向架的内摩擦力转换成轮轨之间的外摩擦力(即制动力),从而使车辆承受前进方向的阻力,产生制动效果。

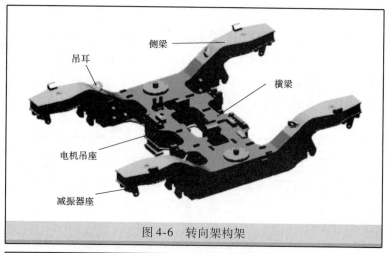

图 4-6　转向架构架

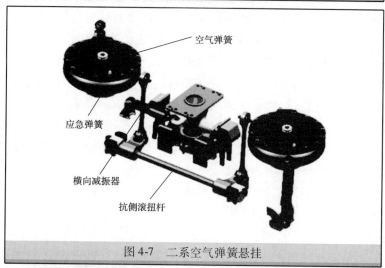

图 4-7　二系空气弹簧悬挂

⑤中央牵引装置。中央牵引装置是车体与转向架的连接部分,其结构应能满足安全可靠地架承车体,并传递各种荷载和作用力,同时车体与转向架之间应能绕不变的旋转中心相对转动,以使车辆顺利通过曲线。

⑥驱动系统。驱动系统是动车转向架所特有的,主要由牵引电机、联轴器、齿轮箱、齿轮箱悬挂装置以及动力轮对等组成。该系统既提供牵引力,也提供制动力(电制动力)。

3 车钩及缓冲装置

城市轨道交通车辆都是多节车辆运行,车辆由车钩连接成编组运行的列车。为了改善列车纵向冲击,在车钩的后部装设缓冲装置。另外还必须连接车辆之间的电气和空气管路。因此,车钩及缓冲装置包括车钩、缓冲器、电路连接器和气路连接器,它们连接车辆以及车辆间的电路和气路,并传递和缓冲列车运行的牵引力、制动力和其他冲击力。

车钩和缓冲器装置固定在车体底架上,车辆运行、牵引、制动时发生的纵向拉力、压缩力经车钩、缓冲器,最后传递给车体底架的牵引梁。缓冲器起到缓解车辆之间互相冲击的作用。

车钩及缓冲装置俗称车钩,从不同角度可分为刚性车钩和非刚性车钩,密接式车钩,全自动车钩、半自动车钩和半永久车钩等几类。相关资源见二维码13。

二维码13

(1) 刚性车钩和非刚性车钩

按照两个车钩连接后在垂向能否彼此相对移动,车钩可分为刚性车钩和非刚性车钩,如图4-8所示。

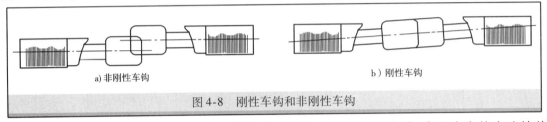

图4-8 刚性车钩和非刚性车钩

非刚性车钩允许两个相连接的车钩钩体在垂直方向上有相对位移,当两个车钩在连挂前的纵向中心线存在高度差时,发生连挂的车钩将各自保持在各自的水平位置,并呈阶梯状。由于钩体的尾端相当于销接,保证了车钩在水平面内可以产生角位移。

刚性车钩不允许两个连挂车钩在垂向存在相对位移,如果两个车钩连挂之前的纵向中心线高度已有偏差,那么在连挂后,两个车钩的中心线将处在同一条直线上,并呈倾斜状态。车钩钩体的尾端具有完全的铰接,保证连挂车钩之间可以具有相对的水平角位移和垂向角位移,保证车钩具有这些角位移的必要性是由于线路的水平面及纵剖面是变化的,以及由于车体在悬挂系统上的振动和作用于车体上的荷载所决定的。

刚性车钩主要应用于地铁车辆、城市轻轨车辆以及高速列车。非刚性车钩较普遍地应用于一般的铁路客车和货车。

(2) 密接式车钩

为了改善地铁车辆或城市轻轨车辆的运行品质,满足其在连挂时实现电路、气路和机械机构的自动连挂,成功开发了密接式车钩,如图4-9所示。

密接式车钩是通过车辆之间以一定的相对速度相向运行并相互碰撞,使钩头的连接器动作,实现两车辆的机械、电气线路和空气管路的自动连接的一种刚性车钩。密接式车钩在两连挂车钩高度有偏差,以及在有坡度线路和曲线上都能安全地连挂;两车钩连挂后,钩头接触面之间不允许在水平和垂直向发生相对移动,且钩头接触面的纵向间隙应限制在很小的范围之内。

图4-9 密接式车钩

(3) 全自动车钩、半自动车钩和半永久车钩

地铁车辆或城市轻轨车辆的车钩缓冲装置,按其结构可分为三种不同的类型,即全自动车钩、半自动车钩和半永久车钩(也称半永久拉杆),均属于密接式车钩。

全自动车钩可以实现机械、气路和电路的完全自动连挂、解钩或人工解钩,如图 4-10 所示。

半自动车钩的机械和气路的连接机构与作用原理基本上与全自动车钩相同,可以实现自动连挂、解钩或人工解钩,但是电路必须靠人工连挂和解钩,以方便检修作业。

半永久车钩的机械、气路和电路的连接和解钩都需要人工操作,但一般只有在架修以上的作业时才进行分解,如图 4-11 所示。

图 4-10 全自动车钩

图 4-11 半永久车钩

4 制动装置

制动装置是使车辆减速、停车,保证列车安全运行所必不可少的装置。在动车、拖车上都设置有制动装置,使运行中的列车按需要减速或在规定的距离内停车。

(1) 城市轨道交通车辆制动系统的特点

① 具有足够的制动力,保证列车在规定的制动距离内停车。

轨道交通的站间距离比较短,一般都在 1km 左右。由于站间距离短,列车的调速及停车都比较频繁。为了提高运行速度,必须使列车起动快、制动距离短,这就要求列车的制动装置具有制动力大的特点。

② 操作灵活,制动可靠,减速快,停车平稳准确。

③ 在制动过程中,采用电制动和空气制动的联合制动能力。

列车中的动车具有三台或四台牵引电动机,这就为采用电制动提供了基本条件。电制动有无机械磨损等许多优点,这对于空气制动来说是无法实现的。电制动有再生制动和电阻制动两种。

④ 列车在长达下坡道上运行时,制动力不衰减。

⑤ 根据乘客量的变化,制动力具有空重车调整能力,以减少制动时的纵向冲击。

列车的乘客量波动大。无乘客(空车工况)时仅有列车自重,相对来说是较轻的(为了

降低能耗,列车车体的材质采用铝合金或薄壁不锈钢型材等),因此,乘客量对车辆总重有较大的影响,易引起制动率的变化。制动率变化过大,对列车制动时要保证一定的减速度、防止车轮滑行及减小车辆间纵向冲动都是不利的。因此,制动系统应具有在各种乘客量的工况下,使车辆制动率基本恒定的性能。

(2)城市轨道交通车辆的制动方式

城市轨道交通车辆制动方式一般有电制动和机械(空气)制动两种,其中电制动分为再生制动和电阻制动,列车制动系统的具体分类如图4-12所示。

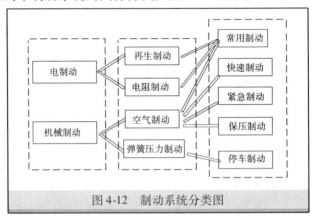

图4-12 制动系统分类图

常用制动方式为再生制动、电阻制动和空气制动,在制动过程中,它们分别为第一优先级制动、第二优先级制动和第三优先级制动。

① 三种制动方式的制动程序。

在列车制动过程中,首先应充分利用电制动,电制动由列车的动车承担。即动车产生的电制动力不仅供自身制动使用而且还要承担拖住拖车的任务。在电制动初期,动车的电动机转变为发电机,将列车制动产生的动能经过转换,变成直流电输送回第三轨(或接触网)和供给本列车的辅助系统,这时发生的是再生制动。

如果列车所在的供电区段上没有其他列车处于牵引状态,而辅助系统的用电量不能完全消耗再生的电能,电荷就会在电容上集聚。当电荷聚集到一定程度时,制动斩波器开始工作,它将多余的电能送到制动电阻上消耗掉。这个过程称为电阻制动。

随着列车的速度下降其电制动力也将不断地减弱,当列车速度降低至一定的速度时,电制动已不能满足制动所需要的要求,这时电制动力将逐渐被切除,所有的制动力则由气制动来承担。同时列车还进入了一个停车制动的程序。

② 空气制动系统。

空气制动,又称为机械制动或摩擦制动,列车常用的空气基础制动方式有闸瓦制动和盘形制动。空气制动主要以压缩空气为动力,压缩空气由车辆的供气系统供给。

a. 空气制动系统的组成。城市轨道交通车辆的空气制动系统由供气设备、基础制动装置、防滑装置和制动控制单元组成。常见的基础制动装置有闸瓦制动装置与盘形制动装置。

其中,供气系统主要由空气压缩机、空气干燥器、压力控制装置和管路组成,供气设备除了给车辆制动系统供气外,还向车辆的空气悬挂设备、车门控制装置(气动门)、气动喇叭、刮水器及车钩操作气动控制设备等需要压缩空气的设备供气。

防滑装置是用于车轮与钢轨黏着不良时,对制动力进行控制的装置。它的作用是:防止车轮即将抱死;避免滑动和最佳地利用黏着,以获取最短的制动距离。

制动控制单元是空气制动的核心部件,他接收微机制动控制单元(EBCU)的指令,然后再指示制动执行部件动作。其组成部分主要由模拟转换阀、紧急阀、称重阀和均衡阀等组成。这些部件都安装在一块铝合金的气路板上,实现了集成化。这样可以避免用管道连接而容易造成泄漏和所占空间大等问题。

b. 摩擦制动的结构和原理。摩擦制动分为闸瓦制动和盘式制动两种,闸瓦制动又称为踏面制动,是最常用的一种制动方式,如图4-13所示。闸瓦基础制动装置在制动时,闸瓦制动装置根据制动指令使制动缸内产生相应的制动缸压力,该压力通过制动缸使制动缸活塞杆产生推力,经基础制动装置中的一系列杆件的传递、分配,使每块闸瓦都贴靠在车轮踏面上,并产生闸瓦压力。车轮与闸瓦之间相对滑动,产生摩擦力,最后转化为轮轨之间的制动力。缓解时,制动控制装置将制动缸压力空气排除,制动缸活塞

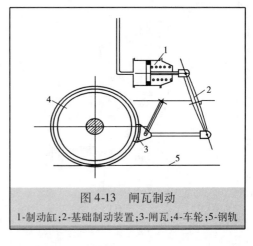

图4-13 闸瓦制动
1-制动缸;2-基础制动装置;3-闸瓦;4-车轮;5-钢轨

在制动缸缓解弹簧的作用下退回,通过各杆件带动闸瓦离开车轮踏面。

在闸瓦与车轮这一对摩擦副中,由于车轮主要承担着车辆走行功能,因此其材料不能随意改变。要改善闸瓦制动的性能,只能通过改变闸瓦材料的方法。早期的闸瓦材料主要是铸铁。为了改善摩擦性能和增加耐磨性,目前城市轨道交通中车辆大多采用合成闸瓦,但合成闸瓦的导热性较差,因此目前也有采用导热性能良好,且具有较好的摩擦性能的粉末冶金闸瓦。

在闸瓦制动中,当制动功率较大时,有可能使产生的热量来不及逸散于大气,造成闸瓦与车轮热负荷增加,温度升高,轮、瓦间摩擦力下降,严重时导致闸瓦熔化(铸铁闸瓦)和轮毂松弛等。因此,在采用闸瓦制动时,对制动功率要有限制。

由于城市轨道交通车辆的车体底架下方与转向架之间没有足够的空间来安装基础制动装置,因此,我国使用的大多数城市轨道交通车辆均采用单元制动缸。单元制动缸是由制动缸、闸瓦间隙调整器等组合而成的紧凑部件。

单元制动缸和基础制动装置各有其特点。基础制动装置由于采用杠杆联运机械,所以其同步性良好,制动力均匀。而单元制动缸是单个供气动作,轻便灵活,占空间体积小,灵敏度高,使用了电气控制后,也可具有良好的同步性。

单元制动缸的类型有两种,即一般的 PC7Y 型单元制动缸(图4-14)和具有弹簧制动器(也称停放制动器)的 PC7YF 型单元制动缸(图4-15)。

两种型号的单元制动缸均安装在每个转向架上,两者的区别在于是否带停车弹簧制动器。弹簧制动器利用释放弹簧存储的弹力来推动活塞,从而带动二级杠杆使闸瓦紧贴车轮

踏面达到制动的目的。它用于车辆停放时,进行停放制动。特别是当车辆停放在坡道上,可防止车辆的溜动。而弹簧制动器的缓解则需要向弹簧制动缸充气,使活塞压缩杠杆,使制动缓解。弹簧制动器也可用人工拔出其顶部的缓解销来实施机械缓解。弹簧制动器也可在列车驾驶室控制电磁阀来操作其气缸充、排气。

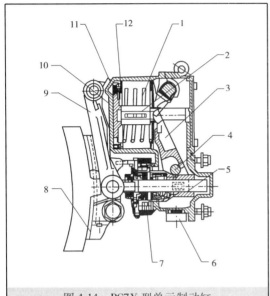

图4-14　PC7Y型单元制动缸
1-制动缓解弹簧;2-活塞杆;3-制动杠杆;4-制动杠杆转动中心;5-闸瓦间隙调整器体;6-透气滤清器;7-单向闸瓦间隙调整器;8-闸瓦托;9-闸瓦托吊;10-制动缸;11-闸瓦托复位弹簧;12-制动活塞

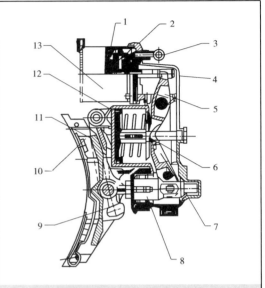

图4-15　PC7YF型单元制动缸
1-活塞;2-弹簧;3-缓解拉簧;4-制动杠杆;5-活塞杆;6-活塞;7-制动杠杆;8-闸瓦间隙调整器;9-闸瓦托吊;10-闸瓦托;11-制动缸;12-制动活塞;13-缓解风缸

单元制动缸是制动系统的执行部件,它由闸缸、活塞、杠杆、活塞弹簧、间隙调整器、吊杆、拉簧、闸瓦托、闸瓦和壳体组成。其中间隙自动调整器用于当闸瓦与车轮在制动时磨损后间隙增大时,自动调整这个间隙使闸瓦与车轮踏面始终保持规定的距离,从而使制动缸保持良好的制动性能,且无须人工调整。

5 空调通风系统

城市轨道交通车辆由于客流密度大,为改善车厢的空气质量必须要有通风装置。车辆的通风方式有自然通风、强迫通风、空气调节。车厢空气质量是乘客舒适性的重要方面,随着城市轨道交通车辆服务质量的提高,自然通风已不被采用,单一的机械式强迫通风系统也逐渐被空调通风系统所代替。空调通风系统主要由压缩机、蒸发器、冷凝器、冷凝风机等组成。车厢内部分空气和车厢外新风混合,经空调机组处理后送入车厢。根据城市的自然条件和列车的运行环境,一些车辆还设置采暖装置,采暖一般采用电热器,安装在车厢的坐椅或侧墙下方。

城市轨道交通车辆空气调节参数要求如下(以上海地铁为例)。

(1)制冷

①在正常情况下:温度为27℃;最大相对湿度为65%。

②地面:温度为35℃;相对湿度为68%;载客负荷为AW2(310人/车厢);太阳负荷为3 517J/s。

③轨道:温度为35℃;相对湿度为65%;载客负荷为AW2。

④在下述条件下,空调系统应正常工作,但允许制冷量有所下降:车体外表温度为45℃;地面气温为38.7℃;太阳负荷为3 517J/s。

(2)制热

列车环境温度为 -5~10℃时,要求客室内温度为10~18℃。同时,要求列车客室内每位乘客得到10m³/h的新鲜空气(与铁路交通客运有所差异),而乘客停留区的风速,要求在地板以上1.2m(座位区)和1.7m(站立区)处测量所得的平均值应≤0.5m/s。在上述高度测得的最高风速应不超过0.7m/s±0.2m/s。另外,列车客室内空气含尘量应不大于0.5mg/m³,且应尽量降低噪声、减轻振动,以获得良好的舒适性。

知识链接

上海地铁1号线直流电动列车空调系统

上海地铁1号线直流电动列车目前为六节车编组而成,分为两个单元,每个单元分别有A、B、C三种车型。每节车辆上都设有两台集中式单元空调机组,分别位于每节车辆车顶的两端。为了使车辆的外形轮廓不超过车辆静态界限,特在车顶两端设计了两个专用于安装空调机组的凹坑,并在安装空调机组的机座上衬垫减振橡胶以减小与车体间相互的振动影响。空调系统的启动、工作与监控都是由设在每节车辆电器柜中的空调控制单元(6A1)来实施自动控制、自动调节及本单元制冷压缩机的顺序启动,以免多台压缩机同时启动,导致启动电流过大,以及辅助逆变器负载过大而损坏。

空调系统正常工作时的主工作电源是由B、C车的辅助逆变器提供,控制系统的控制电源是由A车的蓄电池提供。B车的辅助逆变器负责向一个单元车辆A、B、C车的各一台空调机组供电,另一半空调机组则由C车的辅助逆变器负责供电,这样就保证当B车或C车的辅助逆变器故障时,每一节车辆至少有一台空调机组能正常工作。

另外,每节车还设有一台应急逆变器,用于在辅助逆变器停止工作时,将列车蓄电池输出的直流电源逆变成三相交流电,供应急通风使用。

每节车辆空调系统的主要技术参数如下:

①总通风量:8 000m³/h。

②新风量:4 000m³/h。

③循环风量:4 000m³/h。

④排风风量:4 000m³/h。

⑤事故通风:4 000m³/h(全新风)。

⑥总制冷量:70kW。

客室空调系统通风气流的流向如图4-16所示。

车顶的两台空调机组,通过与车体相连的两个吸振消音的过渡风道将处理后的 8 000m³/h 冷空气送到车顶风道,然后由客室顶板上的出风口散发到客室内。A 车驾驶室的送风是通过在驾驶室天花板上的加热通风机从副风道中引入。(注:在城市轨道交通的列车中,驾驶室的制冷及通风系统是单独的,与客室的制冷通风系统毫无联系。)

散发到客室内的冷空气带走客室内的热量后,通过坐椅底下的回风口经过车体侧墙的夹缝流至车顶的回风风道,其中的一部分热空气(4 000m³/h)通过排风口排出车外,另一部分(4 000m³/h)则通过回风管回到空调机组与吸入的新风(4 000m³/h)混合后,经过空气过滤器过滤、蒸发器冷却后,由离心式通风机将其送到车顶风道,这

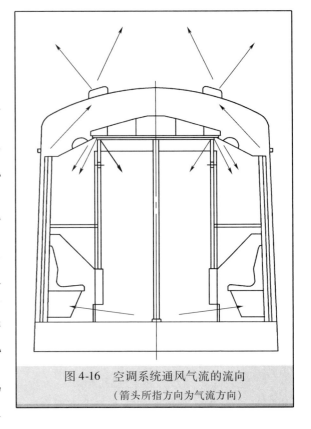

图4-16 空调系统通风气流的流向
(箭头所指方向为气流方向)

样就在客室内形成空气循环,达到调节空气温度的目的。另外,近来国外很多设计制造城市轨道车辆的公司考虑到缩短制造周期及便于将来维修等诸多因素,在设计车体时普遍采用模块化,车体侧墙内再无夹层,这对空调系统的回风口的布置带来了一定的影响。现在很多空调系统的设计方法是车顶中间是送风,车顶的两侧设回风口。这对空气的气流分布有一定的影响,有可能会造成气流的短路。

空调机组主要由全封闭活塞式压缩机2台、冷凝器2台、蒸发器1台、储液筒1只、热力膨胀阀1只等组成,这些部件通过管道、阀门等依次连接,形成一个封闭的制冷循环系统;另外辅以冷凝轴流风机2台、离心式通风风机2台、恒压器箱等辅助部件,构成一个完整的集中式空调机组。恒压器箱内设有用于对制冷系统起安全保护作用的高、低压压力继电器及制冷系统停机前回收低压段制冷剂的抽空继电器(图4-17)。

每节车辆的空调系统都设有8个NTC温度传感器(包括2个冷凝温度传感器、2个新风温度传感器、2个回风温度传感器、2个送风温度传感器),它是空调系统能够实现自动控制的基础。6A1通过采集温度传感器的数值来确定空调机组的启动或关闭以及空调机组的工作状态。另外,控制系统还可根据温度传感器的当前值与机组的当前工作状态来判断空调系统的工作是否正常。

控制单元(6A1)是一个微型计算机处理系统,它是将各种功能模块板组合在一个标准的19#机箱中,通过专门设计的软件形成一个集控制、监控、诊断、故障存储与显示为一体的

空调控制单元,并能通过标准的RS232C的串行接口与计算机连接,实现人机对话、人工调试和控制空调机组的运行。

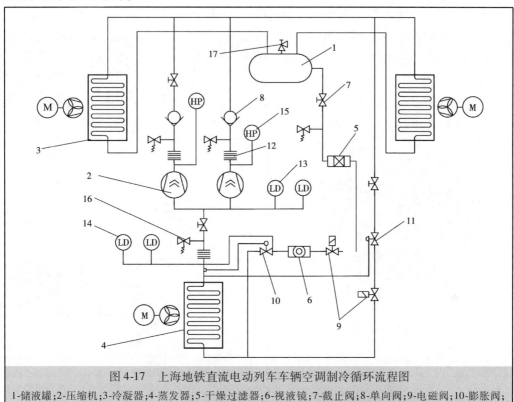

图4-17 上海地铁直流电动列车车辆空调制冷循环流程图

1-储液罐;2-压缩机;3-冷凝器;4-蒸发器;5-干燥过滤器;6-视液镜;7-截止阀;8-单向阀;9-电磁阀;10-膨胀阀;11-热气旁路阀;12-软管;13-低压压力继电器;14-抽空压力继电器;15-高压压力继电器;16-加注阀;17-填充阀

4.3 城市轨道交通车辆的电气组成部分

城市轨道交通车辆电气部分主要包括电力牵引系统、辅助供电系统、列车控制和故障诊断系统和乘客信息系统等。

一 车辆电气牵引系统

车辆电气牵引系统包括车辆上的受流器和各种电气牵引设备及其控制电路。

1 受流器

受流设备是列车将外部电源引入车辆电源系统的重要设备。根据线路供电方式的不同,列车受流设备分为集电靴和受电弓两种形式。集电靴装置主要应用于第三轨方式供电的线路,如图4-18所示。受电弓装置主要应用于以接触网方式供电的线路,如图4-19所示。相关资源见二维码14~二维码16。

二维码14　　二维码15　　二维码16

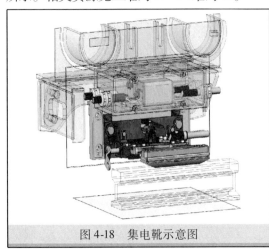

图4-18　集电靴示意图

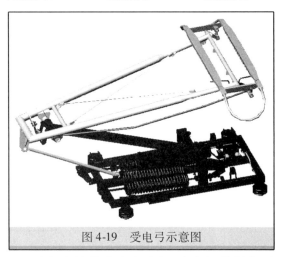

图4-19　受电弓示意图

车间电源是列车辅助的受流设备,主要应用于列车在检修库内整车调试或部分设备需有电检查时使用。外部电源通过电缆插头与列车车间电源插座相连,供电给列车电源系统。考虑到安全原因,车间电源与列车主受流设备之间是相互联锁的,不能同时向列车供电。车间电源只向列车辅助系统供电,一般通过隔离二极管或接触器与列车主电路隔离。车间电源系统由电源插座盖、电源插座、熔断器、接触器及隔离二极管组成,见图4-20。

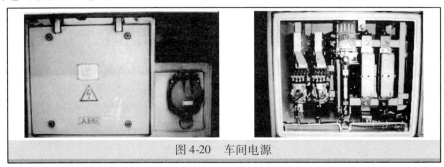

图4-20　车间电源

2 电气牵引设备及其控制电路

车辆电气牵引系统有直流电气牵引系统和交流电气牵引系统两种。车辆电气牵引系统采用直流牵引电机,虽然它有质量大、体积大、维修量大的缺点,但因其具有调速容易的优点,曾得到广泛的应用。随着电力电子技术和微电子技术的高速发展,采用VVVF技术,效率高、性能好,目前几乎所有车辆都采用交流牵引电机和 VVVF 控制的交流电气牵引系统。

车辆直流电气牵引系统的控制方式从凸轮变速发展到斩波调阻变速方式,它们都是把车辆动能转化的电能消耗在电阻上,存在着浪费电能的缺点。随着电子技术的发展,直流电气牵引系统的控制方式发展为微机控制的斩波调压变速方式,可将车辆动能转化的电能存储在电抗器再反馈到电网。直流斩波调压变速方式的主要优点是:只有在列车电制动电网不能吸收再生电能时才由电阻消耗电能,节约能量;电机的电流波动小,提高黏着能力;结构简单,便于检修。

车辆交流电气牵引系统的控制方式是采用微机控制的交流调频调压技术。牵引逆变器主要由输入滤波器、三相逆变线路、制动斩波线路和控制线路组成。交流调频调压变速控制的优点是:采用交流异步牵引电机、VVVF 无接点控制,维修量大大减少;电气牵引系统小型轻量化,减少质量;黏着性能好,提高了黏着能力。

知识链接

牵引电机的特点

牵引电动机的基本结构和普通电动机基本相似,但由于其工作条件特殊,因此,它具有以下一些特点:

(1)牵引电动机是悬挂在地铁车辆转向架构架上或车轴上,并借传动装置驱动车辆前进,因此,牵引电动机在结构上必须考虑传动机和悬挂两方面的问题。

(2)牵引电动机的安装尺寸受到很大的限制,径向尺寸受到轮径直径限制,轴向尺寸受到轨距的限制,故要求其结构必须紧凑。为此,牵引电动机都采用较高等级的绝缘材料和性能较好的导磁材料。

(3)车辆运行时,钢轨对车辆的一切动力影响都会传给牵引电动机,使牵引电动机承受很大的冲击和振动。动力作用除造成电动机工作情况恶化外,易使电动机的零部件损坏。因此,要求牵引电动机的零部件必须具备较高的机械强度。

(4)牵引电动机的使用环境恶劣,它挂在车体下面,很容易受潮、受污,还经常受到温度、湿度的影响。因此,牵引电动机的绝缘材料和绝缘结构应具有较好的防尘、防潮能力,并要求牵引电动机有良好的通风条件。

二 辅助供电系统

城市轨道交通车辆上的辅助设施,如车厢通风、空调及牵引等系统设备的通风和空气压缩机电机、照明(采用交流电源)等交流负载,以及乘客信息系统、列车控制系统、车辆及其子系统控制系统、电动车门驱动装置、蓄电池充电器、照明(采用直流电源)等交流负载,都是由车辆辅助供电系统供给电源。

辅助供电系统主要由辅助逆变器、充电器、蓄电池三大部分组成。

1 辅助逆变器

列车主要通过辅助逆变器来输出三相交流电供辅助电机工作,同时再经过整流输出直流电供列车蓄电池及应急电池充电使用。对于采用交流供电的照明系统,逆变器还负责向照明系统供电。

列车辅助逆变器的工作原理与主电路变流用逆变器是一致的,只是辅助系统的供电频率及幅值是固定的,其控制相对主逆变器较简单。

辅助逆变器的控制单元与牵引系统控制单元一样,采用模块化设计,分电源、输入/输出模块及中央处理器模块几部分。

2 蓄电池

蓄电池是车辆辅助供电系统的低压直流备用电源,在辅助静态逆变器正常工作时处于浮充电状态;在网压供电或辅助静态逆变器发生故障、不能正常工作时,作为紧急电源向车辆辅助直流紧急负载如车厢紧急通风、紧急照明、各控制系统进行供电。目前,列车通常使用碱性镉镍电池,镉镍电池具有环保、充放电循环周期高达数千次、自放电小、低温性能好、耐过充能力强等优点,因此,在列车上通常使用镉镍电池作为启动电源。蓄电池可分为有极板盒式电池、开口烧结式、圆柱密封电池及全密封电池几种形式。有极板电池是各种类型镉镍电池中最成熟的一种电池,其特点为牢固、可靠、寿命长,可在很宽的温度范围内使用,有良好的电荷保持能力,可以在任何条件下长期存储而无损坏,成本比其他镉镍电池低很多,适合放电率不高的场所。从有极板电池的特点来看,有极板电池基本能满足列车使用需要。

三 列车控制和诊断系统

现代化的城市轨道交通车辆,列车、车辆及车辆主要系统都采用微机进行自动控制。微机控制系统还有自我监控和诊断功能,能够对列车主要设备的运行状态和故障自动进行信息采集、记录和显示。

使用微机控制设备的监控和诊断系统,还能够用手提数据收集器通过列车上的 USB 维修接口来收集所有各种有关数据。同时也能在各系统微处理器的本地维修接口收集到相关数据。所收集数据的种类和精确度能满足维修和分析故障的需要。

四 乘客信息系统

城市轨道交通车辆乘客信息系统向乘客提供列车运行信息、安全信息和其他公共信息,如列车的终点站、停车车站、换乘信息等;在列车发生故障或事故时,向乘客提供回避危险的指挥、指导信息等。乘客信息系统包括广播、列车运行线路电子显示图、LED 显示器、VCD

显示器,以及各种文字、图示固定信息。向乘客播报和显示的各种形式的信息应简洁、明了,还要正确并同步,避免对乘客产生误导。

知识链接

城市轨道交通车辆技术的发展

1 国外城市轨道交通车辆技术的发展

城市轨道交通车辆是技术含量高且集中的机电设备,是整个城市轨道交通系统中最关键的设备,其选型和技术参数不仅是确定线路技术标准的基础,也是确定系统运营管理模式和维修方式的基本条件,而且还是系统设备选型和确定设备规模的重要依据。各城市的城轨车辆的结构和性能不尽相同,这与许多因素有关,除车辆提供商的技术背景和设计时考虑问题的角度有所不同以外,还与当时的城轨车辆发展水平及城市运用环境等有很密切的关系,它们都尽可能结合城市各自的特点,满足城市交通客流量大、安全、快速、舒适、美观、节能和环保的要求,具有先进性、可靠性和实用性。

世界地铁发展至今已有140多年的历史,城市轨道交通车辆的技术也在世界工业技术发展的基础上得到了不断的发展。

车体结构最初采用的是木制车体,20世纪初采用了钢制车体,1952年伦敦地铁开始采用铝合金车体,1958年开始采用不锈钢车体。目前,车体已发展为铝合金大型挤压型材或不锈钢整体承载车体轻型结构。

在车辆牵引技术发展方面,1863年车辆采用蒸汽机车牵引,1890年采用电力机车牵引,1896年则开始采用电动车辆,由安装在转向架的直流电机实现牵引。20世纪60年代出现斩波调压车辆,1977年柏林地铁开始采用交流电机传动并发展了变压变频调速(VVVF)技术。

在车辆制动技术方面,车辆上最早采用的是手制动方式,1875年采用真空制动机,1890年开始使用威斯丁豪斯自动制动机,之后逐步发展为电气和空气的联合制动、电气制动,继而实现了再生制动。近年来,将空气制动进一步发展为计算机控制模拟制动机。

车辆上最重要的部位是车辆走行部,其最早采用二轴或四轴轮对,1904年开始采用转向架,1950年开始采用螺旋弹簧和液压减振器的联合减振装置,20世纪50年代末出现了由压型钢板焊接成的轻型转向架构架。目前,构架发展为焊接结构,二系悬挂采用空气弹簧、无摇枕转向架。

另外,随着计算机技术的发展和应用,在列车控制方面,现在已实现了对列车及车辆各个系统的计算机网络自动化控制和故障自我诊断。特别是自动驾驶技术的应用使列车实现了自动驾驶。法国、新加坡、加拿大的城市轨道交通线路有的已经实现无人驾驶并运营数年。

2 国内城市轨道交通车辆技术的发展

我国从1962年开始研制第一列地铁车辆,1967年试制成功,1969年批量生产的DK2型地铁车辆于1969年10月1日开始运行在北京地铁1号线上,这标志着我国现代城市轨道交通的开始。之后,地铁车辆又进行了大量自主科技研究、技术开发和车辆的改进工作。20世纪80年代,开展了多种形式的国际技术合作,进行了技术引进、合作生产和大量的国产化工作,使我国的城市轨道交通车辆的生产水平得到迅速提高。

(1) 车辆牵引技术

我国车辆的牵引技术走过了从直流牵引到交流牵引技术的历程,直流牵引控制技术又经过了凸轮变阻控制、斩波调阻控制和斩波调压控制阶段。目前,VVVF控制的交流牵引技术已在我国城市轨道交通车辆使用中得到普遍应用。

20世纪60年代,我国地铁车辆采用直流牵引技术,牵引控制系统主要采用凸轮变阻方式,从开始批量生产的DK2型车辆到1994年开发的北京DK20型车辆,虽经过大量技术改进,但基本采用的都是直流牵引、凸轮变阻控制方式。这种方式具有调速容易、运行可靠的特点,但也存在直流牵引系统质量大、体积大、维修量大以及能耗大、车辆运行平稳性能较差,并且车辆长期运行会引起隧道内温升加剧的缺点。为了改进电阻调速质量,20世纪70年代,湖南湘潭电机厂成功研究开发了斩波调阻技术,并在北京地铁早期使用的车辆更新、改造中得到应用。随着电子技术的发展,在大功率半导体晶体发展的基础上采用晶闸管,实现了斩波调压技术,继而又以GTO(大功率可控硅元件)代替晶闸管,利用计算机控制技术实现了车辆牵引系统的无级调速。1987年,我国在进口日本斩波调压地铁车辆的同时,引进了车辆斩波调压系统设备的制造技术,在1987年设计、生产了DKZ1型地铁车辆并在北京地铁上投入运行。20世纪90年代初,上海地铁1号线进口的地铁车辆采用了GTO元件及由计算机控制的直流斩波调速牵引系统。

20世纪90年代初,VVVF交流牵引技术被广泛应用,采用三相交流异步电动机作为牵引电机,牵引控制采用交流调频调压控制技术。20世纪90年代广州地铁1号线、上海地铁2号线引进的车辆都是VVVF交流调频调压技术,我国目前生产的城市轨道交通车辆基本也都采用了VVVF交流调频调压调速技术。我国也对VVVF交流调频调压调速技术进行了研究、开发。目前,株洲现代集团研制、开发的具有完全自主产权的上述系统已投入使用。

(2) 车体制造技术

最初,我国城市轨道交通车辆主要采用碳素钢作为车体材料,造价低,但车体自重大、易腐蚀、维修成本高。20世纪80年代,耐腐蚀性能较好的耐候钢在国内地铁车辆得到广泛应用,同时车体制造工艺不断提高、完善,与采用碳素钢相比,车体的自重逐步降低,寿命得到很大提高。随着大型铝合金型材和焊接技术的成熟,铝合金及不锈钢轻型车体结构被大量应用,尽管其价格相对较高,但由于其质量轻、耐腐蚀、使用寿命长,可以免除大量日常维护保养工作,使得铝合金及不锈钢车辆得到飞速发展。上海、广州于20世纪90年代引进的车辆均采用了铝合金车体。我国目前生产的城市轨道交通车辆,如武汉城轨车辆、重庆单轨车辆、天津地铁车辆都已采用了铝合金车体。我国在引进不锈钢车体生产技术的基础上，由长春客车厂和北京地铁建设公司联合研制，自行设计、生产的 DKZ6 无涂装不锈钢地铁车辆采用高强度不锈钢材料和轻量化结构设计，已在北京城轨成功运行，如图 4-21 所示。

（3）车辆制动技术

车辆制动系统是保证车辆运行安全的重要保证，我国地铁车辆最初采用 DK 型电空制动机，空气制动和电气控制作用同时产生，在电制动失效时空气制动还能发生作用。之后研制、开发了 SD 数字式直通电空制动机，该制动系统缩短了空走时间和制动距离，改善了车辆制动的一致性。1989 年，北京地铁在吸收、消化和引进国外模拟制动技术和装备的基础上，研制成功电气控制模

图 4-21　DKZ6 型无涂装不锈钢地铁车辆

拟直通电空制动系统，有制动力空—重车自动调整功能，可与 ATC 装置配合，但没有采用微机控制技术。20 世纪 90 年代广州地铁 1 号线、上海地铁 2 号线引进的车辆以及目前国内生产的城市轨道交通车辆，都是采用 NOBCO 和 KNORR 公司的微机控制的模拟直通电空制动系统。对这个系统国内也进行了研究开发，铁道部科学研究院的研究成果已进入实用化阶段，在天津地铁进入了实际试运行。

（4）车辆整体制造技术

我国城市轨道交通车辆在引进、吸收、消化世界先进技术的同时进行创新，国产化工作蓬勃开展，整列车辆的国产化生产取得很大成绩。2005 年，由北京地铁运营公司、长春客车厂、株洲时代集团和北京大城轨道信号公司使用完全自主技术联合研制、开发、生产的地铁车辆正式投入运行，技术性能和技术水平都接近了世界现代化的水平。北京国产化地铁车辆正在进行调试的情景如图 4-22 所示。

我国除生产制造钢轮、钢轨车辆以外，还生产制造了单轨车辆、直线电机车辆，首辆具有自主产权的 CFC-01 型中低速磁浮列车也已经过实地运行测试成功，如图 4-23 所示。

图 4-22　北京国产化地铁车辆调试

图 4-23　CFC-01 型磁浮列车实地运行测试

我国城市轨道交通车辆的生产技术已接近或达到了世界现代化水平,为我国快速发展的城市轨道交通创造了有利条件。

4.4 城市轨道交通车辆检修基地

一、车辆检修基地的功能

检修基地以车辆运用、检修为主,但考虑到地铁系统管理的需要,方便组织城市轨道交通地铁各专业的维修工作,可以将工务、通信、信号、机电设备等专业的维修与车辆检修基地一并考虑,这样有利于协调各专业接口,对各专业维修工作进行有效的协调管理,可以合理规划、统一使用场地和设备,节约土地和投资,同时也有利于实现计算机网络和现代化管理。车辆良好的技术状态和正常的运行,是由各级修程保证的。车辆维修基地根据功能和规模的大小可划分为停车场、车辆段。

1 停车场

停车场是车辆停放的场所,承担的任务有:车辆的停放、洗刷、清扫以及车辆列检和乘务工作;停车场所在正线运营列车的故障处理和救援工作;车辆定修(年检)以下车辆的各级日常检查维修的修程。遇到车辆的重大临修则采用部件互换的修理方式。每条地铁线路按其线路长度和配属车辆的多少,设置停车场或根据需要再增加设置辅助停车场,辅助停车场仅设置停车、列检设施,只承担车辆的停放、清洁、列检工作。

停车场配备车辆运用、整备和日常检查维修及配套设施,主要有停车列检库、不落轮镟床库、调机库、临修库和车辆自动洗刷库及出入段线、洗车线、试车线、各种车库线,以及牵出线、存车线、走行线等各种辅助线路;主要设备有调机车(内燃机)、不落轮镟床、自动洗车机和车辆救援设备,以及为车辆重大临修服务的架车机、起重机等。

2 车辆段

车辆段除具有停车场的功能外,还是对城市轨道交通车辆进行较大修程的场所,如图4-24所示。车辆段主要有以下功能:

（1）承担所属线路的车辆停放、清洁、列检工作。

（2）承担所在线路车辆的定修（年检）及以下车辆检查维修和临修工作。

（3）承担所属线路和由多条联络线互相沟通的线路的车辆架的设置及大修工作。

（4）承担车辆部件的检测、修理工作，满足车辆各修程对互换部件的需求。其维修能力的设置也可使其成为地铁网络的车辆部件维修点，为其他车辆段服务。

相关资源见二维码17。

二维码17

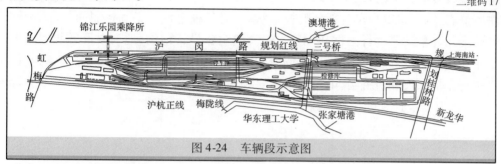

图4-24 车辆段示意图

车辆段要在停车场的基础上增加车辆架、大修的设施设备，车辆主要检修方式采用部件互换修。同时，根据工艺要求，要具备对车辆零部件进行检修的能力。

车辆段配备的车辆检修设施主要有架、大修库、静调库和部件检修间，以及油漆间、机加工间、熔焊间和必要的辅助间等。车辆架、大修主要设备有：架车机、移车台或车体吊装设备、公铁两用牵引车、转向架、车钩、电机等各种部件的试验和修理设备、车辆油漆设备、列车静态调试和动态调试设备。承担列车转向任务的车辆段还设置列车的回转线。

车辆段内无物资总库时还要设置材料库，并配备必要的运输和起重设备。

车辆段主要划分为检修区和运营区，所有的检修工作均集中在检修区进行，运营区主要负责段属车辆的停放、列检和乘务工作。

车辆段一般还兼有综合检修基地功能，是保障线路各系统正常运行的保障基地和管理部门。在停车场一般设置各系统的维修工区，属综合检修基地管辖。

二 车辆检修基地的主要线路

1 停车线

停车线应为平直线路，一般设成车库，停放车辆的同时兼作检修线，分为尽端式和贯通式，但贯通式便于列车的灵活调度，因此尽可能采用贯通式。一般尽端式每线停放两列列车，贯通式可停放2~3列列车。

2 出入段线

供车辆出入停车场或车辆段的线路，除特殊条件限制外都要设置为双线，并避免切割正线,根据行车和信号要求留有必要的段(场)线路与运营正线的转换长度。

3 牵出线

牵出线适应段(场)内调车的需要,牵出线的长度和数量根据列车的编组长度和调车作业的方式和工作量确定。相关资源见二维码18。

4 静调线

静调线设在静调库内,列车检修完毕到试车线试车之前,要在静调库对列车进行静态调试,检查列车各部分的技术状态,对各种电气设备和控制回路的逻辑动作和整定值进行测试和调整。静调线全长设置地沟,地沟内设置照明光带。静调线为平直线路,静调库内还要设置车间牵引电力电源和有关的测试设备。车辆段在车辆检修后进行车辆的尺寸检查,其中要对车辆的水平度进行检查,需要轨道高差精度等标准较高的线路(称为零轨),宜设在静调线。

二维码18

5 试车线

试车线供定修、架修、大修后列车在验收前的动态调试。试车线的长度应满足远期列车最高运行速度以及性能试验、列车编组、行车安全距离的要求。试车线一般为平直线路,线路中间要设置不小于一单元列车长度的检查坑,供列车临时检查用。为进行列车车载信号装置的试验,试验线还应设置信号的地面装置,试车线旁应设置试车工作间,内设信号控制和试车必需的有关设备、设施和仪器。试车线应采取隔离措施。

6 洗车线

供列车停运时洗刷车辆用,洗车线中部设有洗车库。洗刷线一般为贯通式,尽量和停车线相近,这样可以减少列车行走时间,并减少对车场咽喉地区通过能力的压力。洗车库前后要设置不小于一列车长度的直线段,以保证列车平顺进出洗车库。相关资源见二维码19。

7 检修线

检修线为平直线路,布置在检修、定修、架修、大修库内。架大修线的线间距要根据架修作业需要,还要综合考虑架车机等检修设备以及检修平台等的布置,检修移动设备、备件运输车辆移位,以及检修人员作业需要的空间确定。检修线中要有一条平直度要求较高的线路,用于车体地板高度的精确测量。

二维码19

8 临修线

列车发生临时故障和破损,在临修线上完成对车辆的临修工作。临修线的长度应能停放一列列车,并考虑列车解编的需要。相关资源见二维码20。

以上是保证列车运行和检修的主要线路,除此之外,维修基地内还必须按需要设置临时存车线、检修前对列车清洗的吹扫线、材料装卸专用线、内燃调机车和特种

二维码20

车辆(如轨道车、触网架线试验车、磨轨车、隧道冲洗车等)停车线、联络线和与铁路连通的地铁专用线等。

这些线路用道岔互相连接,道岔和信号设备联锁,由设置在站场中央的调度室对电气集中控制设备进行操作,排列和开通列车的进路,进行调车和取送车作业。在技术、经济条件允许下,也可采用计算机联锁。为了控制出入段列车能按运行计划进入推出正线运行,出入段线的信号机由正线行车指挥系统进行开放控制,对有关线路的列车运行进行监视。

三 车辆运用、检修库房和车间及其主要设备

车辆运用、检修库房和车间及其主要设备主要从停车列检及其附属车间、检修库及其辅助车间、其他库房及车间三个方面进行说明。相关资源见二维码21。

1 停车列检库及其附属车间

停车库兼有停车、整备、清扫、日常检查、司机出乘等多种功能。为实现这些功能,停车库除设有停车线外,还设有运用车间、运转值班室、司机待班室等司机出乘用房,还设有列车以及列车车载信号检修用房。由于列车本身价值昂贵,在地铁运行中占据着重要地位,因此在停车库都设置自动防灾报警设备,和整个消防系统联系在一起。架空触网或接触轨应进库,接触轨应加防护装置,每条库线两端和库外线之间及停车台位之间设置隔离开关,可以对每条停车线的接触网(接触轨)独立停、送电,每条停车线还应有接触网(接触轨)送电的信号显示和列车出入库的音响报警装置。停车线兼作车辆列检线,应有检查地沟。

地铁车辆除了由自动洗刷机洗刷外,对自动洗刷不到的列车部件进行人工辅助洗刷,还要对列车的厢室进行每日的清扫、洗刷和定期消毒。这些工作在清扫库进行,清扫库一般毗邻停车库,库内应设置上、下水及洗刷平台。

在停车库两端应有一段平直硬化地面,作为消防、运输通道。通道应该设置可动防护栏杆,平时封锁,仅在必要的特殊情况下使用。

2 检修库及其辅助车间

检修库及其辅助车间的平面布置主要取决于车辆的配属量、车辆的修程、检修方式及其工艺流程,同时要综合考虑自然地形条件、工件运输线路以及安全、防火和环保要求等因素。

(1)双周、双月检库

双周、双月检都要在库内对列车的走行部、车体及车顶设备进行检查。为便于作业和保证安全,线路采用架空形式。除线路中间设置地沟外,在检修线两侧设有三层立体检修场地,底层地坪低于库内地坪(若以轨面标高为 $\pm 0.00m$,其地坪标高约为 $-1.0m$),可以对走行部以及车体下布置的电气箱、制动单元、蓄电池进行检查。中间为标高 $+1.1m$ 左右的平台,可对车体、车门进行检查作业。车顶平台标高为 $+3.5m$,主要对车辆顶部的受电弓、空调设备进行检修。车顶平台设有安全栏杆。双周、双月检库立体检修平台示意图如图4-25所示。

双周、双月检库根据作业的要求可设有悬臂吊,可以对需要进行拆、装作业的受电弓和

空调设备进行吊装。还配置了液压升降车、蓄电池等电气箱搬运车等运输车辆。

为了对车辆进行双周、双月检和定修（年检），还应设置受电弓、空调装置、车载信号、试验设备等辅助工间以及备品工具间。

(2) 定修库

定修库和周、月检一样，线路采用架空形式，线路中间设置检修地沟，线路两侧设置三层检修场地。车库设 2t 起重机。车辆的定修和临修有时也可以在一个车库进行，合并为定修、临修库，这时必须根据列车编组，在库内设置架车机组，在列车解钩后可以同步架起一个单元的车辆。车库内设有 10t 起重机，其起重量可吊装车辆的大部件。其辅助工间应和其他检修库统一考虑。

(3) 架修、大修库

架修、大修库的布置应根据车辆检修工艺流程确定。对车辆设备和零部件的检修方式采用互换修为主，作业流程根据实际情况，一般采用流水作业和定位修方式相结合。采用部件互换修可以减少列车的停库时间，并且可以合理安排计划，做到均衡生产，避免因某一部件检修周期长，影响整列车的检修进度。联合检修厂房内设置车辆的待修、修竣部件和部件的存放场地。

架修、大修库内主要设备有：地下式架车机、移车台、假转向架、桥式起重机、公铁两用牵引车、必要的运输工具、工作平台等。图 4-26 为地下式架车机架车的情景。

图 4-25 双周、双月检库立体检修平台　　图 4-26 地下式架车机

(4) 辅助检修车间及其设备

地铁车辆是一种涉及多种专业、极其复杂的设备，在对车辆进行架修、大修时，都要架车、分解，对部件进行检修。这些检修工作都在辅助检修车间进行。这些辅助检修车间根据列车架修、大修的工艺流程，大部分都布置在检修主库的周围。

① 转向架、轮对间。转向架、轮对间通过轨道和转向架转盘架、大修库相连接。主要由转向架检修区、轮对检修区和轮对等零部件的存放区组成。

转向架检修区对转向架进行分解，分解后的零部件送到相应检修位置进行检修，恢复技术状态，然后进行组装。转向架检修区的主要设备有转向架冲洗机、转向架回转台、构架试验台、转向架综合试验台、地下式转向架托台以及减振器试验台、一系悬挂弹簧试验台等。

轮对间主要对轮对以及轴箱、轴承进行检修。主要设备有从轴颈上组装、拆卸轴承的感应加热器、组装车轮的轮对压装机、加工车轮内孔的立式车床、加工轴颈的轴颈磨床和加工轮对踏面的轮对车床等大型设备。还有对轴箱轴承进行清洗和检查以及分解轴箱的感应加热器等设备。由于轮对的车轴受有循环应力,其破坏形式是疲劳破坏,应定期对其进行探伤,还要配置超声波及磁粉探伤设备。由于对轴承的检修工作专业性强,需要大量的设备和占地,但是每年的工作量很小,所以一般都将轴承检修工作委托社会专业单位承担。有条件的地方,也可以将探伤工作委托社会专业单位承担。

转向架、轮对间要适应互换修方式有足够的转向架、轮对及其他零部件的存放场地,还应配备相应的起重设备。

②电机间。电机间是对车辆牵引电机、空气压缩机电机以及其他车辆设备(如制动电阻冷却风机等)的动力电机进行检修的辅助车间。需要配备电机分解、检测、组装、试验的设备和必要的起重、运输设备。

主要设备有牵引电机试验台、其他电机试验台,采用直流电机还有整流器下刻机、点焊机、动平衡试验机等。图4-27为牵引电机试验台示意图。

图4-27 牵引电机试验台

电机大修专业性强,检修量少,并且需要绕线、浸漆、烘干等设备,一般都委托专业工厂进行。

③电器、电子间。电器间承担对车辆电气组件的检修作业,对列车的主控制器、主逆变器、辅助逆变器、各类高速开关、直流接触器等各种电器进行试验、检修、检验,装备有综合电气试验台,辅助逆变器试验台,高速开关试验台,主接触器试验台、速度传感器试验等各类试验台,以及供电气测试的各种仪器仪表。

电子间主要对列车牵引、制动、空调等计算机控制系统的各类电子控制板进行检修作业,由于电子间的检修、测试对象都是精密的电子元件,因此,电子间要求采取无尘、防静电、控制环境温度和湿度等措施,是一个环境要求很高的车间。

辅助车间还有车门、制动、车钩、受电弓、空调检修间,相应的配备有车门试验台、制动试验台、阀类试验台、车钩试验台、受电弓试验台、空调试验台以及必要的检修设备。

上述辅助车间一般都布置在架修、大修主库的周围,可以使检修工序和流程合理、紧凑、简洁,减少运输路程,提高工作效率。

3 其他库房及车间

维修场地内有些库房及车间由于环境保护和劳动保护的要求以及检修的特殊要求等因素,或者是由于设施和维修基地的检修共同使用,要单独设置。

(1)不落轮镟床库

地铁车辆转向架的轮对在运行中有时会发生踏面的擦伤、剥离和轮缘磨耗达不到运行技术要求的问题,需要及时镟削。使用不落轮镟床可以不拆卸轮对直接对车辆的轮对踏面和轮缘即时地进行镟削。运行的实践说明,不落轮镟床是保证地铁车辆正常运行不可缺少的重要设备,开始建设时就要对此作充分考虑。

不落轮镟床需要在温度、湿度得到控制的环境使用,为减少投资,在库内为镟床单独设置隔离的环境空间。

不落轮镟床库及其前后一辆车辆范围的线路为平直线路。作业线的长度要满足列车所有车辆轮对镟削的要求,列车出入库和轮对的就位一般由专门的牵引设备承担。

(2)列车洗刷库

列车洗刷库建在洗刷线的中部,库内设有自动洗刷机,可对列车端部和侧面采用化学洗涤剂和清水洗刷。在洗刷过程中,列车的行进可利用自身动力,也可用专设的小车带动,分为水喷淋、喷化学洗涤剂、刷洗等多道工序,在寒带地区还应有车体干燥工序。图4-28为列车自动洗刷机示意图。

图4-28 列车自动洗刷机

为避免列车洗刷作业影响其他线路的进路,洗刷机前后线路的长度都不应小于一列车的长度。

(3)蓄电池间

蓄电池间主要对地铁车辆的碱性蓄电池进行充电和检修,另外也对各种运输车辆的酸性蓄电池进行充电和检修。蓄电池间要配置相应的试验、充电设备和通风、给排水和防腐设施。碱性和酸性蓄电池操作间应分开设置,防止酸气进入碱性蓄电池,酸、碱发生中和作用,影响蓄电池的质量。蓄电池间要单独设置,并布置在长年主导风向下风侧,还要有防爆措施。

(4)中心仓库

中心仓库承担城市轨道交通全线各专业所需机电设备、机具、工具、材料、备品备件的供应工作。主要工作环节有采购、入库、仓储、发放。仓库中应有仓储起重、运输等设备和设施,还应附有露天存放场和材料专用轨道线。还要设置专门的环控库房,存放环境要求高的精度配件。

对于易燃易爆物品要单独设立危险品仓库,危险品仓库应单独设置在对周围建筑影响最小的位置,并与外界隔离,根据易爆、易燃物品的性质要分不同房间存放,建筑物的通风、消防等要符合有关规定。有时为了减少与邻近建筑物之间的防火距离,易燃品库也可采取半地下式或地下式的建筑。

城市轨道交通设备配件种类繁多(仅车辆配件就有数千种),价值昂贵。仓库对物流的管理涉及社会流通领域和城市轨道交通内部生产流域。它既是各专业检修生产工艺的组成部分,与检修生产密不可分,要保证供应;又有着非常强的"成本中心"的作用,对材料、备件的消耗管理和物流本身对资源的占用和消耗都和检修成本有着直接关系。

随着现代物流技术、计算机信息管理技术和电子商务的发展,使中心仓库采用自动化立体仓库仓储技术,建设"城市轨道交通自动化综合物流系统"成为可能。

自动化立体仓库主要由货物存储系统、货物存取和运输系统以及控制和管理三大系统组成,还有与之配套的供电系统、消防报警系统、网络通信系统等。

除此之外,根据需要还有调机(内燃机车)库、消防间、污水处理站、配电站、变电站、机加工中心、汽车库等,车间也需要单独设置。

四 综合维修基地

综合维修基地承担全线各种设备、设施的定期维修、维护和故障维修。综合维修基地一般都和车辆维修场地设置在一起,也可以单独设置,但必须设置在车辆维修基地的紧邻地区。

在城市轨道交通运营线路较长或者担当两条以上运营线路的设备、设施维修任务时,维修任务大,可以设立综合维修中心,维修中心下可设各专业段(或车间)。在维修量不大,也就是在运营线路不长或在地铁运营的初、近期阶段,可设立综合维修段(所),下设各专业维修工区。

按照专业,一般可分为下述几个段(工区)。根据专业特点需要有相应的检修间,并配备必要的检修设备。

通信、信号段(工区)承担全线通信(包括有线通信、无线通信、车站和车载广播、电视监控系统)和信号(包括ATC设备、地面和车载设备和车场折返线的道岔电气集中联锁控制系统)设备、设施的维修、维护工作,综合维修基地与工作相适应,要设立通信维修间和信号维修间。

机电段(机电工区、接触网工区)承担全线主变电站、牵引变电站、降压变电站的运行及设备维护、维修和接触网、车站通风、空调等环控设备,以及自动扶梯、电梯、照明、防灾报警等辅助设备的维护、维修工作。设置有机电维修间和接触网架线、实验车和相关的机械加工设备。

修建段(工区)承担全线地下隧道及建筑、高架桥梁机建筑、线路、道岔等设备、设施的巡检、维护、维修工作。在综合维修中心设有工务维修间,并配备有轨道探伤、检测设备、磨轨机、隧道清洗车等必要的生产设施。

在综合维修基地还要配备相应的生产设施和特种车辆存放线和车库以及办公、生活设施。综合检修基地的功能和任务如下:

①承担所辖线路沿线隧道、线路和桥梁等设施的检查、保养和维修工作。
②承担所辖线路车站建筑和地面建筑的保养和维修工作。

③承担所辖线路变电所、接触网、供电线路和设备的运行管理、检查、保养和维修工作。

④承担所辖线路各机电系统及设备的运行管理、检查、保养和维修工作。

⑤承担所辖线路通信、信号系统的运行管理、检查、保养和维修工作。

⑥承担所辖线路自动售检票系统和设备的运行管理、检查、保养和维修工作。

⑦承担所辖线路防灾报警系统、设备监控系统的检查、保养和维修工作,基地各系统和设备的大、中修等工作外委。

⑧承担所辖线路运营、检修所需的各类材料、设备、备品配件的采购、储备、保管和发放工作。

综合检修基地主要设施:综合检修基地检修车间、材料总库、特种车辆库、办公楼等设施。

复习与思考

一、判断题

1. 车辆直流牵引控制技术经过了凸轮变阻控制、斩波调阻控制和斩波调压控制等三个阶段。( )
2. 车体的制造工艺一般采用焊接和铆接,焊接和铆接两种工艺交替使用,但大部件之间组装以焊接为主。( )
3. 目前轨道交通车辆的车体都采用底架承载的方式。( )
4. 闸瓦制动的摩擦副是闸瓦和轮对踏面。( )
5. 半自动车钩的气路连接必须靠人工。( )
6. 车间电源是列车辅助的受流设备,主要应用于列车在检修库内整车调试或部分设备需有电检查时使用。( )
7. 列车受流设备分为集电靴和受电弓两种形式。( )
8. 车辆维修基地根据功能和规模的大小可划分为停车场、车辆段。( )

二、填空题

1. 城市轨道交通车辆主要的选用要素有_____、_____、_____和线路条件。
2. 城市轨道交通车辆的机械部件主要有_____、_____、_____和空调通风系统等。
3. 转向架上轮对与构架之间的悬挂称为_____,构架与车体之间的悬挂称为_____。
4. 城市轨道交通车辆的车钩根据其结构和功能分为_____、_____和_____三种。
5. 利用外力,迫使行进中的车辆减速或停止的作用过程称为_____。
6. 车辆上的电制动又分为_____和_____。

三、问答题

1. 列车转向架的作用是什么?
2. 简述闸瓦制动的工作原理。
3. 简述车辆段的具体功能。

单元 5

城市轨道交通供配电系统

 教学目标

1. 掌握变电所的分类及各自的特点；
2. 了解变电所的电气设备；
3. 掌握接触网的结构形式及供电方式；
4. 了解远动监控的概念和结构。

 建议学时

8 学时

5.1 概述

一、城市轨道交通供配电系统的功能

电能是城市轨道车辆电力牵引系统必需的能源,电动车辆以及为轨道交通运营服务的机电设备,包括通风、空调、照明、通信、信号、给排水、防灾报警、电梯、电动扶梯等也都依赖并消耗电能。在城市轨道交通运营中,若供电一旦中断,不仅会造成城市轨道交通运营瘫痪,而且还有可能危及旅客生命安全,造成财产损失。因此,高度安全、可靠而又经济合理的供给电力是城市轨道交通正常运营的重要条件和保证。

城市轨道交通供电电源一般取自城市电网,通过城市电网一次电力系统和轨道交通供电系统实现输送或变换,最后以适当的电压等级、一定的电流形式(直流或交流电)供给用电设备。

城市电网一次电力系统由国家电力部门建造与管理,它包括发电厂、传输线、区域变电站。发电厂是发出电能的中心,一般可分为火力发电厂、水力发电站和原子能核电站等。发电厂的发电机发出的电能,要先经过升压变压器升高电压,然后以 110kV 或 220kV 的高压,通过三相传输线输送到区域变电站。

在区域变电站中,电能先经过降压变压器把 110kV 或 220kV 的高压降低电压等级(如 10kV 或 35kV),再经过三相输电线输送给本区域内的牵引变电站和降压变电站,并再降为轨道交通所需的电压等级(如 1 500V、380V 等)。图 5-1 为城市电网一次电力系统和地铁供电系统图。图中虚线 1 上部为城市电网一次电力系统,虚线 1 下部为地铁供电系统。

二、城市轨道交通供配电系统的组成

城市轨道交通系统是一个重要用电部门,它不同于一般工业和民用的用电,为一级负荷。一级负荷规定由两路独立的电源供电,当任何一路电源发生故障中断供电时,另一路应能保证一级负荷的全部用电。牵引变电站的电源进线应来自两个区域变电站或区域变电站的两路独立电源,当一路电源失压时,另一路电源自动投入,牵引变电站能从区域变电站不间断地获得三相交流电。在城市轨道交通供电系统中,根据用电性质的不同可分为两部分,

即由牵引变电站为主的牵引供电系统和降压(动力)变电站为主的动力照明供电系统。

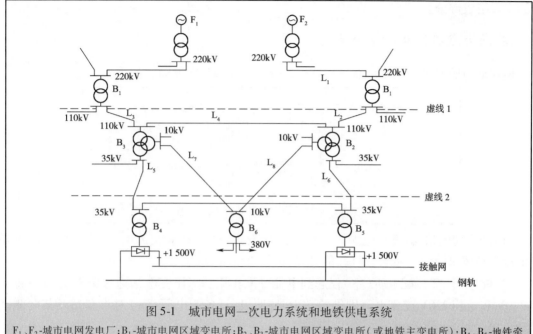

图 5-1 城市电网一次电力系统和地铁供电系统

F_1、F_2-城市电网发电厂；B_1-城市电网区域变电所；B_2、B_3-城市电网区域变电所(或地铁主变电所)；B_4、B_5-地铁牵引变电所；B_6-地铁降压变电所

1 牵引供电系统的功能

以地铁为例,地铁牵引供电系统示意图如图 5-2 所示,相关资源见二维码 22,其各部分的名称及功能简述如下。

二维码 22

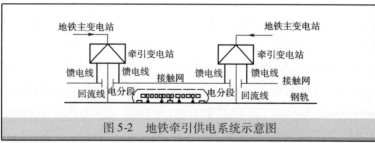

图 5-2 地铁牵引供电系统示意图

(1)牵引变电站,是供给地铁一定区段内牵引电能的变电站。

(2)接触网(架空线或接触轨),是经过电动列车的受电器向电动列车供给电能的导电网。(北京、天津地铁采用接触轨；上海地铁采用架空接触网。)

(3)回流线,是用以供牵引电流返回牵引变电站的导线。

(4)馈电线,是从牵引变电站向接触网输送牵引电能的导线。

(5)电分段,为便于检修和缩小事故范围,将接触网分成若干段称为电分段。

(6)轨道电路,是利用走行轨作为牵引电流回流的电路。

一般将接触网、馈电线、轨道、回流线总称为牵引网。

牵引供电系统由牵引变电站和牵引网所组成,其中牵引变电站和接触网是牵引供电系统的主要组成部分。

❷ 动力照明供电系统的功能

地铁动力照明供电系统示意图如图 5-3 所示。各部分功能简述如下。

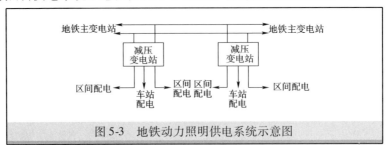

图 5-3 地铁动力照明供电系统示意图

(1)降压变电站:将三相电源进线电压降压变为三相 380V 交流电,降压变电站的主要用电设备是风机、水泵、照明、通信、信号、防火报警设备等。

(2)配电所(室):配电所(室)仅起到电能分配作用。降压变电站通过配电所(室)将三相 380V 和单相 220V 交流电分别供给动力、照明设备,各配电所(室)对本车站及其两侧区间动力和照明等设备配电。

(3)配电线路:是配电所(室)与用电设备之间的导线。

在动力供电系统中,降压变电站一般每个车站设置一个,有时也可几个车站合设一个;也可将降压(动力)变压器附设在某个牵引变电站之中,构成牵引与动力混合变电站。

地铁车站及区间照明电源采用 380/220V 系统配电。正常时,工作照明、事故照明均由交流供电,当交流电源失去时,事故照明自动切换为蓄电池供电,确保事故期间必要的紧急照明。

在地铁供电系统中,根据实际需要,也可以专设高压主变电站。发电厂或区域变电站对地铁主变电站供电,经主变电站降压后,分别以不同的电压等级对牵引变电站和降压变电站供电,这种供电方式被称为集中式供电方式,上海地铁就是采用此种供电方式。牵引变电站的设置和容量应按运行的列车编组及行车密度进行牵引供电计算后确定,降压变电站的设置和容量可根据动力用电量确定,若有主变电站,其容量应由全部牵引和动力用电量来确定。也可以不设地铁主变电所,由城市电网中的区域变电所直接对地铁牵引变电所和降压变电所供电,这种供电方式称为分散式供电方式,北京、天津地铁就是采用这种方式。

三 城市轨道交通供配电系统的供电制式

电力牵引用于轨道交通系统已有 100 多年的历史,随着经济和科学技术的不断发展,用于轨道交通的电力牵引方式有许多不同的制式出现。这里所说的制式是指供电系统向电动车辆或电力机车供电所采用的电流和电压制式,如直流制或交流制、电压等级、交流制中的频率(工频或低频)以及交流制中是单相或三相等。

城市轨道交通采用直流供电,因为直流电适合于电气牵引的调速要求,而且直流牵引接触网结构简单,建设投资少,电压质量高。电气化铁路牵引供电一般多采用交流制,主要是因为供电距离远、需装车载整流装置等。

国际电工委员会拟定的电压标准为:直流电压750V、1 500V 和 3 000V 三种,如表5-1 所示。我国国家标准采用 DC750V 和 DC1500V 两种。北京轨道交通采用 750V 直流供电电压,上海、广州、南京、深圳等城市轨道交通采用 1 500V 直流供电电压。

IEC 牵引用电压标准　　　　　　　表 5-1

	电　　压(V)		
	标准	最低	最高
直 流 系 统	750	500	900
	1 500	1 000	1 800
	3 000	2 000	3 600

5.2 变 电 所

地铁变电所(室)一般是在地铁沿线设置的,地铁变电所(室)可以建在地下,也可以建在地面。地铁变电所(室)尤其是地下变电所(室)在防火方面都有一定的要求,其防火措施主要应从结构与建筑材料以及变电所的电气设备本身的不燃性等方面来考虑。同时应装设自动消防报警装置、防火门和防火墙等隔离设施和有效的灭火系统。地铁变电所(室)分为三种基本类型:高压主变电所(室)、牵引变电所(室)和降压变电所(室)。地铁变电所(室)是由各种不同用途的电气设备按照一定的电气主结线连接而构成的。现将地铁变电所(室)的各种电气设备,各种电气主结线和三种基本类型的变电所(室)基本情况简介如下。

一 电气设备

地铁变电所(室)中主要电气设备的作用及概况如下。

(1)变压器,是一种传送和交换交流电能的静止装置。按功能分为升压变压器、降压变压器;按相数分为单相、三相、多相变压器;按绝缘方式分为干式、浇筑式、油浸式变压器等。

如图 5-4 所示为三相干式整流变压器。

（2）断路器，是一种对电路进行控制（开断、关合）和保护的高压电器开关，用于自动切断负载电流和短路电流。按绝缘方式和熄弧介质分为油断路器、六氟化硫断路器、真空断路器、空气断路器等。如图 5-5 所示为万能式空气断路器。

图 5-4　三相干式整流变压器

图 5-5　万能式空气断路器

（3）隔离开关，是一种没有熄弧装置的高压电器，它不能切断负荷电流和短路电流，可在无负荷电流时接通和断开电路，断开时能起到隔离电压的作用，对运行、操作和检修提供方便和安全，如图 5-6 所示。

（4）母线，是一种汇总和分配电能的导电线。室外常用软质母线，如钢芯铝绞线；室内则采用硬质母线，如铝排。母线常用颜色标记识别，在三相交流系统中，A 相用黄色表示，B 相用绿色表示，C 相用红色表示；在直流系统中，正极用红色表示，负极用蓝色表示，零线及接地线用黑色表示。

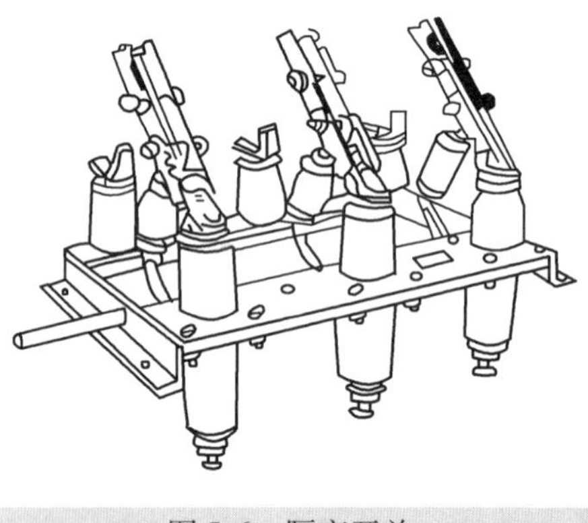

（5）熔断器，是一种过负荷和短路电流导致熔体发热熔断的保护电器。

（6）电压互感器，又称压变，是电气测量、控制和保护回路用的变压器。

图 5-6　隔离开关

（7）电流互感器，又称流比，是电气测量、控制和保护调路用变流器。

（8）避雷器，是防止从线路侵入的雷电波损坏电气设备绝缘的保护电器。

（9）整流器，是一种与牵引变压器组合成整流机组的电流变换器。

地铁变电所（室）中除了主要电气设备之外还有各种电气设备的保护装置和电量（电压、电流等）的计量仪表，变电所（室）内还应有蓄电池室，蓄电池作为事故照明的备用电源和变电所（室）开关设备的操作电源，事故照明平时由交流电供电，当交流电源失去时，事故照明自动切换至蓄电池供电，以保证紧急情况下，对车站和变电所（室）提供必需的照明。根据防火的要求,各类变电所(室)内外的连接导线应该尽可能选用阻燃型电线、电缆。为了对变电所(室)的火灾采取及时而有效的措施,变电所(室)的所有开关(断路器)在火灾情况下,应能自动跳闸。此外,还应设置有效的灭火设备。

二 电气主结线

1 电气主结线的组成和功能

变电所的电气主结线是指由变压器、断路器、隔离开关、母线等及其连接导线所组成的接受和分配电能的电路。电气主结线反映了变电所(室)的基本结构和功能。

2 电气主结线的种类

电气主结线的种类主要分为单母线型主结线、双母线型主结线和桥型主结线三种形式。相关资源见二维码23。

二维码23

(1)单母线型主结线

如图5-7所示为单母线及改进型主结线。

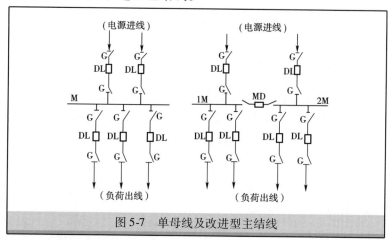

图5-7 单母线及改进型主结线

单母线型主结线的特点如下:

①结线简单,设备少,费用低;

②每一个回路均由断路器切断负载电流与短路电流,断路器两侧隔离开关可使断路器与电源隔离,保证维修人员安全操作;

③母线发生故障,全线停电;

④单母线型主结线改进型,是在母线中加装一个母线断路器(MD)或隔离开关,将母线分段,提高供电检修的灵活性,称为单母线分段主结线。

(2)双母线型主结线

如图5-8所示为双母线型主结线。

双母线型主结线的特点是:在单母线型基础上加装一套母线,使故障检修时缩短停电时间。

(3) 桥型主结线

采用两条电源进线和两台变压器,在电源进线间用横向母线及断路器或隔离开关连接。如果桥接母线在变压器外侧,且桥接母线在进线断路器内侧时成为内桥结线,桥接母线在进线断路器外侧时成为外桥结线,如图5-9所示。

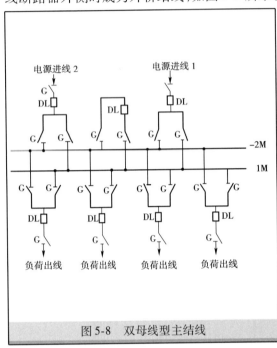

图5-8 双母线型主结线

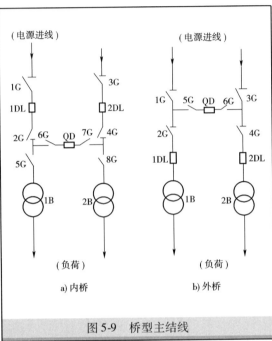

图5-9 桥型主结线

桥型主结线的特点是:正常运行时,两台变压器并列运行,桥接母线断路器或隔离开关全部闭合;当两台变压器分别工作时,则母线断路器或隔离开关断开;当一路故障时,可切换线路,使两台变压器均由正常工作的一路提供电源。

三 主变电所(室)

主变电所(室)是由上一级的城市电网区域变电所获得高压(如110kV或220kV)电能,经其降压后以中压电压等级供给牵引变电所和降压变电所的一种地铁变电所(室)。为保证地铁牵引等一级负荷的用电,应设置两座或两座以上的主变电所(室)为宜。另外,任一主变电所(室)停电并且另一主变电所一路电源进线失压时,可切除地铁供电系统属于二、三级负荷的用电,以保证全部牵引变电所不间断地供电,使电动列车仍能继续运行。如图5-10所示为主变电所(室)的主接线形式。

四 牵引变电所(室)

牵引变电所(室)从城市电网区域变电站或地铁主变电所(室)获得电能,经过降压和整流变成所需要的直流电。牵引变电所的容量和设置距离是根据牵引供电计算的结果,并作经济技术比较后确定的,一般设置在沿线若干车站及车辆段附近,相邻牵引变电所之间距离为 2～4km,每个牵引变电所按其所需总容量设置两组整流机组并列运行,沿线任一牵引变电所故障解列,由两侧的相邻牵引变电所承担共同的全部牵引负荷。如图 5-11 所示牵引变电所(室)的主接线形式。

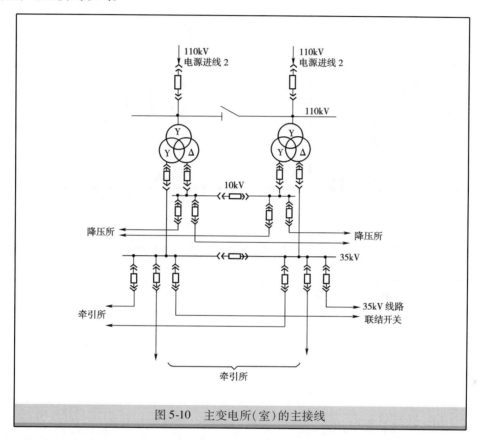

图 5-10　主变电所(室)的主接线

五　降压变电所(室)

在整个地铁系统的运行中,要保证地铁车站的环境正常和地铁系统的控制,就需要设置各种用电设备,如通风、给排水泵、自动扶梯等动力设备以及照明(包括事故照明)、通信、信号等,这些用电设备大都使用三相 380V 或 220V 交流电。降压变电所(室)的作用就是从城市电网区域变电站或主变电站获得电能并降压变成低压交流电。然后再经过下设的配电所(室)分配给各种动力和照明等设备用电。动力和照明等设备大部分集中在车站,也有一部分分散在区间隧道内,所以,一般在车站附近设置降压变电所(室)和配电所(室),由它们对车站和两侧区间隧道进行供电和配电。此外,车辆段和系统控制中心也需要由专设的降压变电所(室)得到供电。如图 5-12 所示为降压变电所(室)的主接线形式。

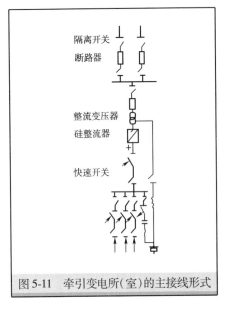

图 5-11　牵引变电所(室)的主接线形式

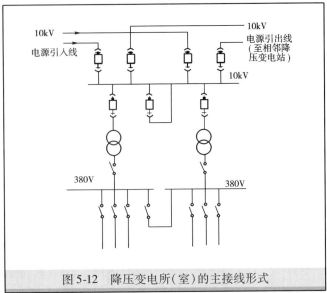

图 5-12　降压变电所(室)的主接线形式

5.3　接　触　网

在地铁列车运行过程中,电能从牵引变电所经馈电线送到接触网,再从接触网通过地铁列车的受电器送到电动列车,再经过行走轨道、回流线流回到牵引变电所,如图 5-13 所示。由接触网、馈电线、轨道和回流线组成的供电网络总称为牵引网。接触网是牵引网中最主要的组成部分,其作用是通过它与受电器可靠的直接滑动接触,而将电能不断地传送到电动列车,保持电动列车的正常运行。相关资源见二维码 24。

二维码 24

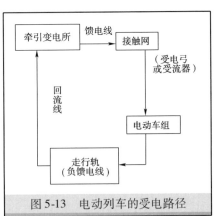

图 5-13　电动列车的受电路径

一　接触网应满足的基本要求

接触网是牵引供电系统的重要组成部分,一旦损坏将中断牵引供电。为此,接触网应满足以下基本要求:

（1）由于接触网在工作中无备用网，因而要求接触网强度高且安全可靠。

（2）要求接触网在各种气候条件下均能受流良好。

（3）因接触网部件更换困难，因此要求接触网性能好、运行寿命长。

（4）因接触网维修是利用行车中的间隔时间进行的，故要求其结构轻巧、零部件互换性强，以便于施工、维护和抢修。

（5）因接触网无法避开腐蚀性强、污秽严重等异常环境，故应采取耐腐蚀和防污秽技术措施。

（6）因采用与受电器摩擦接触的受流方式，因此，要求接触网有较均匀的弹性，接触线等部位要有良好的耐磨性。

二 接触网的结构形式

接触网按其结构形式可分为接触轨式（也称第三轨，见图5-14）和架空式（图5-15）两大类型。相关资源见二维码25。

二维码25

图5-14 接触轨式接触网

图5-15 架空式接触网

1 接触轨式接触网

接触轨是沿着走行轨道一侧平行铺设的附加第三轨，故又称第三轨。轨道交通电动列车（车辆）侧面或底部伸出的受电器与第三轨接触取得电能，该种受电器称为受电靴（接触靴），接触轨可分为上磨式、下磨式和侧磨式三种。上磨式、下磨式具体结构见图5-16。

上磨式接触轨安装在专用绝缘子上，工字形轨底朝下，接触靴自上与之接触受电；下磨式接触轨底朝上，由绝缘体紧固在弓形肩架上，肩架固定装在轨枕一侧。上磨式的优点是固定方便，缺点是接触靴在其上面滑行，无法加防护罩。下磨式的优点是可以加防护罩，对工作人员较为安全。

地铁直流750V系统一般可采用第三轨。我国北京、天津的地铁和前苏联地铁采用第三轨，其优点是隧道净空高度低，结构简单，造价低；其缺点是人身和防火方面安全性差，难以与采用架空式接触网的地面或高架铁道衔接。

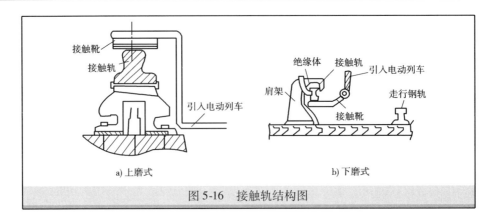

图 5-16 接触轨结构图

2 架空式接触网

架空式接触网是架设在轨道上部的接触网,电动列车上部伸出的受电弓与之接触取得电能。架空式接触网在地面上与地下隧道内的架设方式是不同的,它又可分为地面架空式接触网和隧道架空式接触网。相关资源见二维码26。

二维码26

(1)地面架空式接触网

地面架空式接触网由以下几个部分组成,如图5-17所示。

①接触悬挂。包括承力索、吊弦、接触线。与电动列车受电弓直接接触的是接触线,接触悬挂方式很多。相关资源见二维码27、二维码28。

②支持装置。用以支持接触悬挂并将其负荷传给支持或其他建筑物的结构。包括腕臂、拉杆和绝缘子。

③定位装置。包括定位器和定位管。其作用是保证接触线与受电弓的相对位置在规定范围内。相关资源见二维码29、二维码30。

④支柱和基础。用以承受接触悬挂和支持装置的负荷,并将接触悬挂固定在规定高度。

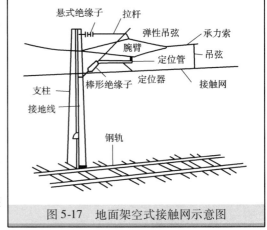

图 5-17 地面架空式接触网示意图

二维码27

二维码28

二维码29

二维码30

接触悬挂是由相隔一定距离的悬挂点架空悬挂,接触悬挂分为简单悬挂和链形悬挂两种。简单悬挂是一种直接将接触线固定在支持装置上的悬挂方式,有简单悬挂和弹性简单接触悬挂两种形式。链形悬挂是接触线通过吊弦悬挂到承力索,承力索固定在支持装置上的悬挂方式,有简单链形和弹性链形等多种形式。链形悬挂比简单的性能要好,但也带来了结构复杂、投资大、施工和维修调整较为困难等问题。链形悬挂中,以全补偿的性能为最好。

上海地铁架空接触网柔性悬挂结构形式,分地面和地下两部分,地面部分采用腕臂与软横跨相结合的悬挂形式,地下部分采用弹性支架悬挂形式。地面主线采用简单全补偿链形悬挂,双接触网线、双构承力索分别安装在各自电杆上的自动张力装置上进行补偿,使承力索、接触网导线在整个工作温度范围内承受固定张力。在多轨区采用软横跨悬挂接触网,并安装由黄铜线构成的上、中、下部定位绳,馈电线与正线接触网并联敷设,以得到所需的载流量。接地线采用架空敷设。

(2)隧道架空式接触网

隧道架空式接触网的悬挂与地面架空式有所不同。一方面隧道内不能立支柱,支持装置是直接设置在洞顶或洞壁;另一方面又必须考虑隧道断面、净空高度、带电体对接地体的绝缘距离、导线的弛度等因素的限制。根据隧道断面和净空高度不同,接触悬挂有多种不同的方式。在隧道内,车辆限界、带电体与接地体的绝缘距离、弛度和安装误差等因素对接触悬挂高度有影响。在有限的净空高度内,欲使悬挂高度降低,可通过缩短跨距、减小弛度来调整。在有条件采用简单链形悬挂的隧道内,也可采用简单链形悬挂,以增加弹性,用具有张力补偿作用的装置来实现张力补偿,以减小弛度及其变化。架空式接触网又可分为柔性接触和刚性接触。如图5-18所示。

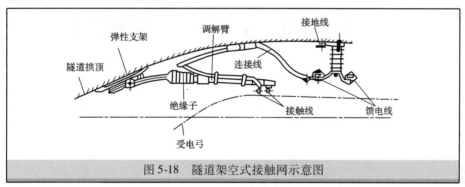

图5-18 隧道架空式接触网示意图

查一查

我国和世界主要城市轨道交通的接触网有哪些采用接触轨式供电?

三 供电方式和电分段

牵引变电所是通过接触网向电动列车供电。每个牵引变电所仅对其两侧的区间供电,供电距离过长,牵引电流在牵引网上的电压降也就越大,会使末端电压过低及牵引网上电能损耗过大;供电距离过短,将使牵引变电所数目增多,投资也增加。供电距离以及接触线截面等与接触网供电方式有关。牵引变电所向接触网供电有两种方式:单边供电和双边供电。地铁接触网在每个牵引变电所附近断开,分成两个供电分区,每个供电分区也称为一个供电臂,如电动列车只从所在供电臂上的一个牵引变电所获得电源,则称为单边供电。相关资源见二维码31。

在越区供电方式下运行,供电末端的接触网电压降低,电能损耗较大,因此视情况要适当减少同时处在该供电区段的电动列车数。另外,一旦接触网发生短路故障,其保护动作灵敏度降低,因此,越区供电只是在不得已的情况下短时运行的一种运行方式。

二维码31

接触网的电分段是保证供电可靠性和灵活性的另一种措施。被分段的接触网可以通过联络隔离闸刀连接,当某段发生故障或检修时,只需打开相应段的联络隔离闸刀,就可以使故障或检修停电范围缩小,同时不影响其他各段接触网的正常供电。接触网沿线路方向的分段称为纵向电分段;接触网线路与线路之间的分段称为横向电分段,如上、下行线路之间等。电分段的联络隔离闸刀的设置地点,应考虑操作方便和便于实现集中控制。相关资源见二维码32、二维码33。

二维码32　　二维码33

5.4 远动监控(SCADA)系统及地下迷流

一、远动监控

1 远动监控的基本概念

远动技术,是调度所与各被控端之间实现遥控、遥调、遥测和遥信技术的总和。相关资源见二维码34、二维码35。

地铁运行的管理和调度是由控制中心来实现的,其中的电力调度室是地铁供电系统运行的管理和调度部门。地铁供电系统的各类变电所及其主要设备是沿着地铁线路分

二维码34　　二维码35

散设置的。要保证系统运行的安全可靠性和提高经济性,就必须由电力调度人员对系统进行集中管理和调度,实现系统运行状态的监视和运行方式的控制。因此,采用远动技术,通过远动监控设备对各类变电所(室)进行直接的集中监视和控制是很必要的。

远动监控设备是调度端与各被监控端之间实现遥信、遥测、遥控和遥调功能的设备。调度端装置设置在控制中心内,一般称为主站;被监控端设置在变电所内,一般称为分站或远方数

据终端。遥信是被监视的各种断路器和其他开关的位置(分或合)信号、状态预告信号和事故信号的远距离监视;遥测是被监视的变电所内各种交直流电压、电流、功率、电度量等电量的远距离测量;遥控是调度端对被监控的各种断路器和其他主要开关的远距离控制。通信通道(简称通道)是指调度端到被监控的下行信息(遥控、遥调)和被监控端到调度端的上行信息(遥信、遥测)传输设备的总称。我国地铁牵引供电系统已被规定应优先采用计算机远动监控设备,上海地铁将采用先进的微机远动监控设备来实现地铁供电系统的现代化管理和集中调度。

② 远动监控的通道和信息传送方式

调度端装置、被监控端装置和通道是远动监控系统的三个组成部分。通道是传送远动信息的传输设备,在系统中,它又是最易受干扰的环节,它在很大程度上决定了系统的准确度、可靠度和抗扰度,用作远距离信息传输的通道投资费用占系统总投资费用的很大部分,且随着距离的增长达到相当大的比例。远动通道的种类有以下几种:架空明线、无线通道(高频、微波)、有线电缆和光缆通道。其中,有线电缆和光缆通道易实现,抗干扰能力强,尽管投资费用大,但可以与其他方面(如通信、信号、数据传输等)合用一条多芯电缆或光缆,从而节省投资。北京地铁采用有线电缆通道,上海地铁采用抗干扰能力强、传送信息量大的光缆通道。通道是通信线路和调制器、解调器的总称。在远动监控系统中,通常是一个调度端装置中集中监控 N 个被监控的装置。主站和各个分站之间的远动信息传送方式有两种,一种是问答式,一种是循环式。问答式是指信息的传送采取查询式问答方式,当主站发出查询命令时,被查询的分站按查询的要求回送以相应信息,即按需传送信息;循环式是指各分站按扫描周期循环不断地向主站传送信息,即按时传送信息。在传送周期允许的情况下,也即时间响应要求不高时,大都采用问答式传送方式。

③ 远动监控的系统结构

地铁供电远动监控系统一般采用 1: N 链状式结构,由调度端的主站(MS)对 N 个变电所的分站(RTU)实现远动监控。主站装置结构一般用两台微型计算机(主机)、通信处理机以及其他功能子系统模块组成。两台主机中任意一台作监控工作主机时,另一台转为在线备用主机,互为备用提高可靠性和灵活性。通信处理机的功能是对通道与主机之间的信息进行交换与处理。系统总线是主站端内部传送信息的地址、数据和控制总线的总称,它的使用由总线控制器来管理。遥测显示子系统的任务是对遥测量处理后用数字直接显示其大小。模拟屏显示子系统的任务是对遥测信息处理后,输出相应的开关位置信号,以使模拟屏上对应信号灯亮或不亮。监控主机的键盘供调度人员打入各种命令,大屏幕彩色显示器除供主机正常显示外,又可用来显示变电所实际工况的主结线图形、遥测、遥信和其他有关信息。分站装置结构由主机(微处理机)以及其他功能子系统模块来组成。系统总线、总线控制器和通信处理机的功能和主站相同。遥测子系统的任务是对被检测的电量(模拟量、数字量)进行数据采集与处理。遥信子系统用来对被监控的开关位置和状态转换成遥信信息。遥测量和遥信信息均由主机通过通信处理机和调制器发送到主站,以回答主站和分站的查询。

二 地下迷流

1 地下迷流的概念

在直流牵引供电系统中,牵引电流并非全部由钢轨流回牵引变电所,有一部分由钢轨杂散流入大地。再由大地流回钢轨和牵引变电所。走行钢轨中的牵引电流越大或钢轨对地绝缘程度越差,地下杂散电流也就相应增大。这种地下杂散电流又称为地下迷流。走行钢轨铺设在轨枕、道砟和大地上。由于轨枕等的绝缘不良和大地的导电性能,地下杂散电流流入大地。并在某些地方重新流回钢轨和牵引变电所。在走行钢轨附近埋有地下金属管道、电缆和其他任何金属构件时,地下杂散电流中的相当一部分就由导电的金属件上流过。在电动列车所在处附近的杂散电流从钢轨流向金属体,使金属体对地电位形成阴极区。在变电所附近,杂散电流从金属体流回钢轨和变电所,金属体对地电位形成阳极区,在阳极区,杂散电流从金属体流出的地方将出现电解现象,这种电解现象导致金属体被腐蚀。地铁本身和附近的金属管道,各种地下电缆或金属构件在长期的电腐蚀下,将受到严重的损坏。若地下杂散电流流入电气接地装置又将引起过高的接电电位,使某些设备无法正常工作。由此可见,地下迷流及其影响是急需重视的问题。相关资源见二维码36。

二维码36

2 迷流的防护

迷流的防护以治本为主,减少迷流源的泄漏,将地铁杂散电流减小到最低限度,限制杂散电流向外扩散。地铁附近的地下金属管线结构,应单独采取有效的防蚀措施。减少地下杂散电流,采取各种排流措施。

(1)在电力牵引方面

①选择较高的直流牵引供电电压,以减少牵引电流和迷流;

②缩短牵引变电站间的距离;

③采用迷流较小的双边供电方式;

④在钢轨间用铜软线焊接,尽可能减小钢轨间接触电阻;

⑤增加附加回流线,减少回流线电阻;

⑥增加道床的泄漏电阻,提高钢轨对地面的绝缘程度;

⑦按规程定期检查轨道绝缘、钢轨接触电阻和进行迷流监测。

(2)在埋设金属物方面

①地下金属物应尽量远离钢轨;

②在金属表面和接头处采用绝缘;

③采用防电蚀的电缆;

④在电缆上外包铜线或套钢管;

⑤地下管道涂沥青后再包油毡;

⑥在地下金属物、钢轨间加装排流装置,如图 5-19 所示。

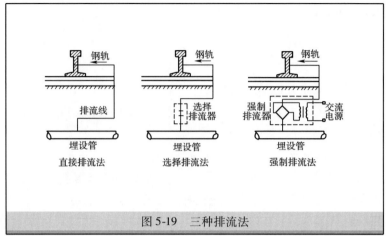

图 5-19　三种排流法

 知识链接

上海地铁预防地下迷流的措施

(1)地面段及车辆段防迷流措施

地面段轨道采用带绝缘扣件的混凝土轨枕。为减少回流钢轨的电阻,一般采用长钢轨。所有通向地面的金属管道和电缆等,均加装绝缘管和绝缘接头。与地面轨道(直流牵引用回流钢轨)并行埋设的金属管道,进行防腐处理和绝缘处理,并应离轨道 3~5m 铺设。车辆段内检修库房金属构件和轨道要构成电气连接并接地(接地电阻 0.5Ω),同时库内外轨道要绝缘分段。由地铁区间至敞开段的回流轨道,由正线进入车辆段的回流轨道和车辆段回流轨道至铁路的轨道要绝缘分段。

(2)隧道区间防迷流措施

采用长钢轨,减少回流钢轨阻抗。轨道与混凝土轨枕间、紧固用螺栓与混凝土轨枕间、扣件与混凝土轨枕间采用加强绝缘措施。在道床内,用钢筋纵、横向焊成迷流收集网,收集网绝对不能与主体钢筋连接。地下隧道各环管片内钢筋在环向和纵向要求构成一个电气连接回路,成为一个"法拉第网"。

(3)地铁变电所电气系统防迷流的接地措施

地铁车站、变电所内的交、直流高压开关柜、变压器、动力照明箱、电动机、水泵、直流 1500V 牵引用变压器、直流柜、整流设备、车站电缆桥架、自动扶梯等全部采用绝缘法进行安装,以上设备均单独从接地排引接地绝缘线,进行接地保护,严禁将主体结构钢筋做接地线,与电气设备相接而进行接地保护。接地极和引入车站、变电所接地线应与车站、变电所等建筑物的主体钢筋结构绝缘,并须对每个引入点结构孔洞进行绝缘和防水处理。每个地铁车站只能设一个接地点,接地极材料要选择耐腐蚀的。

复习与思考

一、判断题
1. 接触网按其结构可分为接触轨式和架空式两大类型。（　）
2. 地铁供电不同于一般工业和民用的供电，根据其重要性应规定为二级负荷。（　）
3. 北京、天津地铁采用的是集中供电方式。（　）
4. 用以供牵引电流返回牵引变电所的导线称为馈电线。（　）
5. 车辆段和系统控制中心需要由专设的降压变电所(室)得到供电。（　）
6. 每个地铁车站可设多个接地点，接地极材料要选择耐腐蚀的。（　）

二、填空题
1. 地铁变电所(室)根据不同类型分为_____、_____和_____三种基本类型。
2. 牵引供电系统由_____和_____组成。
3. 牵引变电所向接触网供电有两种方式，分别是_____和_____。
4. 地铁供电远动监控系统一般采用_____结构，由_____对_____实现远动监控。
5. 上海地铁采用_____V电压供电；北京地铁采用_____V电压供电。

三、问答题
1. 轨道交通的供电分成几级？牵引变电站和降压变电站的作用各是什么？
2. 什么是接触网？有几种形式接触网？
3. 轨道交通接触网有什么特点？
4. 远动监控系统的功能有哪些？
5. 什么是迷流？如何防护？

单元 6

城市轨道交通信号与通信系统

 教学目标

1. 掌握城市轨道交通信号设备的特点、功能；
2. 了解列车自动控制系统的组成和功能；
3. 了解城市轨道交通通信传输系统的结构特点；
4. 掌握城市轨道交通通信传输系统组成部分的功能。

 建议学时

4 学时

6.1 城市轨道交通信号系统

城市轨道交通信号系统在城市轨道交通中占有重要地位,它是保障轨道交通系统安全与高效运行的重要手段。信号系统的结构与性能直接关系到项目建设初期投资、系统运量、运行能耗,以及系统运行与维修成本。在欧洲,早在20世纪70年代初,一些发达国家已经在干线铁路及城市轨道交通上安装了各自的列车速度自动控制系统。进入20世纪90年代后,随着城市轨道交通综合技术的不断发展,各国亦相继推出各自越来越先进的列车信号自动控制系统。

城市轨道交通信号系统是保证列车运行的重要设备之一。先进的信号系统可以缩短行车间隔时分,从而提高地铁的输送能力。信号设备的主要作用是保证行车的安全和提高线路的通过能力,包括信号装置、联锁装置、闭塞装置等。

一、信号装置

所谓信号装置,就是指示列车或车辆运行条件的信号及附属设备。以上海地铁1号线为例,信号装置包括色灯信号机、发车表示器及机车速度信号。信号表示是命令,必须遵照执行。色灯信号机是用不同的颜色灯光来显示信号。通常有红色、绿色、白色三种颜色。三种颜色代表意义如下:

①红色表示禁止列车越过该信号机。
②绿色表示允许列车按规定的速度越过此信号机进出站。
③绿色闪光+白色表示允许列车以不超过20km/h的速度越过此信号机。

1 色灯信号机及其显示

(1)进站信号机,设在车站的入口处,用于指示列车能否由区间进入车站。
(2)出站信号机,设在由车站向区间发车地点的前方,指示列车能否向区间发车。
(3)调车信号机,设在联锁车站内有调车作业的地方,指示调车机车车辆能否越过该信号机进行调车。
(4)防护信号机,对道岔及进路进行防护而设置的信号机。
(5)复示信号机,是复示出站信号机的允许显示状态。

(6)阻挡信号机,一般设于尽头线,指示列车的停车位置。

(7)引导信号机,是当主体信号机因故障而不能开放信号时,通过人工办理而设置的一个绿色闪光+白色闪光,准许列车以不超过20km/h的速度越过该信号机进站、调车或继续运行,并随时准备行车。

❷ 发车表示器及其显示

发车表示器设于正线车站站台列车正向发送车端,由它来向司机表示什么时候关车门及什么时候可以发车。

❸ 机车速度信号

机车速度信号为数字式信号,设于列车驾驶室便于司机确认的地方。由双针数字速度计显示,其中红针所指表示最大允许速度,黄针所指为列车实际速度。列车速度在自动控制时速度由自动运行设备自动调节。列车在人工控制时,列车速度由人工按自动监控所需速度进行调节。

二 联锁装置

在轨道交通线路中,一般均采用了双线,列车间隔运营,信号设备和轨道结构比大铁路简单得多。但由于有一些站可能要折返,还由于一些区间线路要考虑列车进出车辆段,这就要在线路上加入道岔,使线路可以分岔。信号要指示司机列车是走直股轨道还是走曲线股轨道。

有道岔区段的线路,轨道交通信号就要根据运行图,将道岔搬动到位,并锁定位置、给出信号,指示列车是走直线股轨道还是曲线股轨道,这就是联锁的概念。初期的转辙机是机械的,联锁信号是由安装在机械转辙机上的闭板信号机来显示的。美国于20世纪30年代率先使用了色灯信号和电气转辙机,并使用继电器组成电气集中联锁电路。20世纪80年代又开始使用微机联锁装置。

"联锁"是指为保证行车安全,而将车站的所有信号机、轨道电路及道岔等相对独立的信号设备构成一种相互制约、互为控制的连带环扣关系,即联锁关系。在介绍联锁关系前需要介绍一下道岔、信号和进路之间的制约关系。相关资源见二维码37。

进路是列车或调车车列在站内运行时所经由的路径,所有进路都有起点和终点。终点通常是下一个信号机、终点站、调车场或车厂。

在车站联锁系统中主要包括下列技术及相应设备:

①进路空闲的检测技术。检查进路空闲是保证行车安全的重要条件之一,目前主要是利用轨道电路实现这一任务的。

②道岔控制技术。道岔是进路上的可动部分,如果对它控制不当,有可能造成列车或车列脱轨,或者造成列车或车列驶入停有车辆的线路而发生撞车事故。因此,如何控制道岔是

非常重要的。

③信号控制技术。信号机是联锁系统中极其重要的基础设备之一。只有在安全条件确认满足时才允许信号机开放,否则信号机必须在关闭状态。控制信号机的开放与关闭,直接关系到行车的安全。

④联锁技术。联锁技术是防止失误,且在失误的情况下仍能保证行车安全的技术。联锁技术是车站信号自动控制系统的主要内容。

⑤故障-安全技术。对铁路信号系统来说,必须考虑在发生故障后,其后果不应危及行车安全。在如今信息技术快速发展的时代,新技术不能及时应用到铁路信号系统中,主要是受这一原则的制约。

1 电锁器联锁

电锁器联锁就是道岔靠人力通过机械转换,信号机由有关人员通过电气或机械操纵,用电锁器完成联锁关系。电锁器联锁的原理是:分别在道岔和信号机握柄上装设电锁器,通过道岔或信号电锁器的接点的闭合和断开,控制相关信号或道岔电锁器电磁锁的电路,以实现信号机和道岔间以及信号机与信号机之间的联锁。

电锁器联锁设备因采用信号机类型不同分为臂板电锁器联锁和色灯电锁器联锁。臂板电锁器联锁设备使用直流电源,其进出站信号机为机械臂板信号机,信号握柄按上、下行分别集中在扳道房附近的信号握柄台上,由扳道员操纵。进、出站信号机开放与关闭的控制机由车站值班员用控制台上的手柄进行控制。色灯电锁器联锁设备用于半自动闭塞区段,有可靠交流电源,但尚未具备电气集中条件的车站上,其进出站信号机采用色灯信号机,道岔转换采用带电锁器的道岔握柄及转换锁闭器。信号机由车站值班员以控制台上的信号按钮或手柄集中控制,道岔由扳道员现场就地转换。

2 继电联锁

用电气方法通过信号楼内的控制台操纵车站内的色灯信号机和电动转辙机,使信号机、进路和道岔实现联锁并能监督列车运行和线路占用情况,这就是继电联锁。在继电联锁中实现联锁的主要元件是继电器。20世纪50年代以后,继电联锁都采用电磁继电器,以逻辑电路实现联锁,全站的信号机和道岔可由一个信号楼集中控制。

继电联锁的作用原理是:信号操纵人员的控制台将控制信号机和电动转辙机开放或关闭的指令,通过连接继电器室内的电缆传送到继电器室内的继电器组合上,继电器组合上的继电器接收到指令后,使继电器的衔铁被吸动或复原,继电器动作的信号再由电缆传送到相应信号机和控制相应道岔动作的电动转辙机,使信号机处于开放或关闭状态,使道岔处于定位或反位状态,从而使进路上的信号机、道岔与相应的进路实现联锁。

继电联锁设备由室内设备和室外设备两部分组成。室内设备主要有控制台、继电器组合及组合架、分线盘和电源屏等;室外设备主要有色灯信号机、电动转撤机、轨道电路及电缆线等。

3 微机联锁

继电器联锁设备经过多年的发展，在安全性和可靠性等方面都日趋完善。但随着铁路运输的发展和科学技术的进步，人们对联锁设备又提出了更高的要求，希望用小巧的电子器件代替体积庞大的继电器，进一步提高系统的性能。1978年世界第一个微机联锁系统在瑞典哥德堡问世以来，微机联锁技术发展相当迅速。日、英、德、法等国家都竞相进行微机联锁的研究开发工作。经过十几年的努力，各国的微机联锁技术日趋完善和成熟。许多国家决定今后重点发展微机联锁系统，对新建铁路不再采用继电器联锁设备。

微机联锁系统是以微型计算机取代了传统的电气集中电路而构成的车站信号自动控制系统。在微机联锁系统中，计算机对车站值班员的操作命令和现场状态信息按规定的联锁逻辑进行分析与处理，实现对铁路车站信号设备的控制。理论和实践证明，微机联锁系统无论在安全性、可靠性，还是在经济效益上，都具有更大的优越性。随着科技的进一步发展，微机联锁系统也在不断地发展和完善。

车站微机联锁系统与继电电气集中联锁系统相比，有很大的优越性，主要体现在以下几个方面：

（1）微机联锁系统的功能将更加完善。继电器集中联锁系统由于继电器电路的局限性和费用昂贵等原因，在功能上仍然存在不足之处，而且在扩展功能方面也受到了限制。在微机联锁系统中，继电器联锁的上述缺点可以用少量的硬件投资和开发软件来加以克服。

（2）微机联锁系统便于实现系统自身的现代化管理。

（3）微机联锁系统也更适合于与其他行车管理系统协调工作。

（4）随着计算机技术和超大规模集成电路的发展，微机联锁系统的投资将会越来越低，使其在节省费用方面比继电器联锁系统占据更大的优势。

微机联锁系统的硬件结构有较大的选择范围，一般来说受到下列因素影响：

（1）车站所在线路的等级和运输繁忙程度。

（2）车站联锁区的范围和联锁区站场的分布形状。

（3）使用方对设备和功能所提出的要求。

车站微机联锁装置是按照一定的联锁规则控制站场内信号机、转辙机和各种室外设备，安全可靠地控制列车或调车运行的一种控制设备，是铁路信号设备中可靠性要求最高的中枢控制系统。双机热备冗余微机联锁系统从计算机结构上可分为上位机和下位机两层结构。上位机在多任务实时操作系统支持下，具有完成任务的管理调度、控制台输入输出管理、进路生成、联锁运算、通信管理以及系统故障诊断等功能；下位机作为联锁运算机和输入输出执行机。

三 闭塞装置

轨道交通车辆是在一条特定的轨道上运行的，如图6-1所示。

由于是轨道交通,轨道起了承载和导向作用,列车 A、B、C 依次在线路上排队运行,不能超车、不能追尾相撞,而且为了提高线路的运载能力又必须尽可能地缩短两列车之间的间距。

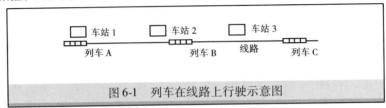

图 6-1　列车在线路上行驶示意图

铁路线路以车站(线路所)为分界点划分为若干区间。为了确保列车在区间内的运行安全,列车由车站向区间发车时,必须确认区间内没有列车,并需遵循一定的规律组织行车,以免发生列车正面冲突或追尾等事故。这种按照一定规律组织列车在区间内运行的方法,称为行车闭塞法(简称闭塞)。办理闭塞所用的设备称为闭塞装置(设备)。相关资源见二维码38。

组织区间行车的基本方法,一般有下列两种:

①时间间隔法,要求列车按规定的时间由车站发车后,间隔一定时间再发送追踪列车。

②空间间隔法,把铁路线路划分为若干个线路区段(区间或闭塞分区),在每个线路区段内同时只允许一列列车运行。前行列车和追踪列车之间保持一定距离。

二维码38

时间间隔法是最早采用的行车方法,但追踪列车不能确切地得到前行列车的运行状态,难于确保列车运行安全,因此已经不再使用这种行车组织方法。空间间隔法把列车分隔在不同区间,能有效地防止列车追尾事件的发生,确保列车运行安全。这也是铁路和大多数城市轨道交通线路目前采用的闭塞方法。以上讨论的是防止同向的两列车之间发生追尾冲突,而正面冲突可根据两列对向列车不能同时向同一区间发车的原则来控制。

1　站间闭塞

站间闭塞是指两个车站之间只能运行一辆列车。该闭塞方式的区间为两个站间距离,运行效率差。站间闭塞有以下闭塞手段和技术:路签闭塞、路牌闭塞、电话闭塞、半自动闭塞、自动站间闭塞。

电话、电报人工闭塞在铁路技术规范中把它作为一种备用闭塞手段。路签和路牌闭塞是电气路签或路牌作为列车占用区间的凭证。由接车站值班员检查区间是否空闲的人工闭塞方式,这种闭塞方式已逐步淘汰。在上海地铁几条线路开通运营后信号系统尚未正常开通的情况下,也采用这种闭塞方式作为过渡。

半自动闭塞是人工办理闭塞手续,发车站值班员必须在办理好闭塞手续后才能开放出站信号,列车出发后出站信号机自动关闭,在没有检测区间是否留有车辆的设备时,还须由接车站值班员确认列车的完全到达,办理解除闭塞手续。

自动站间闭塞就是在有区间占用检查的条件下,自动办理闭塞手续,列车凭信号显示发车后,出站信号机自动关闭的闭塞方法。其特征为:有区间占用检查设备;站间或所有区间只准走行一列车;办理发车进路时自动办理闭塞手续;自动确认列车到达和自动恢复闭塞。

❷ 自动闭塞

自动闭塞是将两个车站间划分为若干个闭塞分区，根据列车运行及有关闭塞分区状态，自动变换设于分区分界点的通过信号机的显示，可容许两趟以上列车按规定的间隔时分、以相同的行进方向连续进入区间安全运行，司机凭信号显示指挥行车的闭塞方法。这种方法不需要人工操纵，是目前大量使用的行车闭塞方法。其特征为：把站间划分为若干闭塞分区，有分区占用检查设备，可以凭通过信号机的显示行车，也可凭机车信号或列车运行控制的车载信号行车；站间能实现列车追踪；办理发车进路时自动办理闭塞手续，自动变换信号显示。从技术手段角度来分，又可分为两大类：传统的自动闭塞（没有装备列车自动控制系统）和具备列车自动控制系统的自动闭塞。

（1）传统的自动闭塞

大铁路上列车控制大多采用没有装备列车自动控制系统的传统自动闭塞，它一般由地面信号机保证列车按照空间间隔制运行，装备的机车信号作为地面的辅助信号，主要传输信号控制信息。传统的自动闭塞一般适用于列车最高运行速度在 160km/h 及以下，按照信号显示的方式，可以分为二显示（红、绿）、三显示（红、黄、绿）和四显示（红、黄、绿黄、绿）三种。二显示方式一般在地铁中采用，这是因为地下铁道列车运行速度比较低，列车间隔时分的要求比地面上火车运行的要小。地面上的火车运行速度快，载质量大，制动距离长，火车司机不能预先知道前方信号机的显示状态，很难控制机车速度，所以不能用二显示。三显示的自动闭塞目前在世界上运用比较广泛。当货物列车、近郊列车、长途旅客列车和特快列车都在同一区段内运行的时候，而货物列车或速度大于 100km/h 的特快列车，制动距离大于近郊列车需要的制动距离时，如果仍采用三显示的信号显示，就需要加大信号机与信号机之间（称为闭塞分区）的距离和近郊列车运行的间隔时分，这将造成铁路的通过能力降低。为了保证高速列车的最大制动距离，同时还满足近郊列车运行时对闭塞分区要求的一般程度，就要改用四显示信号。

（2）具有列车控制系统的自动闭塞

列车运行自动控制系统保证列车按照空间间隔法靠控制列车运行速度的方式来实现。运行列车之间必须满足最不利条件制动距离的需要。根据列车控制系统采取的不同控制模式形成不同的闭塞制式。在保证运行安全的情况下，列车间的追踪运行间隔越小，运输能力就越大。

从闭塞制式的角度来看，装备列车运行控制系统的自动闭塞可分为三类：固定闭塞、准移动闭塞（含虚拟闭塞）和移动闭塞。

①固定闭塞。列车控制系统采取分级速度控制模式时，采用固定闭塞方式。运行列车间的空间间隔是用轨道电路固定划分的闭塞区段并检测列车占用，列车以闭塞分区为最小行车间隔。其传输的信息量少，对应每个闭塞分区只能传送一个信息代码，即该区段所规定的最大速度码或出/入口速度命令码。列车速度监控采用的是闭塞分区出/入口检查方式，当列车的出口速度大于本区段入/出口速度命令码所规定的速度时，车载设备便对列车实施

强制性制动。固定闭塞系统采用阶梯式控制方式,追踪目标点为前行列车所占用闭塞分区的始端,后行列车从最高速开始减速的闭塞分区的始端,这两个点都是固定的,空间间隔的长度也是固定的,所以称为固定闭塞。

②准移动闭塞。是通过音频轨道电路的发送设备向车载设备提供目标速度、目标距离、线路状态(曲线半径、坡道等数据)等信息,结合固定的车辆性能数据,计算并调整出适合本列车运行的速度/距离曲线。每个闭塞分区不设速度等级,保证列车在速度/距离曲线下有序运行。准移动闭塞采用数字式音频无绝缘轨道电路、音频无绝缘轨道电路+感应电缆环线、计轴+感应电缆环线或无线方式作为列车占用监测和信息传输媒介,追踪目标点是前行列车所占用闭塞分区的始端,当然会留有一定的安全距离,而后行列车从最高时速开始制动的计算点是根据目标距离、目标速度及列车本身的性能计算决定的。目标点相对固定,在同一闭塞分区内不依前行列车的走行而变化,而制动的起始点是随线路参数和列车本身性能不同而变化的。空间间隔的长度是不固定的,由于要与移动闭塞相区别,所以称为准移动闭塞,其追踪运行间隔要比固定闭塞小一些。

③移动闭塞。该系统也采取目标距离控制模式(又称连续式一次速度控制),它不依靠轨道电路,而是采用交叉感应电缆环线、裂缝波导管以及无线通信等方式实现车地间双向数据传输,监测列车位置使地面信号设备可以得到每一列车连续的位置信息和列车运行其他信息,并据此计算出每一列车的运行权限,并动态更新,发送给列车,列车根据接收到的运行权限和自身的运行状态计算出列车运行的速度曲线,控制列车的牵引、运行、惰行及制动。追踪列车之间应保持一个"安全距离"。这个最小安全距离是指后续列车的指令停车点和前车尾部的确认位置之间的动态距离。这个安全距离允许在一系列最不利情况存在时,仍能保证安全间隔。列车安全间隔距离信息是根据列车运行速度、给定的安全防护减速度、列车最不利时的减速度、列车目标地点或前车尾部位置和线路条件等信息计算而定。信息被不断更新,以保证列车连续收到即时信息。因此,在保证安全的前提下,能最大限度地提高区间通过能力。该方式的空间间隔长度是不固定的,所以称为移动闭塞。其追踪运行间隔要比准移动闭塞更小一些。

四 轨道电路

轨道电路是为了使列车与信号装置或列车与发送速度命令装置直接发生联系,它利用两条钢轨作为导体组成电气回路,用来反映线路和道岔区段是否有车或钢轨是否完整,主要由送电、受电、传输线及电气隔离器件所组成。相关资源见二维码39。

轨道电路有多种类型,上海地铁1号线在区间使用多频制音频无绝缘轨道电路,在车辆段及车站内道岔区段为单轨条有绝缘轨道电路。有绝缘的轨道电路,由于绝缘节的存在,使因绝缘节破损而造成的轨道电路失效概率大大上升,对于使用长钢轨的区段来说,因设置绝缘节而增加了钢轨的分割点,对高速列车的安全、平稳行驶是很不利的因素。在电力牵引区段,绝缘节的存在对牵引回流的输送带来了一定的困难。

二维码39

因而上海地铁1号线干线上应用无绝缘的音频轨道电路。轨道电路用调谐的阻抗连接变压器作为轨道电路的边界,此变压器用于均衡走行钢轨间的牵引回流,且向轨道注入列车检测和速度命令信号。变压器的中心抽头还用作轨道间横向连接或作为变电所回流的连接点。发送器设置在轨道电路按列车运行方向离区一端,用一个相当于轨道耦合变压器的阻抗连接变压器把已调制的音频信号送入钢轨。接收器设在入口端,也与阻抗连接变压器相连,如果由发送器送来的编码检测频率载波信号未被阻断时,轨道继电器接点吸起,说明该轨道电路无车。若列车进入轨道电路内时,轨道继电器接点落下,表明列车到达并占用该轨道电路区段,该发送器同时向列车发送速度命令。

知识链接

闭塞方式的发展

车站与车站之间的线路间隔称为闭塞。由车站向区间发车时必须确定区间无车,又必须防止两个车站在同一线路上向同区间发车。这种按照一定的方法组织列车在区间内的运行,一般称为行车闭塞。目前用于城市轨道交通系统的闭塞方式有三种,即固定闭塞、准移动闭塞和移动闭塞。

① 基于传统的音频轨道电路的固定闭塞ATP系统

固定闭塞又称分级速度控制方式或台阶式速度控制模式。其特点是采用固定划分区段的轨道电路,提供分级速度信息,实施台阶式的速度监督,使列车由最高速度逐步降至零。列车超速时由设备自动实施最大常用制动或紧急制动,使列车安全停车。这种控制模式只需获得轨道电路提供的速度信息即可完成列车超速防护,其制动安全性由合理安排自动闭塞分区长度来保证。这种方式所需传输的信息量少,对应每个闭塞分区只能传送一个信息代码,即该区段所规定的最大速度码或入口/出口速度命令码,系统构成简单,设备也不复杂,因此成本低。列车速度监控采用的是闭塞分区入口/出口检查方式。

② 基于报文式轨道电路的准移动闭塞ATP系统

一般采用数字式音频无绝缘轨道电路、音频无绝缘轨道电路+感应电缆环线或计轴+感应电缆环线方式作为列车占用监测和ATP信息传输媒介,具有较大的信息传输量和较强的抗干扰能力。通过音频轨道电路的发送设备向车载设备提供目标速度、目标距离、线路状态(曲线半径、坡道)等信息,ATP车载设备结合固定的车辆性能信息计算出适合本列车运行的速度/距离曲线,保证列车在速度/距离曲线下有序运行,提高了线路的利用率。准移动闭塞ATP系统采用速度/距离曲线的列控方式,提高了列车运行的平稳性,列车追踪运行的最小安全间隔较固定闭塞短,对提高区间通过能力有利。

③ 基于通信的移动闭塞ATP系统

前两种闭塞制式均属于基于轨道电路的ATP系统。基于通信的移动闭塞ATP系统不依靠轨道电路,而是采用交叉感应电缆环线、漏缆、裂缝波导管以及无线电台等方式实现车地、地车间双向数据传输。其监测列车位置使地面信号设备可以得到每一列车连续的位置信息和列车运行其他信息,并据此计算出每一列车的运行权限,及时动态更新,发送给列车。列车根据接收到的运行权限和自身的运行状态计算出列车运行的速度曲线,车载设备保证列车在该速度曲线下运行。ATO 子系统则在 ATP 保护下,控制列车的牵引、巡航及惰行、制动。追踪列车之间应保持一个"安全距离"。这个安全距离是指后续列车的指令停车点和前车尾部的确认位置之间的动态距离。这个安全距离允许在一系列最不利情况存在时,仍能保证安全间隔。列车安全间隔距离信息是根据最大允许车速、当前停车点位置、线路等信息计算出的。信息被循环更新,以保证列车不断收到实时信息。因此在保证安全的前提下,能最大限度地提高区间通过能力。

与基于轨道电路的闭塞制式相比,移动闭塞制式具有以下主要特点:
(1)实现车地双向、实时、高速度、大容量的信息传输。
(2)列车定位精度高。
(3)列车运行权限更新快。
(4)不受牵引回流的干扰。
(5)轨旁设备简单,可靠性高。
(6)缩短列车追踪间隔,提高通过能力。
(7)能适应不同性能列车的运行。
显然,基于通信的移动闭塞技术代表了当今城市轨道交通信号系统发展的最新方向。

五 列车自动控制系统

城市轨道交通的信号系统是保证列车运行安全和提高线路通过能力的重要设施。基于城市轨道交通区别于大铁路的诸多特点,传统的信号系统已不能适应城轨交通的发展,必须用一种能实现列车速度自动控制和列车运行间隔自动调整的新的系统来替代,这就是列车自动控制系统(Automatic Train Control System)。系统中后续列车根据与先行列车之间的距离和进路条件,在车内连续地显示出容许的速度信息(或按设定的运行条件达到该容许速度的距离信息),根据上述信息列车自动地控制运行速度,以达到自动调整行车间隔的目的,提高运输效率,并由列车自动控制系统实现在车站的程序定位停车。ATC 系统取消了传统的地面信号,将机车信号作为主体信号,信号的含义发生了质的变化,传递给列车的是具体的速度和距离信息,系统能可靠地防止由于司机失误而超速或发生追尾等事故,确保列车运行安全。

列车运行控制系统 ATC(Automatic Train Control)包括三个子系统:列车自动监控系统 ATS(Automatic Train Supervision)、列车自动保护系统 ATP(Automatic Train Protection)、列车自动运行系统 ATO(Automatic Train Operation),简称"3A"系统。ATC 是在保证行车安全,提高运营效率的情况下,实现列车的自动控制。

这三个子系统是通过信息交换网络构成闭环系统,可以充分发挥保证行车安全,提高运行效率,缩短行车间隔,促进管理现代化,提高综合运营能力和服务质量的作用。其各部分功能如图 6-2 所示。

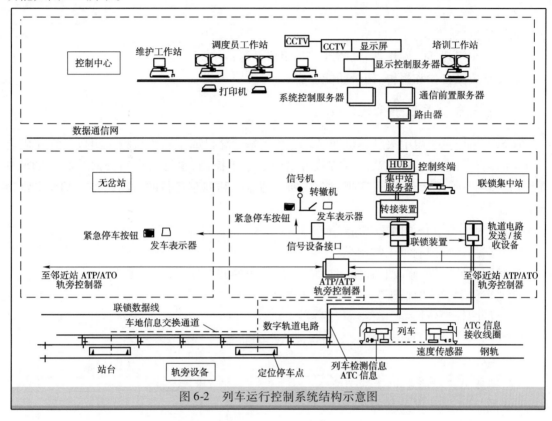

图 6-2 列车运行控制系统结构示意图

1 列车自动防护子系统(ATP)

ATP 子系统是保证行车安全的基本系统,可实现列车的间隔控制、超速防护和进路的安全监控、安全开关门的监督等功能,确保列车和乘客的安全。ATP 子系统必须满足故障-安全原则。主要包括车载设备和地面设备。ATP 主要功能分述如下。

(1)轨旁 ATP 子系统的功能

①轨道区段空闲的检测;

②自动检测车辆的位置;

③控制列车运行安全间隔,满足规定通过能力;

④连续监督列车速度,实现超速防护;

⑤列车车门开、闭安全控制,为列车车门的关闭提供安全可靠的信息;

⑥标志器及环线信息控制;

⑦目的地选择;

⑧停站时间控制及自动启动等;

⑨向 ATO 传送控制信息。

(2) 车载 ATP 子系统的功能
①接收和解译限速指令；
②根据限速进行超速防护；
③测速、测距；
④停站校核；
⑤控制车门开、闭，发送站台屏蔽门开、闭信息等；
⑥具有故障自检和报警、记录功能。

2 列车自动监控子系统(ATS)

ATS 子系统主要由中央计算机网络系统和车站计算机或中断模块设备组成。它完成全线列车的运行管理和监控。其控制方式可由中心集中控制，也可由车站分散控制。ATS 主要作用是编制、管理行车计划，实现对全线列车的监控和列车运行的自动调整。ATS 主要功能分述如下。

(1) 控制中心 ATS 的主要功能
①列车的运行控制等正常操纵；
②时刻表的编辑、修改和存储，时刻表延时修正的调整控制；
③列车位置的实时监视和列车运行轨迹记录；
④运行图管理(计划和实际运行图)；
⑤列车运行进路的自动设置，车站联锁状态的监督；
⑥故障记录等。

(2) 轨旁 ATS 子系统的主要功能
①列车的进路控制及其表示；
②遥控指令的解译及表示数据的编辑；
③折返模式控制；
④车—地交换信息的编译；
⑤旅客向导信息、目的地信息的显示；
⑥停止控制逻辑及接口等；
⑦运行等级设定；
⑧列车识别。

(3) 车载 ATS 子系统的主要功能
①接收非安全控制信息；
②接收运行等级及其目的地等数据；
③发送列车状态的自诊断信息；
④旅客向导信息的提供等。

3 列车自动驾驶子系统(ATO)

ATO 系统以列车自动保护系统为基础，配置车载计算机系统及必要的辅助设备，主要执行站间自动运行、列车在车站的定点停车、在终点的自动折返等功能。它对于列车运行规范化、减少人为影响,在高密度、高速度运行条件下保证运行秩序有很大好处,在节约列车能耗方面也有一定作用,同时还可以减轻驾乘人员的劳动强度。ATO 主要由车载设备和地面设备组成,其主要功能分述如下。

(1)轨旁 ATO 子系统的主要功能

①车站程序定位停车的车—地信息交换;

②定位停车校核,车门和站台屏蔽门开、闭控制。

(2)车载 ATO 子系统的主要功能

①列车运行速度的自动调整;

②惰行、加速、减速控制;

③定位停车程序控制;

④出发控制;

⑤自动折返;

⑥发送停站及列车长度信息等。

查一查

ATC 系统的发展趋势。

知识链接

上海轨道交通信号系统介绍

1 上海地铁 1 号线

上海地铁 1 号线自上海火车站至上海南站,向南延伸至莘庄站,全长为 22km,16 个车站,设有 7 个设备集中站和一个车辆段;向北延伸从上海火车站至泰和站,长度 12.5km,经过 9 个车站,设有 4 个设备集中站。1 号线采用美国 GRS 列车控制系统,6 节编组,并装备了 ATC 系统全套设备,车载 ATP 设备双套冗余,ATO 设备单套。1 号线和南延伸采用 6502 继电联锁,北延伸采用计算机联锁。系统为双机热备。ATP 系统采用头、尾各双套冗余地车载设备,ATP 是基于速度码方式,列车最高速度为 80km/h,运行间隔为 120s,设计间隔为 100s;1 号线停车精度为 ±25cm,ATO 命令和车次号信息是通过车地通信(TWC)子系统实现的。

1 号线采用音频无绝缘轨道电路,各闭塞区间采用阻抗变压器电气隔离,列车信息检测采用 4 个载频分别为 2 625Hz、2 925Hz、3 375Hz、4 275 Hz 交替配置,调制频率 2Hz、3Hz 也交替配置有序地使用在线路上,以达到列车检测的目的。机车信号载频为 2 250Hz,调制在不同的频率上,以向列车传输不同的速度信息和开门信息。

2 上海地铁 2 号线

2 号线自中山公园站至浦东张江,现有 13 个车站,全长 18.16km,有 4 个联锁集中站和 2 个非集中联锁站,全套 ATC,车载 ATP 双套冗余,ATO 设备单套。2 号线联锁设备采用 MI-CROLOCKII 计算机联锁,系统为双机热备。ATP 系统采用头、尾各双套冗余地车载设备,ATP 基于目标速度方式,设计间隔为 100s;2 号线停车精度为 ±50cm。

2 号线采用 AF—902 和 AF—904 数字式无绝缘轨道电路检测列车的位置,轨道电路采用 BFSK 方式调制,向列车发送信息。载频频率为:上行 10.5kHz、12.5kHz、14.5kHz;下行 11.5kHz、13.5kHz、15.5kHz 交叉设置(渡线环线:16.5kHz),传输速率为 200 bit/s。轨道电路向车载设备传送"目标速度"信息码,其中:8 位标志位、0~10 位添加位、CRC16 位、37 位数据信息,包括轨道电路 ID 号(12 位)、目标速度(4 位)、电路限速(4 位)、至目标速度的距离(7 位)、运行方向等。

2 号线是利用环线作为 TWC 信息的传输通道。每个车站的站台区域、折返线以及出库线等处,需要与列车交换信息的区域,其钢轨之间都铺设用于信息交换的交叉环线。该环线不仅作为 ATS 系统车-地信息交换设备,也是实现程序定位停车的重要设备。

图 6-3 所示为车地通信环线布置图。环线离两边钢轨 0.429 5m,环线宽度为 0.6m,这样使车载 TWC 接收线圈接收的信号强度最强。环线的长度为,站台两端轨道电路 "S"band 中心之间的距离,也即站台的长度,为 186m,再加 4m,总长约为 190m。环线以 11m、7m、6m、1m 等有规则地、以站台中心为基准、两边对称地设置,以利于双向运行的停车控制。整个环线共交叉 37 次(必须是奇数)。在环线的接入口,设有耦合单元,耦

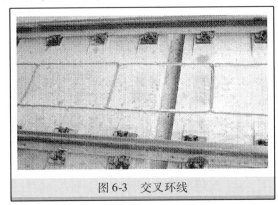

图 6-3 交叉环线

合单元和车站信号设备室之间用传输线相连。耦合单元使传输线与环线之间的阻抗得以匹配,传输线的另一端连至车站信号设备室的轨旁车地通信控制器,每个轨旁车地通信控制器都有唯一的地址。

当轨道电路检测列车进入车站站台区域时,地面通过 TWC 环线向列车送出由 CATS 送来的相关控制信息,列车收到上述有效信息作出响应,向地面送出列车状态的相关信息。

3 上海其他轨道交通线路

3 号线由漕河泾到江湾镇,全长 24.975km,有 19 个车站和 1 个车辆段,10 个设备集中站,装备全套 ATC 设备。3 号线采用法国 ALSTOM 公司的 ATC 系统,轨道电路采用 DTC921—1 型无绝缘数字报文式无绝缘轨道电路,载频 9.5~16.5kHz DIGITCODE 进行信息传输,调制方式为 MSK,其传输速率为 400 bit/s。车地通信速率为 500 bit/s,支持双向传

输。轨道电路向车载设备发送长报文(进路地图)和短报文(轨道电路和道岔状态等)。联锁设备采用 ASCV 计算机联锁,双机热备。ATP 设备中地面设备为 3 取 2 系统,车载设备头、尾部主/备双重设置,基于目标距离方式,设计间隔为 100s。3 号线停车精度为 ±50cm。

5 号线自莘庄站到天星站,全长 17km,13 个车站,设有 5 个联锁集中站,装备了 ATP、ATS 系统,没有 ATO 功能,采用 6 节和 8 节编组。5 号线采用 SIEMENS 公司的点式 ATC 系统。轨道电路采用音频无绝缘轨道电路,用 S-bound 电器隔离接头进行分割,轨道电路采用 4 个频率,数据采用点式向车载设备传输信号和线路信息;联锁设备采用 SIMIS 计算机联锁,3 取 2 工作方式。采用点式发码非连续方式车地通信。系统基于目标距离方式,运行间隔为 163s,设计间隔为 130s,该线没有 ATO 功能。

8 号线全长 23.33km,共 22 个车站,并穿越黄浦江。列车控制系统采用 ALCATEL 公司基于无线通信 CBTC 的 SelTrac 系统,该技术取消传统基于轨道电路的固定闭塞,系统在大大节约成本的基础上具有更高的运营效率,运行间隔缩小为 90s,在高峰时段可自动增加列车,为旅客提供更加安全和高效的服务。

6.2 城市轨道交通通信系统

一 概述

为保证城市轨道交通系统列车运行的安全、可靠、准点、高密度和高效率,实现运输的集中统一指挥、行车调度自动化和列车运行自动化,城市轨道交通系统必须配备专用的、完整的、独立的通信系统,供构成城市轨道交道系统的各职能部门之间的有机联系和行车的调度指挥。

对城市轨道交通专用通信系统的要求是能迅速、准确、可靠地传递和交换各种信息。例如,将各站的客流量、沿线列车的运行状况等信息及时地传送到调度所,并将调度所发布的各项调度命令以及各种控制信号传送至各个车站的执行部门和机构,从而使轻轨系统的运行始终处于有条不紊的状态。

城市轨道交通专用通信系统应是一个既能传输语音信号,又能传输文字、数据和图像等各种信息的综合业务数字通信网。

城市轨道交通专用通信系统,按其功能来分,大致可分为:供一般公务联系用的自动电话通信子系统;直接指挥列车运行的专用通信子系统;向乘客报告列车运行信息的广播子系统;用以监视车站各部位、客流情况及列车停靠、车门开闭和起动状况的闭路电视子系统;用以传送文件和数据的传真及数据通信子系统等。在控制中心和各车站均配备相应的设备以构成各子系统。在控制中心与各车站间,通过电缆、光缆及电磁波等传输媒体将上述各子系统联成一个整体,从而构成一个完整的通信系统,为城市轨道交通系统提供综合通信的能力。

二 通信网的基本结构

构成通信网的基本要素是终端设备、传输设备和交换控制设备。将终端设备、传输设备和交换控制设备按照适当的方式连接起来,就可构成各种形式的通信网。

城市轨道交通系统的通信网的构成方式必须与城市轨道交通系统本身的构成方式相适应。根据城市轨道交通系统中控制中心和各车站的地理位置分布及线路的构成情况,城市轨道交通系统的通信网大体上有总线形、星形-总线形和环形等几种基本构成形式,如图6-4所示。其中图6-4a)为总线形,控制中心设在线路的一端,各车站通信设备均接在总线上;图6-4b)为星形-总线形,控制中心设在一条线路中间的某一车站或一个控制中心控制多条线路的运行;图6-4c)为环形结构与环状线路相适应。无论采用哪一种形式,在控制中心和各车站均应配备相应的通信设备,组网原理及通信控制过程基本上相同。

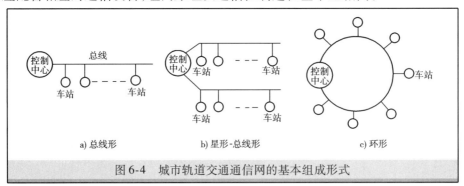

图6-4 城市轨道交通通信网的基本组成形式

三 通信网的组成

按总线形方式构成的通信网的设备组成如图6-5所示。相关资源见二维码40。

二维码40

根据城市轨道交通系统对通信的要求,在控制中心和各个车站均配置相应的设备。其中B为广播设备,C为闭路电视设备,E为交换设备,与这些设备相连接的有各种终端。例如,与交换设备相连接的有普通电话机、传真机、数据终端和调度电话机等。各个车站的设备与控制中心设备通过光纤传输系统互相连接起来,构成相应的各个通信子系统。例如,控制中心的广播设备B通过传输线路与车站的广播设备相连接,构成广播通信子系统;控制中心的闭路电视控制设备 C 通过光纤与车站的闭路电视设备相连接,构成闭路电视子系统;控制中心的交换设备 E 通过光纤传输系统与车站的交换设备相连已构成电话通信子系统,当交换设备采用数字程控交换机的情况下,还可连接传真机及数据终端设备,并可利用程控交换机的多种服务功能组成调度电话子系统,车站设备中的交换设备可采用与控制中心相同类型的数字程控交换机,也可采用附属于控制中心交换设备的远端用户模块或用户集中器。

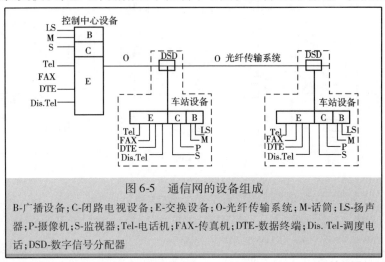

图 6-5 通信网的设备组成

B-广播设备;C-闭路电视设备;E-交换设备;O-光纤传输系统;M-话筒;LS-扬声器;P-摄像机;S-监视器;Tel-电话机;FAX-传真机;DTE-数据终端;Dis.Tel-调度电话;DSD-数字信号分配器

由于通信网采用总线式结构,控制中心送出的各种信号和信息必须按需在各个车站从总线上分出来,送到相应的车站设备,各车站送给控制中心的信息及各车站之间互相传递的信息又必须插入到总线上去,因此,在各车站需配备数字信号分配器 DSD,以实现信号和信息的分/插与连接功能。有了这种设备,控制中心和各车站送出的各种信号和信息能够汇集在同一个光纤传输系统中进行传输,并能顺利到达各自的目的地。

城市轨道交通的通信系统必须适应与满足轨道交通的运营管理。整个通信系统包括以下五个组成部分。

1 光纤数字传输系统

光纤是光导纤维的简称。光纤通信是以光波为载体,以光导纤维为传输介质的一种通信方法。由于光纤传输具有频带宽、容量大、抗干扰性强,以及耐腐蚀、质量小等特点,已成为城市轨道交通通信传输系统最主要的方式。光纤数字传输系统主要由光端机、光缆、光中继器以及 PCM(脉冲编码调制,Pulse Code Modulation Decoding)复接设备等组成。光端机由输入/输出接口、码型变换和反变换、光发送和光接收等部分组成。PCM 复接设备将话音、数据图像信号等汇集起来,通过光端机将电信号变换成光信号,经光纤传送,在接收端,光端机将光信号变为电信号,送至 PCM 复接设备,并将各类信号分离。光中继器用以将传输中衰减了的光信号进行再生放大,保证传输距离。图 6-6 为车站内 PCM 光纤传输系统框图。

为了把数字交换机的数字中继接口输出 2Mbit/s 的 PCM 信号,并在光纤上传输,在发送端需要经过 2/8、8/34、34/140 多次复接,成为 140Mbit/s 的 PCM 信号,再由光端机进行电-光转换成光信号,在光纤中传送。在接收端,先将收到的 140Mbit/s 光信号转换成电信号,再经

140/34/8/2 分接成 2Mbit/s 的电信号,接至交换机的数字中继接口入线端。

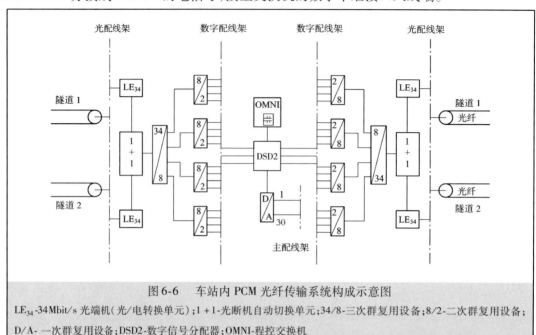

图 6-6　车站内 PCM 光纤传输系统构成示意图

LE_{34}-34Mbit/s 光端机(光/电转换单元);1+1-光断机自动切换单元;34/8-三次群复用设备;8/2-二次群复用设备;D/A-一次群复用设备;DSD2-数字信号分配器;OMNI-程控交换机

　　PCM 光纤传输系统中,可以传输话音、数据、图像,也可以传输各种控制信号。PCM 复接设备的基群,一次群是以 2.048Mbit/s 的基群速率传输,其数字系列中,可容纳 30 个 64kbit/s 的数字话路,由 4 个基群复接成一个二次群,可接 120 个 64kbit/s 的数字话路,速率为 8.448Mbit/s;4 个二次群复接成一个三次群,其速率可达到 34.368Mbit/s,4 个三次群再复接成一个四次群,可容纳 1 920 个话路,其速率可达到 139.264Mbit/s,为系统提供充裕的信道。

　　随着电信技术的发展,新型的光同步数字传输系统 SDH 也在城市轨道交通的通信网中得以应用。采用 SDH 可以直接从 155Mbit/s 的光纤线路中,提取 2Mbit/s 的电信号,也可将 2Mbit/s 的电信号,直接插入光纤传输系统,SDH 特别适宜于构成线性通信网和环状通信网,它由一些具有标准接口的网络单元组成,在光纤上进行同步信息传输。它有一套标准化的信息结构等级(同步传递模块),其中 STM-1 速率为 155Mbit/s,STM-4 速率为 622Mbit/s,STM-16 为 2.5Gbit/s,而且采用页面式帧结构,便于实现集中的网络管理,而且环形网大大提高了网络的可靠性,正是由于这些优点,SDH 将取代 PCM 并得到迅速发展和广泛应用。

❷ 数字程控交换系统

　　数字程控交换机是将输入的模拟信号,进行模/数转换,变成数字信号,再进入交换网络。进行数字交换接续的程控交换机,是系统的核心,它体积小而适应性强,交换网路阻塞小;它采用冗余结构,可靠性高,并具有自动故障诊断和处理;并且易于构成综合业务数字网,提供各种话音和非话通信业务,提供诸如缩位拨号、热线服务、呼出限制、免打扰服务、闹钟服务、呼叫转呼、等待、遇忙回叫、会议电话等功能,所以在城市轨道交通中得到广泛的应用。数字程控交换网,除了提供一般公务电话通信外,还可实现其专用的通信业务。

(1)专用电话系统

专用电话系统是为控制中心调度员、车站值班员、车辆段值班员以及车站保安人员等使用的内部专用电话提供自动交换功能。

①调度电话。调度电话的调度台,设于控制中心的调度所内,调度台根据调度功能,设有列车调度台、电力调度台、防灾报警调度台及总调度台,总调度台只与其他三个分调度台通话,而三个分调度台都与调度分机相连。列车调度分机设在各个车站及车辆段;电力调度分机设在各变电站的值班室;而报警调度分机设在各车站及所属业务部门。调度电话系统框图如图6-7所示。

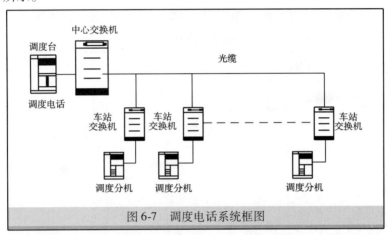

图6-7 调度电话系统框图

对调度电话系统的基本要求是,各调度台通过程控交换网与分机连接,它能迅速地单呼,或全呼下属分机,下达调度命令;各调度分机只要摘机,就可以呼叫各自的调度台,各调度台按下呼叫键,即可呼出或应答相应的调度分机,而各调度系统的分机之间,及其他系统的分机之间不允许通话。

调度台通常采用带有液晶显示屏的数字式多功能电话机。

②站间行车电话。利用程控交换网在站间建立双向热线的行车电话,以供相邻两站车站值班员之间联系有关的行车事务,它具有直线电话的功能,任一方只要摘机不必拨号,就可以与对方站建立通话。

③轨道沿线电话。为保证城市轨道交通系统运行、维护及应急的需要,使工作人员在轨道沿线随时与调度中心及有关部门取得联系。在轨道沿线每隔500m左右间距,设置轨旁电话,每2~3个电话机并联后,通过专用电缆,连向最近的车站交换设备,程控交换网可为所有的沿线电话机提供与其他分机及各调度台联系的功能。

④车站集中电话机。为了使车站的各职能部门与车站或本地区的相关单位进行通信,各车站均设置集中电话机,集中电话机的控制台,可采用数字式多功能电话机,它可通过快速呼叫键,呼叫下属分机,自由地与其他分机联系。分机与集中电话机之间建立延时热线,分机呼叫集中台时,分机只需摘机,等数秒后,便可与集中台通话,如果分机在摘机后数秒内拨了其他分机的号码,则分机可以与其他分机通话。

（2）传真通信与数据通信

利用城市轨道交通的程控交换网还可以实现传真通信和数据通信业务。

只要将传真机（FAX）与电话机并联，接入程控交换网，就可以进行传真通信，通信的建立是通过电话机拨号来实现的。利用传真机的存储和自动转发功能，与程控交换机的交换功能配合，还可以将同一份文件依次传送到各个车站的相关业务部门，实现同报传送。

数据通信是以传送数据为业务的一种通信方式，以实现计算机之间、计算机与数据终端以及数据终端之间的通信。城市轨道交通系统中，控制中心与各车站之间可用数据通信方式来传递文件和数据，数据通信可以通过程控交换网提供的交换和传输功能予以实现。利用调制解调器，将数据终端设备接至交换机的模拟用户接口，如图 6-8 所示，调制解调器用以完成数据信号与模拟信号之间的交换，只要数据终端设备双方在传输速率、字符编码格式、同步方式、通信规程等完全兼容，就可以实现相互通信。

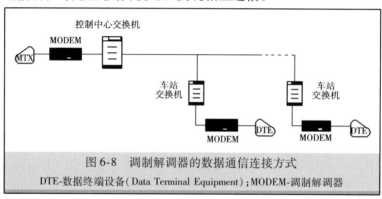

图 6-8 调制解调器的数据通信连接方式
DTE-数据终端设备（Data Terminal Equipment）；MODEM-调制解调器

3 闭路电视监控系统

为了确保列车的运行安全，及时向有关人员提供车站各部位的安全情况，以及客流、列车停站、售、检票情况、列车门开启、关闭等现场实时图像信息，所以设置闭路电视监控系统。闭路电视监控系统由控制中心集中监控系统和车站闭路电视监控系统两部分组成。系统由摄像机、监视器、控制切换设备以及传输线路等部件构成。一般采用黑白摄像机，以达到较高的对比度和清晰度。为了扩大取景范围，根据需要而设置云台。监控室的控制台，可以进行控制操作，如调焦、控制云台上、下、左、右转动等，以达到最佳摄像效果。摄像机的视频信号，沿视频线送到监控室的监视器上，显示现场实时图像。当监视器数目与摄像机数相等时，可一一对应监视；当监视器数目少于摄像机数时，必须经切换器设备，进行有选择地监视。在监控室还配有录像设备，以记录重要的图像信息。

（1）控制中心的集中监控系统

在控制中心的各调度台上，配备一定数量的监视器，和一个带键盘的控制台，调度员可通过键盘，来选择所希望了解的车站，及车站某个部位的客流情况和突发事件图像；相应的选择信号，经 PCM 光纤传输系统，发到各个车站的控制单元，各个车站设备收到选择信号后，与本站的编码进行比较，若一致，进一步确定选择哪几个摄像机，然后经图像切换设备，将选中的图像输出，再经过调制器调制复用后，电/光转换，沿光纤送至控制中心，在控制中心,要进行光/电转换,再经过解调器,将几路图像信息,分开送入图像切换单元,图像信息送至相应的监视器。为了便于识别,各个车站备有图像字符发生器,以产生车站名、摄像机号码、日期、时间,并叠印在送往控制中心的图像上。

(2)车站闭路电视监控系统

车站闭路电视监控系统为车站值班人员提供车站现场的实时图像,它不仅受车站值班人员的控制,也受控制中心的控制。车站闭路电视监控系统的监视点,视车站构造而异,一般应在车站的站台区和站区以及出、入口区,自动售、检票区,设置摄像机进行监视,其中车站站台区的图像,还为司机提供旅客上、下车及车门关闭情况的信息。

一般上、下行站台各设两台摄像机和两台监视器;站厅区设两台摄像机;在车站值班室,分别设有监视器和控制台,各摄像机输出的视频信号经同轴电缆,接至切换控制设备的图像输入端,经图像复用设备和电/光转换后沿光纤接至控制中心,向控制中心提供车站的图像信息。

车站值班员可从控制台发出控制信号,控制云台和调焦,并进行图像切换或选择。

4 无线通信系统

为了使移动状态下工作的乘务人员及时与有关指挥部门取得联系,所以不仅应设置有线通信系统,还必须设置无线通信系统。

(1)无线通信系统的组成及功能

无线通信系统由基地台、天线及射频电线、隧道内的漏泄同轴电缆、列车无线电台设备、控制台、电源及便携式无线电台等组成。典型的地铁无线通信系统,为了实现双向通信,所以设置了4个频率对(每个频率间隔10MHz)。

①信道1。用于列车调度,其覆盖范围是地铁全线及各车站,列车调度员通过控制台,与正在运行的司机及车站上行车有关人员之间通话。

②信道9。用于公安治安,其覆盖范围是地铁全线及各车站,使公安中心的工作人员与沿线、车站等处于移动状态下的公安人员进行通话。

③信道0。用于车辆段,其覆盖范围是整个车辆段(一般为地面),使车辆段的运转值班员,与车辆段范围内处于移动状态下的行车人员进行通话。

④信道8。紧急用信道,其覆盖范围为信道1和信道0的覆盖范围的总和,当信道1或信道0发生故障,或发生其他紧急情况时,为有权使用上述两信道的人员提供通信手段。

(2)无线通信系统功能的实现

为了说明无线通信系统如何实现通信功能,现以列车调度无线通信为例,加以阐述。列车调度员欲与司机通话时,调度员可按下控制盘上的数字键,发出呼叫信息,沿线各列车的车载无线设备,收到呼叫信息后进行比较,当证实呼叫本列车时,接通驾驶室的专用广播。司机按下车载无线发射键时,列车无线电台的发射机被打开,自动地发射该列车的编号及数据信息,该信息经隧道内的漏泄同轴电缆,或地面上的天线传送到最近车站的基地台,由于基地台与车站的PCM一次群有接口,所以经PCM信道传送至控制中心,并在列调监视器上显示出来。呼叫建立后便可通话,通话的话音信息也通过上述途径传送。其信号传输途径示意如下:车载台←→泄漏电缆天线←→车站基地台←→PCM光纤传输系统←→控制中心基地台←→控制中心无线列调控制台。

沿线的各个区段,是通过联向基地台的漏泄电缆或天线实现覆盖的,所以列车运行过程中,可能涉及沿线几个基地台,在通话过程中通过设在控制中心的判决比较器,选择一个具有最好信噪比的基地台,实现通信,在整个通话过程中,判决比较器不断地进行判决。

另外,当某个呼叫建立后,无线通信系统会自动地向其他使用同一频道的移动电台发出锁闭信号,以防新的呼叫打断正在进行的通话,直到该通话结束为止。移动台之间禁止使用列调频道通话。当列车发生意外而无法使用车载无线台时,列车无线设备每隔一固定时间,接通发射电路10s,并将驾驶室环境声音发向控制中心,直到调度员取消选择为止。

5 车站广播系统

车站广播系统是实现集中管理的重要组成部分。列车到站及离站的实时预告信息,非常情况下的疏导信息等,通过该系统及时向旅客通报,同时,为组织好行车,应及时将运行信息告之行车相关人员。为了实现集中管理,车站广播系统除了车站广播外,还可由控制中心集中播音。

(1)车站播音

图6-9为车站播音系统示意图。

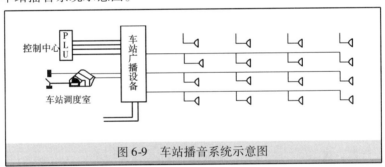

图6-9 车站播音系统示意图

车站播音台,配有播音区域选择键盘和送话器,在通信室还设有前置放大器、功放及控制接口单元等设备。车站的控制键按下后,相应的选择信号,经控制和接口单元,使被选择区域的广播电路接通,并使控制中心来的播音信号中断,也即车站播音台对本站的播音具有优先权。在固定区域,可以根据列车运行实现自动广播。

为了提高播音的可靠性,每个播音区域内的扬声器,分别由两个扩大器驱动,并以梳状方式排列,其中一个扩大器发生故障时,仍能不间断地播音及维持基本播音量。站台的广播区域还应配备自动音量控制装置,以保证播音音量始终保持在比此区域内噪声音量高10dB左右的水平上,达到较好的播音效果。

(2)控制中心播音

在控制中心设有列车调度、电力调度和防灾调度三个播音台,三个播音台之间互锁,也即只允许一个播音台播音。三个播音台分别配有广播区域选择键盘和送话器。选择控制信号,经控制与接口单元,通过 PCM 信道将其送至车站的控制单元,并显示在相应的播音台上。播音信号经放大,通过专用的屏蔽广播线,传送至所选车站。但各车站的播音具有优先级,从控制中心可对所有车站的所有区域播音,也可对某一个车站的某个区域有选择性地播音。

查一查

城市轨道交通通信系统的发展趋势。

 ## 复习与思考

一、判断题

1. 绿色信号灯表示允许列车按规定的速度越过此信号机进出站。　　　　( )
2. 列车和车辆在区间内运行的路径称为进路。　　　　　　　　　　　　( )
3. 机车速度信号为模拟信号,设于列车驾驶室便于司机确认的地方。　　( )
4. 轨道电路是为了使列车与信号装置或列车与发送速度命令装置直接发生联系的电路。　　　　　　　　　　　　　　　　　　　　　　　　　　　　　　( )
5. 城市轨道交通专用通信系统应是一个既能传输语音信号,又能传输图像等各种信息的综合业务数字通信网。　　　　　　　　　　　　　　　　　　　　　　( )
6. 典型的地铁无线通信系统,为了实现双向通信,所以设置了 3 个频率对(每个频率间隔 10MHz)。　　　　　　　　　　　　　　　　　　　　　　　　　　( )

二、填空题

1. 信号设备的主要作用是保证行车的安全和提高线路的通过能力,包括_____、_____和_____等。
2. 组织区间行车的基本方法,一般有_____、_____两种。
3. 目前用于城市轨道交通系统的闭塞方式有_____、_____和_____三种。
4. 列车自动控制包括_____、_____和_____三个子系统。
5. 构成通信网的基本要素是_____、_____和_____。
6. 城市轨道交通系统的通信网大体上有_____、_____和_____等几种基本构成形式。
7. 光缆传输系统主要是由_____、_____、_____和_____组成。

三、问答题

1. 试述信号系统的重要性。
2. 解释联锁和闭塞的概念。
3. 列车自动保护系统(ATP)各子系统的主要功能是什么?
4. 城市轨道交通通信系统由哪几部分组成?

单元 7

城市轨道交通运营管理

 教学目标

1. 了解城市轨道交通运营组织的特点；
2. 了解城市轨道交通运行调度指挥系统；
3. 掌握城市轨道交通客运组织工作的主要内容；
4. 了解城市轨道交通的票务管理；
5. 了解城市轨道交通网络化运营的作用和要求。

 建议学时

10 学时

7.1 城市轨道交通的运行组织

一、概述

城市轨道交通系统是现代大城市广泛采用的一种高效、安全、舒适、快捷、污染少而运量大的有轨交通系统。在运营组织工作中,根据其吸引的城市人口上下班(学)等客运流量、流向的实际情况,在基本列车运行图中划出早、晚客流高峰时段密集开行列车的阶段运行计划。同时,还编制出各种周日、节假、春运等形式列车运行图,以便最大限度地满足城市人口对轨道交通出行的各种需要。

城市轨道交通系统行车指挥工作通常采用先进的自动遥控设备进行自动的操作指挥。世界上有的城市利用调度集中设备,有的利用更先进的 ATC 设备,例如,上海城市轨道交通系统就采用 ATC 系统。

在运营组织上,实行集中调度、统一指挥、按图行车;在功能实现上,车辆、车务、机电、通信、信号、工务等部门紧密配合,确保隧道、线路、供电系统、车辆设备、通信设备、信号设备、机电设备及消防系统状态良好,运行正常;在安全方面,主要依靠合理的行车组织规则和可靠的设备运行来保证行车间隔和正确的行车路径。因此,城市轨道交通运营组织要以安全第一、优质服务为指导思想,建立精简、高效的管理机构,按照有轨交通的客观规律和城市公共交通的特点组织列车运行和客运服务,发挥城市轨道交通的优越性,满足现代城市居民安全、快捷、舒适、准点的出行要求。运营组织的工作宗旨是安全、准时、迅速、便利、优质服务。

二、城市轨道交通运行组织的特点

(1)城市轨道交通系统只有客运业务,没有货运业务,且运输距离相对较短。

(2)城市轨道交通系统均采用双线运行,即上、下分线运行。列车编组相对固定,一般采取 6~8 节编组。

(3)城市轨道交通系统车辆本身带有动力装置,列车折返不必进行转头作业。

(4)全日客流分布在时间上有较为明显的高峰和低谷,高峰时客流集中,时间性强。

(5)列车运行间隔时间短,发车密度高。例如:上海地铁 1 号线最小发车间隔为 2min,

以满足早晚高峰客流的需要。

（6）全日运营时间为5:00～23:00，计18h左右，设施设备在运营时间保养较困难，需在运营结束后统筹安排施工检修计划。

总之，城市轨道交通运营组织的特点包括：运营服务的对象是市内交通乘客，全日客流分布在时间上有较为明显的高峰和低谷，全年客流分布在时间上按季、月、周、节假日有较大的起伏。

知识链接

城市轨道交通运行组织相关的基本概念

1 最小行车间隔时间

缩短行车间隔时间可以减少旅客在站候车时间，有利于提高服务质量，增大对乘客的吸引力，也有利于减少列车编组辆数，节省工程投资。但是，缩小行车间隔时间受到多种因素的制约。

一般来说，行车间隔时间的极小值取决于信号系统、车辆性能、折返能力、停站时间等诸多因素。在有先进技术设备和足够工程投资作保证的前提下，停站时间往往成为最重要的制约因素。因为在高峰小时内，线路上个别车站的乘客集散量可能特别大，导致列车在该站的上、下车时间较长。一般来说，在最长停站时间控制在30s左右时，该线最小行车间隔时间可定为2min。按此可计算线路最大运输能力和编制列车运行时刻表，当然在列车运行秩序稍有紊乱时，信号系统和列车折返系统应有能力进一步缩短行车间隔时间，使列车运行秩序尽快恢复正常。

2 停站时间

列车停站时间长短服从于旅客乘降的需要，因而主要取决于车站的乘客集散量、车辆的车门数和座位布置以及车站的疏导与管理措施等。

由于乘客发生量在时间上的不均衡性，以及乘客在列车各节车厢内分布的不均衡性，列车停站时间除了考虑旅客上、下车时间（据实测资料表明，每名乘客上、下车约需0.6s）和开关车门反应时间以及动作时间（约需6s）外，还应有一定的富余量。这往往使得列车停站时间成为列车最小行车间隔时间的制约因素，而且停站时间过长会降低列车旅行速度。因此，车站应采取积极的疏导和管理措施，包括列车上的报站广播等设施，让上、下车旅客提前做好准备，以免延误乘降。一般来讲，列车停站时间应控制在30s以下。

有时，为更好地组织列车运行秩序和提高运行效率，列车在沿线不同车站也可考虑不同停站方式。譬如在早、晚高峰小时内，若客流集散地比较集中，就可以突破站站停车的方式，不停车通过某些客流量较小的车站，以加快旅客送达速度和列车的回空。

3 折返方式与折返时间

列车的折返首先涉及一个是否所有列车都在线路上全线运行的问题，由于各区间断面客流量一般是不均衡的,个别线路甚至相差较大。如果按照最大断面客流量开行一种列车,将使车辆座位利用率不高,造成一定程度的浪费,所以应视线路的具体情况采用长短交路相结合的组织方法,不仅提高列车和车辆运用效率,降低运营成本,避免了运能虚费,同时还可给乘客带来极大方便。

短交路的起止点车站一般为中间折返站,如果线路一端客流特大时,短交路也可能在终端站折返。中间折返站的设置要考虑车站两端区间断面客流量的差别,同时还要顾及不同种类列车间客位利用率的均衡性。在短交路中,短途乘客会上长交路列车,但长途乘客不会上短交路列车,这种乘客心理会导致长交路列车负荷偏重,短交路的列车又较空闲,或者引起乘客在站台的多余滞留和不必要的换乘。因此,短交路不宜过短,而且同时开行的列车种类不宜超过两种。高峰小时内为保证乘客上下班,不因误乘短交路列车而滞留在中间站台上,应适当减少短交路列车开行数量。

列车运行到终端站,或对短交路而言,列车运行到中间折返站时,要进行列车折返作业,列车折返方式根据折返线的布置可分为站前折返、站后折返以及综合式折返等。

不同的折返布置形式,列车折返所需时间是不同的。折返时间受折返线的形式、列车长度、列车制动力、信号设备及司机操作水平等诸多因素的影响。在所要求的列车行车间隔时间小于列车折返所需时间时,必须采取其他措施,如在折返线预置另一列车进行周转或在该站配备调车司机,避免原司机在折返线从车尾步行到车首,延长折返时间。

④ 列车运送速度

城市轨道交通的优越性之一就是列车运送速度快,比公共汽车和无轨电车增大约一倍,可以大大节省乘客的旅行时间,同时列车运送速度快,则车辆周转快,有利于减少车辆配备数,节省设备投资。

在实际工作中,通常把速度分为三个不同的概念,即运行速度、技术速度和旅行速度。运行速度是在列车运行时间中扣除加减速附加时间和在站停车时间后计算所得;技术速度则是在列车运行时间中扣除在站停车时间后计算所得;旅行速度即指列车运送速度,它是列车在区段或线路内运行的平均速度。

列车技术速度与车辆性能、信号设备和线路条件等因素有关,但在技术速度既定的条件下,列车运送速度还与线路平均站间距密切相关,站间距短,则列车运送速度较低。其原因是站间距短,不仅列车运行速度受到限制,而且会增加总的停站时间和加减速附加时间。虽然站间距短可能减少乘客步行入站候车时间,但会延长乘客在列车上的旅行时间,并会大大增加投资和运营费用。国外,特别是欧洲早期修建的地铁,站间距一般偏短,最短的只有400m左右,但近年来新建的地铁及轻轨线路站间距有变长的趋势,其范围大致是800~2 400m,平均为1 600m。

结合我国的国情,地铁及轻轨线路站间距定为1 000m左右较为合适,运送速度不宜低于30km/h。

⑤ 行车通过能力

轨道交通系统的通过能力指每小时通过线路的列车数,是一个综合指标,取决于线路技术条件、信号系统、车辆性能、折返能力、停站时间、乘客素质和管理水平等诸多因素。根据客流量的需要,通过能力一般可按每小时 20~30 对考虑,即行车间隔时间为 2~3min,必要时应预留进一步缩小行车间隔的潜力。

6 列车编组与车辆配置

根据系统的设计客运量、车辆定员数和通过能力,可计算出车辆运行的编组方式。高峰小时内每班次列车的平均载客量应为系统设计客运量与通过能力之比。由每班次列车的平均载客量除以车辆定员数,便可分别得到列车的编挂车数。至于车辆定员数,目前一些发达国家的轻轨、地铁运营计划按站立 4~6 人/m^2 标准来考核。结合我国具体国情,人口多,乘车难,舒适度不能要求过高,站立标准可按 6 人/m^2 定员,考虑超员情况,按 9 人/m^2 确定为宜。

由线路长度、设计客流量、列车载客量和与之相应的行车间隔及列车在终点站的折返时间,并假定高峰期间列车采取全程运行方式,便可推算出运行列车数。配置车辆总数应按适当比例考虑备用车数和检修车数,以保证客运工作的正常进行。

三 城市轨道交通运行组织的主要工作内容

城市轨道交通运行组织的主要工作内容为列车运行图的编制。

1 列车运行图的定义、组成、作用和分类

(1)列车运行图的定义

列车运行图是用坐标原理来表示列车运行状况的一种图解形式。它能直观地显示出各次列车在时间上和空间上的相互位置和对应关系,还能直观地显示出列车在各区间运行及在各车站停车或通过的状态。列车运行图是列车运行组织的基础。

(2)列车运行图的组成

列车运行图的组成如图 7-1 所示。

①横坐标,表示时间变量,按要求用一定的比例进行时间划分,一般城市轨道交通列车运行图采用 1 分格或 2 分格。

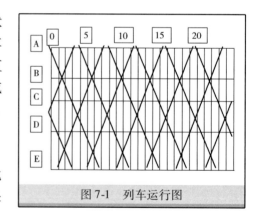

图 7-1 列车运行图

②纵坐标,表示距离分割,根据区间实际里程,采用规定的比例,以车站中心线所在位置进行距离定点。

③垂直线,是一族平行的等分线,表示时间等分段。

④水平线,是一族平行的不等分线,表示各车站中心线所在位置。

⑤斜线,列车运行轨迹(路径)线,一般以上斜线表示上行列车,下斜线表示下行列车。

在列车运行图上,列车运行线与车站的交点即表示该列车到达、出发或通过的时间。在列车运行图上,每个列车均有不同的车号和车次。按不同的列车类别规定代号或列车号,如专运列车,施工列车等;按发车顺序编列车车次,上行采用双数,下行采用单数。列车车号表示每个列车的顺序编号。

（3）列车运行图的作用

①列车运行图是城市轨道交通组织列车运行的基础。

②列车运行图是城市轨道交通运行组织的一个综合性计划。

（4）列车运行图的分类

①按区间正线数目,分为单线运行图和双线运行图。

②按列车之间运行速度差异,分为平行运行图和非平行运行图。

③按上、下行方向的列车数,分为成对运行图和不成对运行图。

④按同方向列车运行方式,分为连发运行图和追踪运行图。

⑤按使用范围,分为日常运行图、节假日运行图及其他特殊运行图(如春季、夏季、施工运行图等)。

城市轨道交通系统的列车运行图因其系统特征所致,一般均为双线成对追踪平行运行图。

2 列车运行图编制要素

城市轨道交通列车运行图编制要素在内容上有三类:时间要素、数量要素、相关要素。

（1）时间要素

时间要素包括以下内容:

①区间运行时分,指相邻车站之间的运行时分,需经过列车牵引计算和实际查表后确定;

②停站时分,指列车停站作业(包括减速、加速、开、关车门等)、乘客上、下车所需时间总和;

③折返作业时分,列车到达终点站或在区间站进行折返作业的时间总和;

④出入车辆基地作业时分;

⑤运营时间,列车全日正常运营时间;

⑥停送电时间,指在运营开始前和运营结束后的停电、送电所需要确认的操作时间。

（2）数量要素

数量要素是编制列车运行图的主要依据,是直接影响运行图编制的主要因素。

①全日分时段客流分布,根据客流的高峰、低谷而确定的影响列车的编组、运行列数等;

②列车满载率,即列车实际载客量与列车定员人数之比,编制运行图既要保证满载率又要留有一定的余地,以应付客流异动;

③列车最大载客量,分为定员载客量和超员载客量;

④列车入库能力,指每个时段通过出入库线路的最大列车数。

(3) 相关因素

相关因素包括与其他交通方式的衔接;与大型体育场所,娱乐、商业中心的衔接;列车检修作业;列车试车作业;司机作息安排;车站的存车能力;电动列车的能耗。

3 列车运行图编制原则

(1) 在保证安全可靠的条件下,提高列车的运行速度,缩小列车的运行时分。

(2) 尽量方便乘客。迅速、便利地运送旅客,最大限度地节约旅客在途时间,包括在站候车、随车运行及中转换乘等。

(3) 充分利用线路的能力和车辆能力,经济合理地运用车辆设备,安排施工维修时间。

(4) 在保证运量需求的条件下,运营车数达到最少。

4 列车运行图编制顺序

(1) 人工编制

① 确定全日列车开行对数。
② 确定运行图编制原则及具体要求。
③ 按列车运行图组成要素,收集资料并计算、查定各要素的数值。
④ 编制列车运行方案图。
⑤ 计算运行所需的运用列车数。
⑥ 征求有关人员的意见。
⑦ 调整并编制正式的列车运行图。
⑧ 编写列车运行图使用说明。

(2) 计算机编制

由工作人员将运行图编制要素的数据输入计算机,由计算机编制出列车运行图,通过人机对话进行修改。

列车运行图反映了行车组织工作的水平。

7.2 城市轨道交通运行调度指挥系统

调度工作由控制中心实施,实行各部门各工种高度集中的统一指挥,保证列车运行安全、准点,及时调整与实现各种情况下的乘客运输任务,运行调度工作是城市轨道交通系统运行的核心。

一 调度机构工种

城市轨道交通系统是一个复杂的、技术密集型的城市公共交通系统,在调度机构的组织体系中通常设有行车调度员、电力调度员、环控调度员等调度工种。

二 运行调度工作的基本任务、运行调整方法和运行调度分析

① 运行调度工作的基本任务

(1)组织指挥各部门、各工种严格按照列车运行图工作。
(2)监视列车到达、出发及途中运行情况,保证列车运行的正常秩序。
(3)在运行秩序因故不正常时,能够采取措施,尽快恢复正常秩序。
(4)及时、准确处理行车异常情况,防止行车事故。
(5)随时掌握客流情况,及时调整列车运行方案。
(6)检查监督各行车部门执行运行图情况,发布调度命令。
(7)当区间与车站发生行车事故时,按运行组织工作规定的程序和内容汇报给上级主管部门,并采取措施防止事故扩大,参与组织救援工作。

地铁或轻轨在双线行车时,正常情况下是按右侧单方向运行,列车运行以闭塞分区作间隔。有了行车闭塞方法、列车运行图及行车交路等之后,列车运行的问题还没有全部解决。这是因为有关列车运行的条件随时都可能发生变化,譬如客流有增有减,按图运行的列车可能发生晚点,以及运行秩序紊乱等都需要采取相应的运行调整措施;在区间或车站发生事故时,更要及时防止事故扩大并组织救援等,都要求在日常的运输工作中根据情况的变化,采取调整措施,使列车尽可能按图运行。这一任务主要由行车调度员来完成。

为统一指挥日常运输生产工作,地铁或轻轨的行车工作必须坚持高度集中、逐级负责的原则。行车调度员统一指挥各调度区间。一个调度区由该区值班行车调度员统一指挥;车站由车站行车值班员统一指挥;车辆段由运转值班员统一指挥;列车由本车值乘司机负责指挥;列车在车站时,所有乘务人员应按车站行车值班员的指挥进行工作。每一级都应严格执行上一级的调度指挥。

在实行调度集中控制时,有关行车工作由该区行车调度员直接指挥,在转为车站控制时,由车站值班员指挥。

② 运行调整方法

行车调度员应严格按列车运行图指挥行车,在列车不能按运行图运行而进行调整时,应

考虑列车运行的安全,做到恢复正点和行车安全兼顾。行车调度员可采取的运行调整方法有:

(1)始发站提前或推迟发出列车。

(2)加开或停运列车,备用列车替换和变更列车运行交路。

(3)组织列车加速运行,恢复正点。

(4)组织车站加速作业,压缩停站时间。

(5)组织列车不停车通过某些车站。

(6)组织列车在具备条件的中间站折返运行。

(7)组织列车反方向运行。

(8)扣车。

(9)调整列车运行时间间隔。

行车调度员对列车运行调整方法的选择,取决于列车运行的具体情况。实际工作中往往可以几种方法结合运用。调度员在组织、指挥日常运输工作中,有权发布与运输组织有关的调度命令,站段以及与行车有关人员必须坚决执行。

为保证行车调度工作的连续性和严肃性,必须遵循一定的基本工作制度,如交接班制度、标准化制度、安全生产制度以及调度工作分析制度等。其中行车调度分析具有特别重要的意义。通过对实绩运行图,包括对列车运用、走行公里、正点率、计划实现率、各类故障及调度调整手段等的综合分析,以及对技术速度、旅行速度、运营里程、空驶里程、行车事故间隔里程、责任事故次数等指标的分析,可以查找导致行车秩序不正常的原因,通过找出规律性的特征以供修改运行图时作参考,并对各方面的工作提出改进意见。

3 运行调度分析

运行调度分析是指对列车运行图进行综合分析,查找行车秩序不正常的原因,寻找规律性的特征以供修改列车运行图,完善各方面的工作。其考核指标包括列车运行图兑现率、列车正点率、平均满载率等。列车运行图分析主要包括以下内容。

(1)日运行图分析

一般情况下,由当班主任调度员负责分析,对列车运行计划完成情况、车辆运用情况、检修施工情况、电力运行情况、环控运行情况进行统计,并对列车晚点原因分类说明。

(2)旬运行图分析

由调度所日勤分析员在日运行图分析的基础上,对列车运用、走行里程、正点率、计划兑现率及调度调整手段进行分析。

(3)月运行图分析

在调度所主任的主持下,在旬运行图分析的基础上,完成对列车运用、走行里程、正点率、计划兑现率、运营里程、空驶里程、技术速度、旅行速度、行车事故次数等指标的分析。

(4)特殊项目分析

如一段时间内,列车运行正点率持续较低,就应该对列车运行正点率作为特殊项目分析,找出列车晚点原因(如设备影响、客流大、运缓、天气不好、司机操作水平差等)。

三 运行调度工作的主要设施

随着城市轨道交通运行控制系统的设备逐步向自动化、远程化、计算机化的方向发展,列车运行调度设备也从人工电话调度指挥方式,向电子调度集中和计算机调度集中控制设备发展。

1 人工调度指挥系统

(1)调度所设备,包括调度电话总机,传输线。
(2)车站设备,包括调度电话分机,传输线。
(3)车上设备,包括无线调度电话。

由调度员通过调度电话与车站值班员直接对话,由值班员安排列车进路,了解列车到达、出发信息,下达列车运行调整调度命令,通过车站值班员调度电话分机,呼叫列车驾驶室的无线调度电话,传达调度命令,调度员人工绘制实际运行图。

2 电子调度集中设备

(1)调度所设备,包括调度集中总机、运行显示屏、运行图绘制仪、传输线等。
(2)车站设备,包括调度集中分机、传输线等。
(3)车上设备,包括无线调度电话。

电子调度集中设备实现了运行调度指挥的遥信和遥控两大程控功能(欠缺遥测这项基础功能)。此时调度员将直接安排列车进路,直接指挥列车运行调整,并通过显示屏监督列车运行情况。在必要的时候,则可将列车运行进路排列工作下放至车站,由值班员执行。

3 计算机控制的自动调度设备 CATS

即 ATC 系统中央控制室(OCC)中的调度指挥系统。主要功能如下:
(1)具有列车运行显示及人工控制功能。
(2)能发出控制需求信息,并从线路轨道及信号设备接收信息。
(3)能由 OCC 自动或由调度员人工将调度指挥信息传送到车站设备(如停车时间、运行等级等)。
(4)实现列车的动态显示,如列车位置、到站出发时分、车次车号等。
(5)存储多套列车运行图,如正常运行图、节假日运行图、施工运行图、事故调整运行图等。
(6)按当前正在使用的列车运行图调整列车运行。
(7)监视列车运行、调整列车发车时间、控制列车停站时分、控制终点站列车进路。

(8)非正常情况报警。

(9)生成与修正运行报告、记录运行数据信息、提供实时记录的重放,包括运行图、统计指标等。

7.3 城市轨道交通的行车组织

城市轨道交通的行车组织工作是指在运输生产过程中,为完成运送乘客的任务所进行的一系列与运输有关的工作。城市轨道交通系统耗资巨大,修建费时费力,系统能否实现预期目标,完成预期任务,关键就要看行车组织工作的好坏。因此,行车组织工作是整个轨道交通运输生产的重要内容。

与干线铁路不同,城市轨道交通在整个运输生产过程中,调车作业甚少,行车组织基本上只从事列车运行组织和接发列车工作,由调度所(或中央控制室)和车站(段)两级完成。

列车运行组织要首先确定好列车运行的最小行车间隔时间、停站时间、折返方式与折返时间、列车运行速度等,在此基础上制订列车编组、车辆配备计划和列车运行图,由调度所(控制室)代表公司执行日常的行车调度指挥工作。实行集中统一指挥,要求各环节紧密配合,协同动作,从而保证安全、均衡、有节奏地完成旅客运输任务。

接发列车的组织工作是在严格遵守地铁或轻轨技术管理规程和行车组织规则、车站行车组织细则等有关规定的情况下,按一定程序进行的一系列接发列车作业,由车站值班员统一指挥。

一 车站行车组织

车站行车必须根据城市轨道交通技术管理规定、行车组织规程、行车调度规章、列车运行图、客运组织规则及上级有关规章制度并结合车站的具体情况编制,内容包括车站概况、技术设备、列车运行、调车工作、非正常情况下的行车组织、客运组织等。

1 车站行车作业基本要求

车站行车作业包括列车接发作业、列车折返作业等。车站行车作业应按照列车运行图要求,不间断地接发列车与折返列车,确保列车安全和乘客安全。对车站行车作业的基本要求是：
(1) 执行命令听从指挥。
(2) 遵章守纪按图行车。
(3) 作业联系及时准确。
(4) 接发列车目迎目送。
(5) 行车报表填写齐全。

2 车站行车作业基本制度

为加强车站行车作业组织，必须建立和健全各项行车作业基本制度，做到行车作业制度化、程序化、标准化。车站行车作业的基本制度主要有：
(1) 车站值班员岗位责任制。
(2) 交接班制度。
(3) 检修施工登记制度。
(4) 道岔擦拭制度。
(5) 巡视检查制度。
(6) 行车事故处理制度。

3 接、发列车组织工作

接、发列车是车站的一项基本任务，也是行车组织的一项主要工作。做好接、发列车工作可以保证列车按照运行图安全、正点行车。

在采用调度集中以及行车指挥自动化系统后，行车调度员可在调度所的控制台上，监视该区段内列车的运行情况，并可直接操纵区段内各个车站的道岔和信号机，因此，这些车站的接、发列车工作，可以由行车调度员直接指挥和办理。当调度集中设备发生故障时，也可下放到车站办理。通常，地铁以及轻轨交通的行车量都较大，列车追踪间隔短，沿线各站的运行作业单一，调车量少，而且站间距短，列车基本上是站站停车，因此，地铁或轻轨特别适宜采用调度集中以及行车指挥自动化系统。总体来讲，世界各国大城市的轨道交通系统均采用了比较先进的、自动化程度高的调度指挥系统。

车站接、发列车时需办理以下各项作业：
(1) 办理区间闭塞。办理闭塞是车站接、发列车工作的首要步骤，不同的闭塞设备有不同的条件和要求，因此，需要根据区间闭塞设备，具体制订办理闭塞的程序和手续。
(2) 准备接、发列车进路。接、发列车进路是指列车到发或通过所需占用的一段站内线路，在列车到达车站或由车站出发之前，由车站值班员正确发布准备接、发列车进路的命令，及时停止影响列车进路的调车工作，以确保列车运行安全。
(3) 开闭信号。在闭塞手续办理完毕，确认列车进路准备妥当之后，才能开放进站或出站信号机，在列车进入或开出车站之后，应及时关闭信号。
(4) 交接行车凭证。在采用自动闭塞时，接、发列车无需交接行车凭证，但在特殊情况下停用自动闭塞,则接、发列车仍需交接行车凭证。

(5)迎送列车和指示发车。在列车进站、出站或通过时,接、发列车的工作人员应在规定地点接送列车,注视列车运行状况,如发现有危及人身或行车安全的情况,应采取措施妥善处理。车站发车人员只有在确认列车已取得占用区间许可,发车进路准备妥当,影响进路的调车工作已经停止,才能按规定显示发车指示信号,准许列车由车站出发。

列车到达车站或出站之后,车站值班员还应及时将列车到达、出发时刻通知邻站,并记入《行车日志》,向行车调度员报点。车站所有接发列车工作均由车站值班员指挥。

二、车场行车组织

车场行车工作细则也必须根据城市轨道交通技术管理规定、行车规程、列车运行图、客运组织规则及上级有关规章制度并结合车场的具体情况编制。内容包括车场概况、技术设备、列车出入场、调车工作、车辆取送、检修能力、停车容量等。

调车工作制度包括:
(1)交接班制度。
(2)作业前准备制度。
(3)班后总结制度。
(4)要道还道制度。

三、行车信息管理

目前,我国绝大多数地铁列车在运行中没有记录装置来对列车的运行状态和司机操作状态进行实时记录,车辆运用部门和维护部门对列车的运行状态和司机的使用操作不能实时掌握,这样就对运营管理和车辆维护带来不便。另外,现阶段对于司机的出、退勤基本上是人工管理,只有少数过程由计算机参与,缺少基于数据库技术、计算机联网技术的信息化管理过程记录的信息。基于以上原因,具有车载记录功能和运行操作状态以及司机出、退勤信息化管理功能的列车地铁电动客车行车信息管理系统的立项十分迫切。北京地铁电动客车行车信息管理系统项目,不仅为车辆维护、设备维修提供信息帮助,同时可以为安全隐患、事故分析提供客观依据。

地铁电动客车行车信息管理系统包括车载记录装置和地面信息管理软件两大部分。地铁电动客车行车信息管理系统已成为实现车辆状态记录、规范司机操作、预防安全隐患和为事故分析提供客观依据的系统。

1 行车信息管理系统的功能

(1)列车出、退勤信息化管理

司机开车前将车辆运营部门(运转车间)已经输入相关出勤信息的司机出、退勤 IC 卡插入车载记录装置的 IC 卡座中,车载记录装置读取相关信息并做记录;退勤时司机按压"退勤"键,车载记录装置向 IC 卡中写入用于管理的司机退勤信息、司机违章操作信息。司机在运转车间或其他出、退勤点办理退勤手续时,交回 IC 卡,管理人员通过计算机读取 IC 卡中的退勤信息和违章操作信息,实现司机退勤的自动化管理,并生成相应的退勤报表和文档。

(2)列车车辆状况记录

列车运行过程中,车载记录装置记录各种操纵状态和相关车辆设备状况的功能。这样能保证安全运营部门、技术部门和维修部门及时掌握车辆的工作状态,发现车辆存在的问题,从而及时消除安全隐患,将小问题消灭在事故前,保证了行车安全。

(3)规范司机操作

该装置具有司机运行中各种操纵状态的记录功能,这样能保证安全运营部门和技术部门及时掌握司机的操作,发现司机的违章操作,通过相应的管理措施来规范司机操作,进一步保证行车安全。

(4)事故分析、车辆状况分析

该装置能将司机操作过程和当时的列车运行状态、具体列车位置等实时地记录下来,通过地面管理处理系统软件,可以客观、及时地分析列车车辆状况、司机的违章操作和事故原因。

❷ 行车信息管理系统的组成和原理

地铁电动客车行车信息管理系统主要包括三部分:车载记录装置(包括硬件和软件)、改进的车门控制电路和在基于电话拨号方式联网的计算机网络系统上运行的地面信息管理软件。

车载记录装置上的大容量 FLASH 存储器进行出、退勤数据、运行数据的存储,线路数据单独存储于线路数据存储器中,并通过 IC 卡进行线路数据的写入和出、退勤数据、运行数据转出。与此对应,IC 卡分为司机出退勤卡、转储卡、线路数据写入卡。

地面信息管理软件是在基于电话拨号联网方式的计算机网络系统上运行的,主要完成以下任务:IC 卡初始化、出勤、出勤信息管理、退勤、退勤信息管理、线路数据 IC 卡的写入、转储卡的设置、转储数据分析等。信息管理功能的完成是建立在数据库基础上的。目前该系统已取得了如下较好的社会效益:

(1)为地铁的行车安全提供了新的技术手段。
(2)为进一步提高地铁车辆的服务水平创造了必要的条件。
(3)为提高地铁车辆的维修水平、确保车辆得到及时维修提供了必要的技术支持。
(4)为地铁车辆的故障和行车事故分析提供了必不可少的设备保证。
(5)提高了对地铁列车司机的劳动管理水平。
(6)为司机驾驶技术的培训工作提供了先进的考核手段。

7.4 城市轨道交通的客运组织

城市轨道交通系统的客流量随时间段不同具有明显的高峰与低谷特性,且这种不均衡性亦与城市的产业布局、居民出行习惯有关。因此,有计划地组织与疏导客流比较困难,为实行优质高效的客运组织工作,必须依靠科学管理。

一、客流调查

轨道交通系统的客流是动态变化着的,但这种动态变化是有规律的,可以在实践中了解它、掌握它,并根据客流的动态变化,及时配备与之相适应的运输能力,给乘客提供良好的公共交通服务。在轨道交通系统的运营过程中,要掌握客流在时间、空间上的动态变化规律,必须经常进行各种形式的客流调查。

1. 客流调查种类

客流调查问题涉及客流调查的内容、调查地点和时间的确定,调查表格和设备的选用,以及调查方式的选择等事项。根据不同的情况和不同的需要,轨道交通系统的客流调查种类主要有全面客流调查、乘客情况抽样调查、断面客流目测调查和节假日客流调查等。

（1）全面客流调查

全面客流调查是一种全线客流的综合调查,通常也包含了乘客情况抽样调查。这种类型的客流调查时间长、工作量大,需要较多的调查人员,但在对调查资料进行整理、统计和分析的基础上,能对轨道交通系统的客流现状及客流规律有一个全面、清晰的了解。全面客流调查有两种调查方式,即随车调查和站点调查。随车调查是在车门处对全天运营时间内所有运行列车的上、下车乘客进行调查;站点调查是在车站检票口对全天运营时间内所有在车站上、下车乘客进行调查。轨道交通系统多采用后者。全面客流调查的内容通常包括全线客流调查和乘客抽样调查两部分。全线客流调查一般应连续进行两天或三天,在全天运营时间内,调查全线所有车站的所有乘客的下车地点和票种情况,并将调查资料以 5min 作为间隔,分组记录下来。乘客情况抽样调查通过问卷方式进行,内容包括乘客构成情况调查和某类乘客乘车情况调查两项。乘客构成情况调查通常在车站进行,而某类乘客乘车情况调查可在特定的地点进行。

(2) 乘客情况抽样调查

该项调查通过问卷方式进行,内容包括乘客构成情况调查和乘客乘车情况调查两项。乘客构成情况调查在车站进行,被调查人数取全天在车站乘车人数的一定比例,调查表内容有年龄(老、中、青),性别(男、女),居住地(本地、外地),出行目的(工作、学习、购物、游览、访友、就医、其他)。调查时间可选择在客流比较正常的运营时间段。某类乘客乘车情况调查可在月票发售点或其他地点进行,常见的有对持月票乘客进行的调查,被调查人数取某类乘客总数的一定比例,调查表内容有年龄、性别、职业、家庭住址、到达车站的方式(步行,骑自行车,乘电、汽车)和时间,上、下车站,下车后到达目的地的方式(步行,骑自行车,乘电、汽车)和时间,乘坐列车比过去乘坐电、汽车节省的时间。

(3) 断面客流目测调查

这是一种经常性的客流抽样调查,根据需要,可选择一个或两个断面进行调查。一般是对最大客流断面进行调查,调查人员用目测估计各车辆内的乘客人数。

(4) 节假日客流调查

这是一种专题性客流调查,重点对春节、元旦、国庆节、双休假日和若干民间节日期间的客流进行调查。调查的内容包括机关、学校、企业等单位的休假安排,都市旅游业、娱乐业的发展程度,城市居民生活方式的变化等。该项调查一般是通过问卷方式进行。

❷ 客流调查汇总指标

在进行了客流调查后,对花费了许多时间、人力和财力所获得的客流调查资料,应认真整理,或列成表格,或绘成图表,然后采用适当的统计方法来汇总计算各项指标,进行正确的分析。

城市轨道交通的客流量的计算,以断面客流量表示时,它是指单位时间内,通过轨道线路某一点的客流量。这里的单位时间一般指 1h 或 24h。而通过某一点的客流量就是通过该断面所在区间的客流量。

❸ 客流分析

城市轨道交通的客流是动态性质的,它因时、因地而变化,但这种变化归根结底是有关地区的社会经济活动、生活方式以及轨道交通系统本身特点的反映。

在轨道交通系统运营过程中,对客流动态实行经常的监督和系统的分析,掌握客流现状与客流变化规律是轨道交通系统行车组织工作和客运组织工作得以顺利进行的前提。

二 客流计划

客流计划是对运输计划期间轨道交通线路客流的规划。它是全日行车计划、车辆配备计划和列车交路计划编制的基础。在新线投入运营的情况下,客流计划根据客流预测资料进行编制;在既有运营线路的情况下,客流计划根据客流统计资料和客流调查资料进行编制。客流计划的主要内容包括站间到发客流量,各站不同方向上、下车人数,全日、高峰小时和低谷小时的断面客流量,全日分时最大断面客流量等。

客流计划以站间到发客流量资料作为编制基础,分步计算出各站上、下车人数和断面客流量数据。表7-1是一条有8座车站轻轨线路的站间到发客流量斜表,根据站间到发客流量资料,可以计算出各站上、下车人数,见表7-2。根据各站上、下车人数,依据相关公式,可计算出断面客流量数据,见表7-3。根据表7-3资料可绘制断面客流图,见图7-2。

站间到发客流斜表(单位:人)　　　　　　　　　　　　　表7-1

发\到	A	B	C	D	E	F	G	H	合计
A	—	7 019	6 098	7 554	4 878	9 313	12 736	23 798	71 396
B	6 942	—	1 725	4 620	3 962	6 848	7 811	16 538	48 446
C	55 661	1 572	—	560	842	2 285	2 879	4 762	18 561
D	7 725	4 128	597	—	458	1 987	2 822	4 914	22 631
E	4 668	3 759	966	473	—	429	1 279	3 121	14 695
F	9 302	7 012	1 988	2 074	487	—	840	5 685	27 382
G	12 573	9 327	2 450	2 868	1 345	1 148	—	2 133	31 844
H	22 680	14 753	4 707	5 184	2 902	5 258	2 015	—	57 499
合计	69 551	47 570	18 525	23 333	14 874	27 268	30 382	60 951	292 454

各站上、下车人数　　　　　　　　　　　　　　　　　　表7-2

下行上客数	下行下客数	车站	上行上客数	上行下客数
71 396	0	A	0	69 551
41 504	7 019	B	6 942	40 551
11 328	7 823	C	7 233	10 702
10 181	12 734	D	12 450	10 599
4 829	10 140	E	9 866	4 734
6 525	10 862	F	20 857	6 406
2 133	28 367	G	29 711	2 015
0	60 951	H	57 499	0

各区间断面客流量(单位:人)　　　　　　　　　　　　表7-3

下行	区间	上行	下行	区间	上行
71 396	A-B	69 551	101 522	E-F	99 646
105 881	B-C	103 160	87 185	F-G	85 195
109 386	C-D	106 629	60 951	G-H	57 499
106 866	D-E	104 778			

在客流计划编制过程中,高峰小时的断面客流量可以通过高峰小时站间到、发客流量资料来计算,也可以通过全日站间到、发客流量资料来估算。在用全日站间到、发客流量资料时,在求出全日断面客流量数据后,高峰小时的断面客流量按占全日断面客流量的一定比例来估算,比例系数的取值可通过客流调查来确定。全日分时最大断面客流量,可在求出高峰小时断面客流量的基础上,根据全日客流分布模拟图来确定。

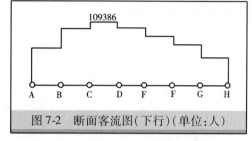

图7-2 断面客流图(下行)(单位:人)

① 全日行车计划

全日行车计划是营业时间内各个小时开行的列车对数计划,它规定了轨道交通线路的日常作业任务,是科学地组织运送乘客的办法。它又是编制列车运行图,计算运营工作量和确定车辆配备数的基础资料。全日行车计划是根据营业时间内各个小时的最大断面客流量,列车定员人数和车辆满载率,以及希望达到的服务水平综合考虑编制的。

② 车辆配备计划

车辆配备计划是为完成全日行车计划而制订的车辆保有数安排计划。

车辆配备计划推算,是运用车辆数、在修车辆数和备用车辆数,确定在一定类型的设备和行车组织方法条件下,为完成一定的运输任务而必须保有的车辆。

③ 列车交路计划

(1)列车交路计划

在轨道交通线路的各个区段客流量不均衡的情况下,采用合理的列车交路安排是运输计划的一个重要组成部分。列车交路计划规定了列车的运行区段、折返车站和按不同列车交路运行的列车对数。

合理的列车交路既能提高列车和车辆运用效率,避免运能虚费,降低运营成本;又能给予乘客较大的方便。因此,采用不同列车交路相结合的列车运行方式,能使行车组织做到经济合理。

列车交路可分成长交路、短交路和长短交路三种。长交路是指列车在线路上全线运行;短交路是指列车在线路的某一区段内运行,在指定的车站上折返;长短交路是指线路上两种交路并存的列车运行。图7-3a)是长交路列车运行的图解,从行车组织的角度看,要较短交路列车运行组织简单,对中间站折返设备要求也不高,但在各区段客流量不均衡的情况下,会产生部分区段运能的浪费。图7-3b)是短交路列车运行的图解,将长交路改为短交路,能适应不同客流区段的运输需求,运营也比较经济,但要求中间折返站具有两个方向的折返能力以及具有方便的换乘条件,从乘客的角度看,服务水平有所降低。图7-3c)是长短交路列车运行的图解,长短交路混跑的组织方案,既能满足运输需求,又能提高运营效益。因此,在线路各区段客流量不均衡情况下,可以采用以大交路为主,小交路为辅的列车交路计划,组织列车在线路上按不同的密度行车。同样,当高峰期间客流在空间分布上比较均匀,而低谷期间客流在空间分布上相差悬殊时,也可以在低谷时间采用长短交路列车运行方案,组织开行部分在中间站折返的短交路列车。

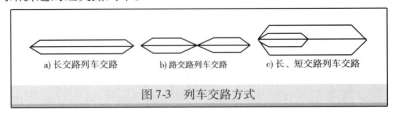

图7-3 列车交路方式

(2) 列车折返方式

列车运行到终点站或在短交路和长短交路情况下运行到中间折返站需要进行折返作业。列车折返方式根据折返线的布置,分站前折返和站后折返两种方式。

①站前折返方式,如图7-4所示。

图7-4 站前折返方式时的折返线布置

站前折返方式是列车经由站前渡线折返。图7-4a)是列车在终点站经由站前渡线折返,图7-4b)是短交路运行时列车在中间站经由站前渡线折返。在采用站前折返方式时,列车空车走行少,折返时间较短;上、下车乘客能同时上、下车,可以缩短停站时间;此外,站线和折返线相结合,能节省投资费用。站前折返的缺点是出发列车和到达列车存在着进路交叉,影响行车安全;上、下车乘客同时上、下车,在客流量大的情况下,站台秩序会受到影响。

列车到、发作业产生交叉干扰的条件是进路有交叉,并且占用进路的时间相同,两个条件必须同时具备才构成真正的进路交叉。在行车密度很大的情况下,采用站前折返方式,要完全消除到、发列车的交叉干扰,难度较大。

②站后折返方式,如图7-5所示。

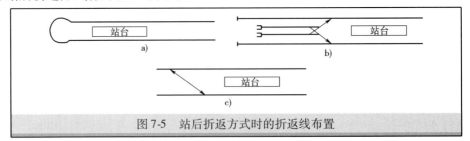

图7-5 站后折返方式时的折返线布置

图7-5a)是列车经由站后环形线折返,图7-5b)是列车经由站后尽端折返线折返,图7-5c)是列车经由站后渡线折返,常作为列车在中间站进行中途折返使用。

采用站后折返方式能避免采用站前折返时存在的缺点;出发列车与到达列车不存在进路交叉,行车安全;而且列车进出站速度高,有利于提高旅行速度。因此,站后折返方式被广泛采用。站后折返方式的主要缺点是列车折返时间较长。

环形线折返设备能保证最大的通过能力,节约设备费用与运营成本。但它也存在一些缺点,如由于列车在小半径曲线上运行造成单侧钢轨磨耗;折返线不能停放检修列车和难以进一步延长;若用明挖法施工增大了开挖范围等。所以,在线路的终点站常采用尽端线折返设备。采用尽端线折返设备,列车既可以折返,也可以临时停留检修。

三 城市轨道交通客运组织工作的主要内容

1 客运公司(或运营公司)客运组织工作的主要内容

(1)完成客流调查、预测等基础资料的准备工作。
(2)完成年度客运计划。
(3)编制、审定、修改客运组织的有关规章制度。
(4)制订车票印制计划。
(5)制订列车开行计划,审批加开列车计划。

2 站段客运组织工作的主要内容

(1)贯彻执行有关规章、命令、指示。
(2)编制和下达、执行季度计划和月计划。
(3)制订车站客运管理办法,并执行该办法。
(4)组织协调各车站完成客运计划。
(5)实施客流调查工作,车站检、售票工作,卫生与服务工作。

四 站务管理

车站是乘客出入、集散和乘降的场所。车站服务工作的好坏直接影响乘客的旅行感受。优质、高效、满意的服务可以吸引越来越多的乘客,提高轨道交通方式在市场中的竞争力。

站务管理的原则是认真执行行车及客运管理的有关规章制度,保证行车和旅客的人身安全,协调全线的运输生产。

根据生产岗位的需要,车站一般设立下列工作岗位:站长、副站长、监控员、售票员、检票员、站台服务员、安全保卫人员、勤杂人员和机动人员等,各岗位的人员配备数视各车站的规模大小分别确定。

为给乘客创造一个舒适、良好的旅行环境,各车站应在进出口、通道、楼梯、站台等处设立固定导向标志或可控标示牌,用文字、图形或符号等标明站台、出入口、售票口、检票处,电梯(楼梯)上、下处以及列车的类别、去向等。

各车站还应有附近地区道路和公交换乘示意图。

车站客运工作人员必须使客运设备保持良好状态,防止损坏,并做好对旅客的宣传、服务工作,引导旅客及时集散和换乘,避免旅客在车站滞留,造成车站堵塞。

五 组织机构

为完成轨道交通的客运任务,不断提高服务质量及客运管理水平,协调全线的行车组织和运营管理,必须设立统一的领导和组织机构,并做到分工明确、各负其责、人员精干。

组织机构也是确定轨道交通系统管理定员和生活辅助设施规模的依据。机构的名称和组成,可参考国内外有关轨道交通企业和公交企业的编制方法进行编制。

7.5 城市轨道交通的票务管理

城市轨道交通的运营收入主要是票款收入,因此,必须做好以确定票制、指定票价、售检票管理等内容为核心的票务管理工作。

一 售、检票的方式

1 开放式售、检票

开放式售、检票是指车站不设检票口,乘客在上车前或在列车上付费,车上有随机查票,并进行补票与罚款的售、检票方式。

2 封闭式售、检票

封闭式售、检票是指车站设检票口,乘客进出收费区进行检票并完成收费的售、检票方式。封闭式售、检票又有传统的人工售、检票,半自动售、检票和先进的自动售、检票三种方式。相关资源见二维码41。

（1）人工售、检票

人工售、检票是一种完全由人工来完成售票、检票和票务数据统计的方式。人工售、检票又分进站检票、出站检票和进出站均检票三种情形。

(2) 半自动售、检票

半自动售、检票是一种由人工参与、设备辅助来完成售票、检票和票务数据统计的方式。

(3) 自动检票

自动检票实行全封闭的计程、计时收费,乘客进出收费区均需通过检票机检票后方能通行。可以实现售票、检票、收费和运营统计的自动化。自动售、检票(AFC)系统的应用,就是自动售、检票方式取代人工售、检票方式的一种形式。

表 7-4 是人工售、检票,半自动售、检票和自动售、检票三种方式的特点比较。

售、检票系统的比较　　　　　　　　　　　　　　　　　　　　　　表 7-4

类　型	定　义	特　点
人工售、检票方式	是一种完全由人工来完成售票、检票和票务数据统计的方式	设备投资低,但需要大量的票务人员,占用车站较大的空间,乘客在售、检票过程中花费的时间较长
半自动售、检票方式	是一种由人工参与、设备辅助来完成售票、检票和票务数据统计的方式	需要配备的票务人员相对减少,提高了系统自动化程度,在票务统计上实行了自动化管理,乘客在购票、检票等过程中花费的时间相对较少
自动售、检票方式	是一种完全由乘客自行操作售、检票设备来完成售票、检票,并由设备自动完成票务数据统计的方式	为乘客提供人性化的操作界面,让乘客方便、快捷地乘坐轨道交通,但一次性设备投入较大(如上海轨道交通 8 号线 AFC 投入 3 亿元)

从国外的经验和发展趋势来看,凡实行计程票价制,绝大多数都相应采取自动或半自动售、检票方式。虽然采用自动或半自动售、检票方式要增加设备投资,但优点十分明显,譬如能高效准确地售、检票,既节约时间、节省大量劳动力,又避免因人为误解产生纠纷,确保乘客迅速通过售、检票口。采用自动或半自动售、检票方式,还可以加强票务管理,减少人为因素影响,尤其在客流调查方面具有人工售、检票无法比拟的优越性;自动或半自动售、检票方式也是一个城市,乃至一个国家综合技术水平和文明程度的象征。

在采用人工售票时,为加强票务管理,车票的印制、保管、发放和统计以及票款回收应统一由票款室(或科)负责,以加强票务的集中管理。在采用车上售票时,由于售票员不像在公共汽车、电车上那样是随车回场交票,车站在收款工作上,应有适当的安保措施。

二 票制与票价

1 票制

票制,是票价制式的简称,有两种形式:单一票价制和计程票价制(分级票价制)。

目前,世界各国采用单一票价制的城市或线路约占 57%,采用计程票价制的约占 43%。

采用单一票价制时,全程只发售一种车票,优点是售票简单,效率高,进站检票,出站不检票,可减少车站管理人员。缺点是乘客支付的车费不够合理,无论路途远近,都支付同样的车费,且给票价的制订带来了困难,既要为乘客的切身利益着想,又要保证地铁或轻轨的运营效益。计程票价制可以克服上述缺点,但车票的种类多,进、出站均需检票,售、检票手续烦琐,需要的检票人员多,必要时需配置自动或半自动的售、检票设备。

一般在运营里程较短或乘客平均运距较长的线路上采用单一票价制,而在运营里程较长,而乘客平均运距偏短的线路上采用计程票价制。另外,在流动人口较多的旅游开放城市,还可采取平时、高峰期间两票制,以提高经济效益和人为调节客流的时间分布。

2 票价

城市轨道交通作为城市公共交通的一个组成部分,带有公益性质,不能单纯追求盈利,其票价不仅取决于本身运营成本,还受其他交通方式的票价水平、城市发展水平、市民生活水平、物价政策、企业交通补贴费用以及乘客承受力等多种因素的制约。地铁或轻轨的票价要经政府有关部门综合研究后才能确定。

三 自动售、检票系统(AFC)

自动售、检票系统简称 AFC 系统(Automatic Fare Collection),是基于计算机技术、网络技术、自动控制技术等,能够实现购票、检票、计费、收费、统计全过程的自动化系统。

1 AFC 系统发展概况

AFC 系统在轨道交通的应用可以追溯到 20 世纪 70~80 年代,如巴黎地铁在 20 多年前就采用了当时先进的磁卡 AFC 系统,东京地铁在 1988 年 4 月开始应用磁卡 AFC 系统。随着 IC 卡的出现及 IC 卡技术的发展,一些地铁在 20 世纪 90 年代先后采用磁卡(单程票)与 IC 卡(储值票)兼容的 AFC 系统。

AFC 系统在我国的发展已有 20 多年历史,上海地铁在 20 世纪 80 年代末率先开始采用 AFC 系统的研究。到 20 世纪 90 年代中期,磁卡 AFC 系统技术已相当成熟,而 IC 卡技术在城市交通收费方面的应用也开始成熟。上海轨道交通 1 号线最初采用的是磁卡与 IC 卡兼容的 AFC 的系统,广州地铁 1 号线最初采用的是预留 IC 卡功能的磁卡 AFC 的系统。近年来,IC 卡技术在轨道交通 AFC 系统的应用规模迅速扩大。目前,国内新建轨道交通线路的 AFC 系统均选用非接触式 IC 卡技术。非接触式 IC 卡 AFC 系统的应用使城市公共交通行业的票务联营成为发展趋势,上海的"一卡通"和广州的"羊城通"收费系统目前已拓展到多个城市公共交通领域,例如,上海的"一卡通"现可以在常规公交、轨道交通、出租车和轮渡等使用,为乘客带来出行便利。

2 AFC 系统组成概况

AFC 系统是集电子技术、计算机通信和微机实时控制等于一体的自动收费系统和数据库系统。在轨道交通 AFC 系统的发展过程中,先后出现过磁卡 AFC 系统、磁卡和 IC 卡兼容 AFC 系统、IC 卡 AFC 系统三种技术制式。

AFC 系统由轨道交通清分系统、中央计算机系统、车站计算机系统、车站 AFC 设备和票卡五个层次组成,如图 7-6 所示。

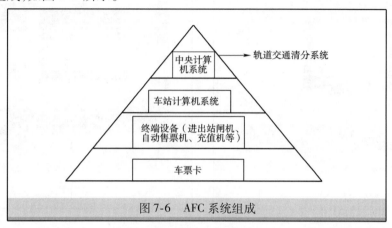

图 7-6 AFC 系统组成

(1)轨道交通清分系统,主要提供系统控制、数据收集统计、票务清算等功能,是 AFC 系统的核心部分。

(2)中央计算机系统,包括小型机系统、数据系统、监控工作站、数据传输设备、票卡编码及初始化设备等。

(3)车站计算机系统,包括车站计算机、监控工作站、数据传输设备等。

(4)车站 AFC 设备,包括检票机、自动售票机、半自动售票机、自动验票机和自动加值机等,如图 7-7 ~ 图 7-10 所示。

(5)轨道交通使用的票卡,目前主要有磁卡和非接触式 IC 卡(智能卡)两种。磁卡通常用于单程票、多程票和纪念票等票种,非接触式 IC 卡通常用于储值卡和员工票等多票种。

图 7-7 自动检票机(出口机)示意图

图 7-8 自动售票机示意图

图 7-9　自动验票机示意图

图 7-10　自动加值机示意图

 知识链接

(1) 非接触式智能卡

①封装微处理器和天线,具有人工智能的特点。

②工作原理:智能卡与读写器的通信联系通过天线接收无线电波来实现,数据交换时间小于 0.2s。

③智能卡是一种无源卡,其电源是由读写器所发射的无线电波,进行能量转化而来。

④优点:智能卡能耗低,处理速度快,当无电时内存数据不会丢失。

(2) 智能卡与磁卡的比较

①智能卡的成本比磁卡高。

②磁卡可以回收循环利用,寿命大约 120 次。

③智能卡寿命长,写操作达 10^5 次,读卡次数无限制。

④从使用寿命考虑,与成本相当,但智能卡的一次投资大。

⑤磁卡处理器维修费用高。

⑥智能卡更加安全可靠、灵活。

基于以上优点,非接触式智能卡在自动售、检票系统中处于重要地位。上海地铁采用磁卡作为单程票,智能卡作为储值票。

3　AFC 系统的优势

(1) 方便乘客(使用一卡通来避免每次购票的麻烦)。

(2) 有效地减少乃至消除员工舞弊、欺诈行为(可以随时进行查账;使用最新的可靠的安全密码技术)。

(3)提供灵活的票价政策(只需修改相应的参数表即可实施不同的票价方案)。

(4)为城市各个公交运营单位之间的票务清算提供准确依据。

(5)为城市公共交通规划提供准确的、客观的客流和票务统计依据(可以依赖每条交易的明细记录,为客流统计、预测提供客观依据)。如图7-11所示,经过售、检票系统,可以准确地统计出客流情况。

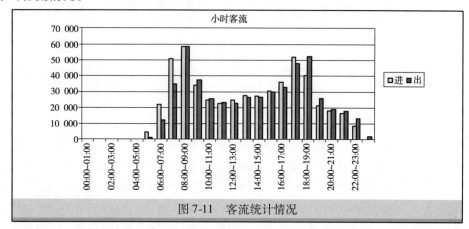

图7-11 客流统计情况

另外,为了吸引客流,自动售、检票系统还可以对各类车票在收费上灵活地设置不同的优惠制度。如使用群体优惠、每乘次乘车优惠、尾程优惠、不同时间段优惠、不同日期优惠、不同乘降站点优惠、累计乘车积分优惠等,无须印制单独的票据和增加额外的人力监管,全部可以通过系统设置完成。如上海地铁每一自然月一卡通消费满70元后享受9折优惠。由于世博会的召开,为了方便海内外的游客,目前又推出了旅游票,如一日票、一周票等。

四 车票流程和票款流程

1 车票流程

首先在制票中心进行编码、赋值等初始化处理,然后配送给各个车站,通过半自动售票机和自动售票机发售给乘客。乘客持票进出收费区时,检票机对有效票给予放行,进站时写入进站有关信息、出站时扣除乘车费用(储值票)或回收车票(单程票);如遇到出站检票机拒收车票、禁止通行的情形,通常是单程票超程、超时使用或票卡读错等原因,此时乘客需到补票亭去进行车票分析及处理。出站检票机回收的单程票可在车站重新发售、循环使用,而储值票则应送交制票中心再次编码后才能配送给车站发售。

2 票款流程

票款来自自动售票机和半自动售票机的车票发售收入,以及乘客因各种票务问题所支付的现金。票款由专人定期收取,并根据车站计算机或半自动售票机的打印清单进行清点核对;

将票款解缴银行,银行出具解款回单,车站将票款现金日报表、银行解款回单交给票务管理部门,票务管理部门将各站的票款现金日报表、银行解款回单汇总后交给财务部门入账。

7.6 城市轨道交通网络化运营

随着城市区域的不断扩大和城市经济的持续发展,单一的、独立的、未成体系的城市轨道交通线路已不能满足市民出行的需要,只有能在各线路间互通互换的、基本覆盖城市主要区域的轨道交通运营网络形成后,才能对缓解城市市民出行难的状况有所作为。

各自独立运行的线路与城市轨道交通运营网络在下列诸多方面都存在很大的区别:缓解城市交通拥挤,成为市民出行首选代步工具,车站客流组织,提供优质客运服务甚至安全运营应急措施制定等,因此必须根据城市轨道交通网络化运营的特点进行早期规划设计,才能使城市轨道交通运营网络真正发挥作用。

一 城市轨道交通网络成型的条件

一般认为城市轨道交通运营网络形成的物理条件是必须同时满足以下两个条件:

1 线路数量

轨道交通运营网络的形成前提条件之一是:城市中必须至少有三条以上已经开通并各自独立运行的轨道交通线路。

城市居民居住区分布的离散性决定了:新旧城区所占面积不同、区域内居民数量不等、区域内居民的收入差距、居住区到工作地点或轨道交通车站的距离不同等的差别,这些都是直接影响市民出行选择轨道交通的因素。据调查,居民为乘坐轨道交通,能接受的步行时间一般不超过5min,人的正常步行速度大约为5km/h(80~85m/min)。换言之,轨道交通车站周边400~500m的范围内的居民或最近的轨道交通车站在500m范围内的行人,在需要出行时会首选轨道交通,因此居民集中的区域是轨道交通车站选位的重要依据之一。

每一条独立运营的城市轨道交通线路有至少两个运营起始车站。常见的城市轨道交通线路规划设计是将两个起始车站都设在市区边缘或城乡结合部、中间车站一般都会穿越或途经城市中心区域。由于两条运营线路只有4个起始车站,因此即便有较多中间车站,也终因线路覆盖区域太小,而难以形成有效的运营网络。当三条以上独立运营的线路连成运营网络,则至少有 6 个不同的起始车站,只要规划合理,一般就可以形成有一定覆盖面的运营网络。当然,运营线路越多,网络覆盖的区域越大,市民出行首选的概率也就越大。

❷ 换乘条件

轨道交通运营网络形成的另一个前提是:网络中各独立运行线路都至少有一个以上与其他运行线路相连通的换乘车站。

换乘车站和多条独立运行的轨道交通线路是构成城市轨道交通运营网络的基础。换乘车站是两条以上独立运行的轨道交通线路共有的车站、设有通往各独立运行线路候车站台的连接区域,通过连接区域乘客可以转乘其他不同线路的列车。

轨道交通换乘车站专指轨道交通网络内不同运行线路间的乘客乘行转换,不包括轨道交通与其他交通工具的转乘。

为方便乘客转乘其他公共交通工具,轨道交通往往在其他交通工具车站地附近也设有车站。如设在火车站、轮船码头、机场、公交汽车站等站点附近设有轨道交通车站,但这类两种以上不同类别公共交通工具间的换乘就不属于轨道交通换乘车站定义范围。

由于轨道交通一旦投入使用,就很难停用或改造,因此对于涉及多条运营线路的换乘车站更需要精心规划、重点设计。换乘区域面积、乘客换乘方式、换乘客流大小、换乘路径设计等要素将直接决定乘客换乘的方便程度和运营服务的质量,在规划时应当予以高度重视。

二 城市轨道交通运营网络的作用

城市轨道交通网络的形成是根据城市线网规范与各线路实际建成投运而定的,然而投运后运营网络的实际效率,即衡量运营网络实际效果的客观指标是:轨道交通线网的客流总量。一般而言城市轨道交通运营网络承担至少 1/3 以上的城市出行客流总量,即认为城市轨道交通线网在缓解市民出行难的课题方面,已起到了网络化运营的作用。

城市交通工具有自行车、私家车、公交车、出租车、轮渡、轨道交通等。这些交通工具运输客流的总和称为"城市出行总量"。"出行总量"反映出市民出行的需求度,往往与城市布局、城市发展速度、城市原有人口、城市外来人口、城市路网、市民富裕程度、出行习惯等因素都有关联。

供大众使用、非私人拥有的城市交通工具就称为城市公共交通工具,如公交车、出租车、轮渡、轨道交通等,其运输的客流总量称为"公共交通出行总量"。"公共交通客流总量"与"城市出行总量"之比,体现了城市的公交化程度。国家大力提倡"公交优先"就是要提高这个比例。

城市轨道交通运输的总客流量与"公交客运总量"之比,就直接显示出城市轨道交通在城市公共交通的作用。城市轨道交通虽然有快捷、准点、大运量等特点,但是其覆盖面、便捷程度、候车时间等因素都将直接决定人们的乘坐愿望,因此城市轨道交通运营网络的运量占城市客流总量的比例就成为衡量城市轨道交通运营网络所发挥作用的一个重要参数。在城市公交车、出租车和轨道交通三大系统中,后来居上的城市轨道交通的客运总量能否逐步替代另外两类公共交通工具，其运输总量是否已经突破 1/3 就成为判断轨道交通运营网络的骨干作用是否已经形成的关键指标之一。

例如：目前广州地铁拥有 4 条独立运营的线路、运营里程已达 150km、78 座车站中有 5 个换乘车站，在物理条件方面已然形成了城市轨道交通的运营网络。目前广州地铁 4 条线路的日均客流仅 170 余万，广州市乘坐公共交通工具（包括乘坐公交和地铁）出行的日客流达 766 万，轨道交通仅占日均客流的 1/5。由于城市轨道交通承担的城市客运量太低，难以成为城市公共交通的主要交通工具，因此目前广州市的轨道交通已经形成的运营网络的效率，尚未达到规划的预期目标。事实也证明了目前广州中心城区的地面交通拥挤状况尚未得到根本性的改善。随着穿越中心城区的广州地铁 5 号线的投入运营，必然使客流持续增加，广州地铁的网络化运营已是指日可待。

综上所述，三条以上的运营线路、互通的换乘是城市轨道交通形成运营网络的基本物理条件，而线网能承担 1/3 以上的公共交通总客流则是衡量城市轨道交通运营网络效率的重要指标之一。

三 城市轨道交通网络化运营的要求

1 对换乘客流组织的要求

根据对国内外资料的调查分析，客流的迅猛增加是城市轨道交通网络化运营后带来的最大变化之一。网络化运营后的客流量增加，已不是简单的各线路客流的叠加，原有的固有乘客并不会因运营网络化而减少，相反的因为运营网络扩大了轨道交通的运营覆盖面、网络线路间的便利换乘又促使原先的非轨道交通乘客，选择轨道交通出行，因此网络化运营后必然增加新的换乘客流，并随着网络的发展和完善，换乘客流量将越来越大，增长速率也将越来越快。如果说固有客流的增大仅是增加了原有管理模式的工作量，则换乘客流的组织、管理和服务就是网络化运营后客流组织的新课题。由于换乘客流仅存在于换乘车站，故网络化运营客流组织的重点就应该是换乘车站的客流组织。

换乘车站的客流由两部分组成：一部分是将车站作为乘坐起点站或乘坐目的地站的不需要换乘的客流，这些实际上就是原先的单线固有乘客，在管理上已经趋于成熟；另一部分就是网络化运营后新增的换乘客流。两类客流的区别在于：前者将车站作为目的地车站需要检票进站或验票出站，是正常的车站流动客流；而后者只在换乘区域内流动。考虑到换乘车站空间有限和乘客流动量大的特点，在规划设计时，换乘车站的可使用面积往往大于一般车站，车站规模的扩大和客流的增加，都使换乘车站成为拥有大客流的枢纽车站或重点车站。

车站客流组织的目的是：组织乘客按照预先设定的路线有序流动。换乘车站的客流组织既要满足将换乘车站作为目的地车站的各独立运营线路乘客的乘降作业，又要满足换乘乘客的流动需求，因此只有组织乘客按照预先设定的路线流动，才能保证乘客的人身安全、保证车站管理的秩序。

换乘乘客由于出行目的的不同,在服务要求、信息传递、换乘方便等方面都有新的需求,这些乘客需求已经超越了原来单线服务的范畴,因此需要在单线运营管理的基础上,提高对运营网络,尤其是换乘车站客流组织的认识。

换乘客流仅存在于换乘区域。换乘区域是指:在换乘车站专设的、连通两条以上不同线路候车站台的、供乘客为转换其他线路所必须经过的移动空间范围。乘客在换乘区移动的最大要求是:尽早到达需要乘坐的另一条线路的候车站台。在客流特征方面:换乘客流比非换乘客流更具有"双向流动"和"朝进夕退"的流动特征。因此换乘车站的客流组织重点就是针对换乘客流的特征,满足换乘乘客对"换乘方便、路径合理、省时省力"的服务需求,进行客流组织和规划。

(1)合理设置换乘区域

乘客在不同运行线路间的换乘流动是由于"单一线路不能抵达出行的目的地车站,必须经过换乘一条以上的线路才能实现出行目的",因此换乘人群中必定存在一部分乘客"由此往彼"而另一部分乘客是"由彼往此"的"相向移动"。由于换乘区域中的换乘流动必然是"双向"的,而唯一的区别仅可能是"此来彼往"的人流在数量上的不等,因此为实现换乘区域"有序、快捷、方便"的客流移动,在客流组织上就必须使各向换乘客流"各行其道",避免不同方向移动的客流发生正面或侧面冲突。在规划和设计阶段就应当根据:换乘车站的地理环境、乘客行走习惯、换乘乘客心理等因素,进行换乘客流的综合规划,精心设计乘客移动路径,防止在行走路线上发生交叉,造成乘客群的冲撞。

(2)针对"朝进夕退"特征、强化换乘客流组织

城市轨道交通的客流,一般都有较强的规律性,正常情况下的日客流都维持在一个离散度不大的数字附近,就是一种稳定性的体现,高峰时段的换乘客流更是如此。由于城市轨道交通快速和准点的特点,满足了以轨道交通作为上下班、上下学代步工具的乘客需求,因此这些乘客基本上都养成根据列车时刻表乘坐固定车次的习惯,这些乘客就是"最忠诚的乘客",基本上每天都能准时出现在同一车站、乘坐同一班次的列车,在相同的车站进行换乘或出站,下班时又循着相同的线路反向回家。这种犹如"潮汐"般准时出现的客流潮,在客运组织上就称为"潮汐客流",具有明显的"朝进夕退"特点。

换乘车站连接的是两条以上各自独立运行的线路,因此必然具有两股以上需要到达不同站台的人流,市民居住地和工作地点分布的离散性决定了这两股以上的客流量的大小往往是不相等的,"客流相对稳定"和"朝进夕退"的特征又决定了换乘总流量的相对稳定和各向流量的朝夕性变化。如:上海人民广场车站是一个3线(1号线、2号线、8号线)换乘车站,工作日换乘总客流已达25万人次,扣除另一条线路(8号线)的5万换乘量,在早晚高峰时段"双向流动"量(1号线与2号线间的换乘)各为约10万人次,但在数量上"双向流量"并不相同。据统计:正常情况下,早高峰时段由浦西往浦东(1号线换乘2号线)的换乘客流为6万人次、浦东往浦西(2号线换乘1号线)的反向换乘仅为4万人次;但是在晚高峰时段则反之,浦东往浦西的换乘客流约为6万人次。可见换乘客流呈现明显的"朝进夕退"的特点。双向换乘流量的不相等是城市区域分布不均衡特征的客观反映,只要城市布局没有根本性的变化,这种双向换乘客流分布的不均匀性就会长期存在,客流组织就应当根据实际需要,

有针对性地进行规划。

在换乘区域,采用"栏杆分隔换乘通道"的客流组织方法虽然有效,但是难以解决空间"利用不足"的问题。因为按照客流量隔成的双向换乘区域,往往采用"满足最大换乘流量"进行栏杆设置,由于双向客流的差异和"朝进夕退"的特征,两个区域就总有一边的通道在早晚高峰时段存在空间利用不足的问题。有效的解决方法是采用"移动式活动栏杆"进行分隔,车站可以根据客流量随时调整两侧换乘通道的面积。在规划建设时,充分考虑到双向换乘客流的不对称和"朝进夕退"因素,在换乘区域采用"移动式活动栏杆"的客流组织方案,就能实现既节约建设投资,又满足今后运营管理需求的目标。

❷ 对客运服务的要求

乘客对换乘的服务需求可以归纳为"换乘便捷、路径合理、信息明确"。

(1) 优化规划设计,提供便捷换乘

换乘便捷包含换乘的方便和换乘快捷两个含义。

换乘方便是指:乘客的换乘必需动作越少越好。换乘必需动作是指:乘客在进行线路间转换时,必须执行的动作,缺少必需动作的乘客就不能实现换乘。如:错层换乘模式下,乘客就必须在不同层次间上下流动,乘客在不同层次间的移动就是乘客换乘必需动作。如果换乘通道设在站外,乘客还必须先出站,然后两次进站才能实现换乘,这些重复进出站的行为也是换乘必需动作。这些为实现换乘而必须执行的动作越少,乘客换乘就越方便。

换乘快捷是指:乘客在换乘区域耗时少,行动方便。换乘区域越大,乘客行走路程就越长、换乘耗时就越多,就会觉得不方便;反之换乘区域过小,又会因换乘客流拥挤,造成换乘的不方便,这是一对矛盾,在规划时就需要充分考虑客流大小、换乘场地、换乘方式等因素,进行统一规划、设计。

(2) 掌握乘客需求,合理规划路径

由于换乘是在两条以上独立运行线路间进行的乘降作业,而每一条线路的运行列车又有上下行两个不同的运行方向,因此 2 条线换乘车站就存在 4 个不同的列车运行方向、3 线换乘车站存在 6 个不同的列车运行方向……一般而言,n 线换乘车站有 $2n$ 不同的列车运行方向。每一位换乘乘客扣除已经乘坐的方向外,余下的列车运行方向都是可能的换乘选择,在 n 线换乘车站,虽然每位乘客可能有 $2n-1$ 种选择,但是最终只会在其中确定一种选择。而换乘车站客流组织者需要知道:乘客究竟有多少不同的换乘需求才能针对性地合理设计乘客换乘移动路径。

换乘路径的规划受到各线路站台的位置限制。最合理的、最理想的换乘当然是不需要乘客行走的"原地换乘"。由于乘客的乘降行为都在站台进行,故也称为"同站台换乘"或"零距离换乘";其次是同一平面层的换乘;错层换乘由于要在不同楼层间行走,换乘的方便程度较前两种换乘方式差;最不合理的换乘方式是出站换乘。由于出站换乘需要乘客二次进出车站、重复购票或检验车票,因此在轨道交通网络中已不将出站换乘车站定义为换乘车站。

3 对清算业务的要求

乘客运送是轨道交通运营服务的产品，轨道交通网络化形成后，满足了乘客在网络内各条线路间换乘的愿望，由此也打破了原先的客流结构，一种新的、相对稳定的客流结构正在形成。客流是轨道交通生产组织的重要依据，票款是企业的重要收入源之一，因此网络化运营对客流的统计和票款的清算都提出了新的要求。

(1) 轨道交通网络化运营的票制

交通行业的票制历来就各不相同，比较经常采用的有单一票价制和累进票价制。单一票价制不计乘客乘坐路途远近，按次收取统一的车资费，客观上鼓励了中长途乘客乘坐；累进票价制是按照乘客乘坐的距离计费，超某段距离后，车资递增，因此也称为阶梯票价制，对中短途乘客较有吸引力。

城市轨道交通网络化运营如果采用单一票价制，则无论在乘客流量统计方面，还是票款结算方面相对都比较简单，但是票价的确定就需斟酌：定价过低则企业亏损过大，过高则市民乘坐意愿降低，城市轨道交通作为主要公共交通工具的作用就难以发挥；采用累进票价制，"近廉远贵、依量定价"的计价方式比较符合市民的消费观，容易为市民接受，当然由此也会产生一些新课题。如：网络包括的车站越多，网络票价表就越庞大，乘客需要随时知道网络内任何两座车站间的票价，应如何设计网络系统所有车站的便携式票价表？换乘后的客流如何计算？换乘前后的线路票款如何清算？有多条换乘线都可以到达目的地车站时，应如何确定票价？等等。

(2) 运量分线统计，强化运营组织，提高网络效能

客流既是各运营线路的服务对象，又是各线路绩效的衡量指标和生产计划安排的依据。因此客流数据的采集和准确将直接关系到网络运营的质量。

采用累进制票价的轨道交通网络在引进自动售检票 AFC 系统后通常都采用"进站记录、出站扣款"的计费方法：网络内所有车站都赋予唯一的、代表所属线路的车站代码，乘客在经过检票机进站检票时，自动售检票 AFC 系统就将本站代码"标注"在乘客车票上，乘客在网络内任何一个车站出站时，出站检票机首先进行车站代码的比对，凡与本站所属线路代码不一致的就是换乘乘客。对于非换乘乘客，自动售检票 AFC 系统根据事先设定的票价表，算出乘客乘坐距离扣款放行；对于换乘乘客自动售检票 AFC 系统根据事先设定的换乘逻辑关系，以换乘车站为基点进行清算，精确计算出乘客在换乘前后的乘坐路程，归入各线路的客流总数，得出各运营线的客流分布状况。自动售检票 AFC 系统在进行换乘乘客的票款清算时的步骤基本与客流清分相同，区别仅在于后者是对乘客的乘行距离进行清分，前者是对于乘客的车资进行清分。

由于自动售检票 AFC 系统还具有时间记录功能，因此可以根据需要，进行不同时段的进站客流、出站客流、换乘客流等数据统计，据此行车组织人员就可以有针对性地采取措施，合理安排运能、提高网络的运营效率。

(3) 换乘计费的"最短距离"法则

越是完善的城市轨道交通网络，可供乘客选择的、到达目的地车站的换乘路径就越多。

乘客虽然可以通过多次换乘，实现出行目的，但是不同的换乘路径，乘客乘坐的距离是不相等的。自动售检票 AFC 系统可以记录乘客进、出的车站和时间，但是对于乘客在途中的途经车站并不进行跟踪，因此难以判断乘客的换乘流动路径，为此对自动售检票 AFC 系统人为地制定了一条"最短距离计算法则"，法则规定："不论乘客乘坐线路经过几次换乘、以何种途径抵达目的地车站，自动售检票 AFC 系统一律按照进站和出站间列车行驶的最短距离计算票价。"

4 对应急处置的要求

轨道交通作为城市的主要公共交通工具，覆盖面广，日均载客量大，因此一旦发生不能正常运营的事故或故障，将为市民出行带来不便，甚至可能扰乱城市公共交通的正常秩序。为将故障对运营造成的影响降到最低，必须制定轨道交通网络化运营的车站应急处置预案。车站应急处置预案是指：运营网络突发非正常情况，车站临时执行预先制定的、有别于正常运营的、特殊的客流组织措施。特别需要指出的是：所有的应急措施都需要得到乘客的配合，使乘客愿意按照应急处置方案规定的路径流动，应急措施才能发挥作用、才能避免因乘客恐慌造成车站秩序混乱和局面失控。因此，实施应急预案时，及时、准确、迅速、清晰、简要地向乘客发布信息是十分重要的。

（1）网络化造成故障影响的扩大化

在网络化运营前，一旦发生车站故障最多影响到故障车站所在线路。网络化将轨道交通各车站连成一个整体，任何车站发生非正常运营情况都有可能影响到整个网络，这就是故障影响的扩大化。

（2）区别处置换乘车站应急客流

换乘车站除了自身的客流，还有换乘客流。当车站自身发生不能正常运营时，上述两类客流都需要进行限流和疏散；当网络中其他车站发生非正常运营故障，则车站需要区分影响范围：通往故障车站的客流（含换乘客流）必须禁流、本站到达客流尽快疏散、不途经故障车站的客流、在满足网络运营要求的前提下，按正常客流处理。

（3）应急措施的信息发布

车站突发非正常运营事件，为取得乘客配合，往往有大量的应急信息需要向乘客发布。一般采用的发布手段有：车站广播、车站信息显示屏、临时导向标志、临时公告等。这些信息的发布应从运营网络的大局，根据应急处置预案，在征得当时的网络运营组织者的许可或接收指令时，方可发布。

 复习与思考

一、判断题

1. 城市轨道交通运行的特点之一是：只有货运，没有客运业务。　　　　　　　　　（　）

2. 旅行速度即指列车运送速度,它是列车在区段或线路内运行的平均速度。　(　)
3. 列车运行图中横坐标表示空间变量。　(　)
4. 在列车运行图上,每个列车均有不同的车号和车次,按发车顺序编列车车次,一般上行采用双数,下行采用单数。　(　)
5. 目前运行调度工作的主要设施为人工电话调度。　(　)
6. 城市轨道交通售、检票方式一般采用封闭式售、检票。　(　)
7. 自动售、检票方式是一种由人工参与,设备辅助来完成售票、检票和票务数据统计的方式。　(　)
8. 城市轨道交通的票价制定主要取决于本身的运营成本。　(　)
9. 城市中有三条以上已经开通并各自独立运行的轨道交通线路就形成了网络化运营。　(　)
10. 轨道交通网络化运营换乘计费采取的是"最短距离"法则。　(　)

二、选择题

1. 下列工作是城市轨道交通系统运行核心的有(　　)。
   A. 客服　　　B. 供电　　　C. 信号　　　D. 运行调度
2. 城市轨道交通行车组织的主要工作是(　　)。
   A. 客流调查　B. 站台服务　C. 调车作业　D. 行车组织和接、发列车
3. 城市轨道交通采用的AFC系统可实现(　　)。
   A. 自动消防、报警控制　　　B. 远程控制
   C. 环境自动控制　　　　　　D. 自动售、检票
4. 城市市民所使用的公共交通一卡通是一种(　　)。
   A. 单程车票　　　　　　　　B. 一般磁卡
   C. 非接触式智能车票　　　　D. 接触式智能车票
5. 自动化检票的层次有(　　)。
   A. 五层　　　B. 二层　　　C. 三层　　　D. 四层

三、问答题

1. 城市轨道交通运行组织的特点是什么?
2. 说明列车运营图的各图解表示要素和列车运营图的编制原则。
3. 列车不能按运行图运行而进行调整时,行车调度员可采取的运行调整方法有哪些?
4. 列车接、发车时需办理哪几项作业?
5. 城市轨道交通客运组织工作的主要内容是什么?
6. AFC系统有哪些优点?
7. 简述城市轨道交通网络成型的条件。

单元 8

城市轨道交通环境控制与安全管理

 教学目标

1. 了解城市轨道交通环境的特点；
2. 了解城市轨道交通给排水设备和消防报警系统；
3. 掌握城市轨道交通的安全管理要求；
4. 了解城市轨道交通的应急预案。

 建议学时

4 学时

8.1 城市轨道交通的环境控制系统

为了保证地铁安全、正常运行,应在地铁内设置环境控制设备和各类必需的车站辅助设备,包括通风、空调、给排水、消防、自动扶梯、直升电梯、动力、照明、旅客引导等系统设备及自动检售票、车站设备自控系统、屏蔽门等系统设备。

一 城市轨道交通环境控制系统概述

1 城市轨道交通环境的特点

地铁的车站、区间隧道基本上处于与外界隔离的状态,只有出入口、通风口和隧道口等处与外界大气相通。客运高峰时,地铁内乘客密集,车站内经常保持有数千名流动乘客,众多的乘客不断呼出二氧化碳气体,并不断产生热量和湿气,使地铁内的空气很容易恶化。

2 城市轨道交通环境控制的要求

为保证地铁内正常有效的运营,对环境控制的基本要求如下:
(1)正常情况下,控制地铁洞体的温升和结露现象,为乘客和工作人员提供一个适宜的温度和湿度范围,保持空气的新鲜度。
(2)列车阻塞在区间隧道时,能维持车厢内乘客在短时间内能接受的环境条件。
(3)在发生火灾事故时,提供有效的排烟手段,给乘客和消防人员输送足够的新鲜空气,使乘客能及时安全地疏散。

3 城市轨道交通环境控制的措施

通常可采取下列措施来控制地铁内的温度和湿度:
(1)用外部空气直接排除地铁内部的热量和含湿量。
(2)使用化学、物理吸湿剂或机械去湿装置。
(3)在有条件的地铁,采用海水作为冷源,冷却隧道。
(4)在车站和列车上设置机械制冷装置。

二 给排水设备

1 给水设备

城市轨道交通的给水系统由城市自来水干管引入地下车站,采用直接给水方式分送用水点。车站供水方式一般采用以下三个独立系统:

(1)厕所及冲洗水栓等用水采用直接给水方式,由城市自来水管引入一路给水管,设在站厅层顶部和站台层地板下。

(2)消防水由两根引入管同时接入消防泵房,增压后供给消火栓、水幕、水喷淋等灭火设备。

(3)空调冷却水系统由循环水泵、管路、冷却塔和调节水池组成。设置冷却塔应注意选择合适的位置,以确保冷却效果并与环境协调。

2 排水设备

城市轨道交通的排水系统用来排除雨水、生活污水和废水。按分段收集、分散排除的原则布置排水点,并根据当地水文资料来考虑车站排水系统的设计参数和排水设备的配置。车站排水系统一般有以下三个独立系统:

(1)车站废水经由站厅、站台层的地漏,流入车站两侧排水沟,最后汇集到废水泵房的集水池,用两台立式排水泵将废水排入城市雨水管网。

(2)厕所污水汇集到污水池后,由两台潜水泵排入城市污水管。

(3)车站出入口雨水由出入口集水池内的潜水泵排入城市排水管网。

三 消防报警系统

地铁大部分处在由车站和隧道构成的封闭区间内,与地面自然环境相隔绝,人和设备高度密集。在这种特殊的环境中,确保人的生命安全是至关重要的。在地铁中必须设立防灾管理的有关设备,以便对地铁可能发生的灾害进行预防和早期发现。一旦发生灾害,能够及时采取措施,防止灾情进一步扩大,尽快将灾害消除,恢复正常运行。地铁可能遇到的灾害有火灾(包括发烟)、水灾、风灾、雷击、停电、地震、行车事故和人为突发事件等。其中,发生概率最高的,危害最大的是火灾(包括发烟)。在各项防灾措施中,应把防火和防烟放在首位。

1 地铁火灾的特点

由于地铁的建筑、设备和运营生产活动都处于地下,并设有大量的机电设备,有一定数量的易燃和可燃物质,运行过程中有较多的人员,存在着发生火灾的因素。发生火灾时,各种可燃物质燃烧,会产生大量的烟雾和热量,烟热流动很快,烟雾很快就会充满车站和区间隧道,极易引起人窒息中毒。浓烟时能见度降低,即使有事故照明,能见度仍很低,对灭火和救援人员极为不利。地铁车站和隧道的空间狭窄,出入口小。发生火灾时,在无人指挥的情况下,乘客易发生惊慌,相互拥挤而发生挤倒、踏伤或踏死。加上障碍物多,烟雾热带长,烟热封路,更增加了人员疏散避难的困难性。

② 地铁防火措施和消防系统

地铁防火措施和消防系统主要是针对电气线路、电气设备,特别是车辆和车站电气线路的高压部分,在结构设计上要周密考虑,改进提供防火性能,使用设备时要严格执行操作规程,高标准地进行检修和维护,以便彻底防止电气火源的产生。另外,在建筑和设备设计时,优先考虑采用不燃、阻燃、低烟、低毒材料,或对材料进行阻燃化处理,电缆宜使用金属套管。还有,一旦发生火灾,应该迅速对旅客进行引导疏散,同时对火源进行应急处理,并立即与运行调度联系,将实际情况通报有关部门。在车站、车辆的设计中按上述原则进行考虑,配置有效的排烟、消防报警、灭火等消防系统设备和通信、广播、紧急电源、事故照明等救灾设备。

地铁消防系统的设置应与整个地铁运行管理系统的水平相一致。随着运行管理自动化程度的逐步提高,地铁都设置了能集中进行全线消防监控管理的自动化系统。该系统一般由全线消防集中监控系统、车站与区间的消防设备和信息传输通道几部分组成。其主要功能如下:

(1) 中心级
① 监视全线消防设备状态。
② 火灾时,指挥全线消防抢险活动。
③ 控制全线有关消防设备的运行。
(2) 车站级
① 监视车站消防设备运行情况,接受各类报警信息。
② 控制车站及相邻区间内消防设备的动作,实施灭火活动。
③ 与中心级间进行必要的信息传输。

③ 消防报警系统

上海地铁针对火灾的特点,设置了能早期发现火灾的自动消防报警系统。中心级是全线消防管理的监视和指挥中心,设在控制中心内,车站级能集中实施车站和相邻区间内的消防监控管理,主机设在各车站控制室内,由消防监视、报警设备、控制设备、通信联络设备和传输设备等组成。中心与车站间由通信系统的信息通道进行数据传输。整个系统由计算机实施监控管理,具有较高的可靠性和先进性。在车站站厅层和站台层分区设置普通烟感探测器,分别设置多个地址探测模块,以环路方式连接。在设备房、重要管理用房等处设地址式烟感探测器。茶水间设温感探测器,站台下电缆分区安装线形温感探测器。在站厅层、站台层和区间设内部消防紧急电话系统。每个消火栓箱内设地址式手动报警器和消防泵启动开关各一个。紧急情况下,车站控制室能通过通信广播系统进行消防报警和紧急疏散广播。

 知识链接

上海地铁环境控制系统简介

上海地铁环境控制系统由以下几个分系统构成。

(1)车站站厅、站台环境系统

由于按设置站台屏蔽门系统设计,空调负荷只按站台、站厅乘客的散热量、动力设备及照明的发热量和新鲜空气进车站的热量计算。在车站内设置各类风机、风道和空调制冷系统设备(冷水机组、冷冻泵和冷却塔等)。夏季采用空调运行方式,启动通风和空调制冷系统,给站台、站厅和有关设备用房送冷风。其他季节采用全新风运行方式,仅由全新风机和送风机将室外新鲜空气送至站厅、站台和设备用房,通过回/排风机将废气排至地面。

(2)车站设备管理用房空调通风系统

车站设备管理用房有大量机电设备,部分房间内有值班操作管理人员,为保证设备正常运行和为管理人员提供一个良好的工作环境,需设置空调通风设备。部分管理用房内,选用立柜式分体空调器,对管理人员短时逗留的区域仅设通风系统。

(3)区间隧道活塞通风和机械通风系统以及站台下排热系统

列车在隧道内正常运行时散发的热量利用列车行进中的活塞风经风井排至地面。列车停靠在车站时,列车制动和空调冷凝器的发热量由站台下排热系统经风井排至地面。夜间列车停止运行时,使用车站端头井内事故风机(兼作冷却通风机)通风,将隧道内余热排至地面。

(4)事故通风及排烟系统

当列车因事故停留在隧道内时,为使列车空调机正常运行,由列车后方站事故风机向隧道内送入新风,并由前方站事故风机将隧道内空气排出地面,气流方向与列车前进方向一致。当列车在隧道内发生火灾时,在控制中心确认后,根据列车在隧道内的位置,决定通风方向。由隧道一端事故风机向隧道内送风,另一端事故风机将烟雾经风井排出地面。一般情况下,乘客疏散方向与气流方向相反,使乘客疏散区处于新风区。

四 屏蔽门及门禁系统

1 屏蔽门系统

屏蔽门系统相关资源见二维码42。

(1)组成及功能

屏蔽门系统,是安装于地铁车站站台边缘,用以提高运营安全系数、改善乘客候车环境的机电一体化的机电设备系统。

屏蔽门系统作为站台公共区域与轨道列车之间的可控通道,列车进站时配合列车车门

二维码42

动作打开或关闭活动门,为乘客提供上下列车的通道。

屏蔽门在整个站台长度上将车站的站台区域与轨道区间分隔开来,它是环控系统气流组织的一个不可缺的物理屏障,也是事故工况气流导向的重要组成部分。

屏蔽门主要有两种类型:第一类屏蔽门是全立面玻璃隔墙和活动门,沿车站站台边缘和站台两端头设置,把站台乘客候车区与列车进站停靠区域分隔开,属于全封闭型屏蔽门。如图8-1所示。这种形式的屏蔽门一般应用于地下车站。这种屏蔽门系统的主要功能是增加车站站台的安全性、节约能耗以及加强环境保护。第二类屏蔽门系统是一道栏杆式玻璃隔墙和活动门,属于半封闭型。如图8-2所示。其安装位置与第一种方式基本相同,这种类型的屏蔽门系统比第一种类型屏蔽门相对简单,高度比第一种屏蔽门低,空气可以通过屏蔽门上部流通。主要起隔离作用,保障站台候车乘客的安全,即为"安全门"。

图8-1 第一类屏蔽门示意图

图8-2 第二类屏蔽门示意图

屏蔽门系统在站台设有应急门、端头门。应急门一般当作固定门使用,在列车进站无法停靠在允许的误差范围位置时,必有一道车门对准应急门,此时若需要由应急门紧急疏散时,可由乘客在轨道侧列车上打开相对应的列车门后推动应急门的解锁装置或由站台工作人员在站台侧用专用钥匙打开应急门进行紧急疏散。应急门使用后必须确保关闭与锁紧。端头门是车站工作人员通道,可在轨道侧推动端头门的推杆锁的解锁装置或由站台工作人员在站台侧用专用钥匙打开。

屏蔽门系统由机械和电气两部分构成;机械部分包括门体结构和门机系统,电气部分包括电源系统和控制系统。

(2)运行模式

屏蔽门系统的控制模式一般有系统级、站台级、人工操作(或称手动操作)3种正常控制模式。系统级控制执行信号系统命令模式;站台级控制执行站台操作盘发出的命令模式;手动操作即站台工作人员在站台侧用专用钥匙解锁或由乘客在轨道侧使用解锁装置打开活动门。

此外,屏蔽门系统还设置有火灾控制模式,即在相应的火灾模式下,车站值班人员在车站控制室操作消防联动盘操作屏蔽门紧急控制开关,配合打开活动门,疏散乘客和配合环控系统排烟。上述模式的控制优先级从高到低依次是人工操作(或称手动操作)、火灾控制模式、站台级控制模式、系统级控制模式。

屏蔽门同时还具有障碍物检测功能,即活动门关闭时检测到障碍物,会后退做短暂停止以释放夹到的障碍物,然后再关闭,以免夹伤乘客。如果第二次关门时依然检测到障碍物存在,屏蔽门会重复上次操作,一般重复三次,若三次关门障碍物依然存在,则屏蔽门全开并报警。此时须由站台工作人员做应急处理,解决问题。

屏蔽门系统与车站机电设备监控系统之间或主控系统之间设有通信接口,用于传送屏蔽门系统运行状态、故障诊断信息,便于车站控制室人员、维修人员监视屏蔽门状态。

2 门禁系统

门禁系统由设置在控制中心的中央级门禁管理层(含1个发卡授权中心),设置在车站、停车场、车辆段、控制中心大楼的车站级门禁管理层、现场设备层及通信网络等组成。在控制中心设立一个中央管理级,各车站、停车场、车辆段设车站管理级,主变电所门禁设备以总线方式接入相邻车站管理级。中央管理级与车站管理级通过TCP/IP以太网通道连接,车站管理级与现场设备间通过现场总线环网方式连接。

门禁系统主要功能有智能网络功能、系统模块化功能、多种卡格式支持功能、高安全性、状态报警监控、消防联动、CCTV联动、考勤功能等。当发生火灾时,系统会自动接收消防信号,打开所有门锁,便于疏散人员离开。在轨道交通设备管理区通道处门禁设备联动控制通信专业设置的电视监视设备,当门禁报警时,电视监视系统自动调出报警区域图像信息并存储。

五 自动监控系统

自动监控系统(Buildings Automation System,简称BAS),原为建筑楼宇自控系统,该系统应用到轨道交通,主要对城市轨道交通车站和相关隧道区间的机电设备、消防报警设备利用控制装置对其被控量自动地按预先规定的规律进行控制。

1 组成

自动监控系统主要由计算机、打印机、各类温度湿度传感器组成。通常由中央、车站、现场三级实现对通风空调系统、消防报警系统、给排水设备、自动扶梯、照明设备、屏蔽门系统等的实时监视和控制,进行运行、故障报警和遥控开关;能对空调通风系统按要求进行控制。在火灾发生的情况下,可接受消防报警信号,使车站的空调和通风设备按火灾工况运行。整个系统由微处理器进行检测和控制,系统的运行情况可在终端上进行显示,并由打印机打印记录。系统的控制要求和参数,可在键盘上输入,也可以通过键盘命令直接对设备进行控制。

2 功能

(1)中央级

中央级设于控制中心中央控制室。中央级具备远程控制功能,通过操作工作站,值班人员可根据实时运行状态向有关车站发出控制指令,记录设备运行状况、车站温度、湿度等参数,还可以通过工作站对故障设备进行诊断和故障处理,实现远程控制。

(2)车站级

车站级设于车站控制室内,通过车站监控工作站和模拟屏设备提供的人机界面,监控本站及所辖区间隧道的环控设备、给排水设备、自动扶梯、照明、屏蔽门等设备的运行状况,接收控制中心指令并控制现场控制器,同时将设备运行状态和参数送到车站监控工作站及控制中心。

(3)现场级

现场级一般集中于环控电控室,部分分散设置于现场被监控设备的附近。可实现对所监控设备的直接控制;执行中央级、车站级下达的控制指令和控制模式;接收安装于各测试点内的传感器、检测器的信息;传送设备的运行参数。

8.2 城市轨道交通的安全管理

城市轨道交通的安全性要远远高于其他交通方式,但仍应重视安全生产。安全防范工作没有做好,轻则扰乱运输生产秩序,重则设备受损甚至危及乘客的生命财产安全,给社会带来重大损失。从企业角度来讲,安全是实现效益的保证,抓好了安全,运输生产才不致因事故而中断,才能保证生产过程的连续性,不断提高生产的效率和效益;从社会角度讲,城市轨道交通的运输安全涉及城市各行各业的活动,涉及千家万户的日常生活,因而直接关系到城市社会经济的发展,有时甚至涉及政治的稳定。可以说,安全是城市轨道交通运营管理的头等大事,运输必须安全,只有安全才能保障运输。

"安全第一,预防为主"是城市轨道运输企业永恒的主题。

一 安全系统工程

运输安全是一项系统工程,因此应该从系统工程的角度考虑安全问题。

安全系统涉及的范围极广,几乎和轨道交通系统的所有硬、软件相关,它由下列基本要素构成:

(1)人,指参与运输工作的人员,这涉及人的思想政治素质、业务素质、心理素质和生理素质。这四种素质都在不同程度上影响着运输生产的安全。譬如一个职工思想素质不高,工作上马马虎虎,甚至玩忽职守,就很容易出事故。业务素质不高也同样会威胁运输安全,职工必须接受岗前培训,取得合格证后才能上岗。职工的生理素质也应符合岗位要求,比如色盲或色弱的人就不能担任值乘工作等。另外,心理素质差的人也不适合在对安全性要求高的工作岗位上工作。

(2)设备,是保证安全的重要条件。一方面,城市轨道交通应尽量采用先进设备来保证运输安全,设备的可靠与否会极大地影响运输安全;另一方面,也要充分发挥人的主观能动性来保安全。在选定了系统设备的情况下,应坚持不懈地抓好设备可靠性管理,搞好设备的定期检修、维修、更新、布局和联控等。

(3)工作条件,主要指工作环境及运输所处的自然环境。工作环境是指物理因素,比如工作室的噪声、温度、湿度、振动、粉尘、光、热等;自然环境包括狂风、暴雨、大雾、高温等自然现象。恶劣的工作环境会引发工作人员的心理变异,这是引起误操作的主要原因,给安全带来危险。不利的自然环境如高温、严寒、大雾等也会给人造成生理、心理的变化,影响安全,特别是地震、洪水、狂风等特殊自然环境,可危及所有运行途中乘客生命的安全,安全防范工作更具有特别重要的意义。

(4)管理,包括对人的管理(如一系列的工作制度以及班组结构、工时定额、训练、教育、思想政治工作等),对设备的管理,行车组织以及事故救援等。

在这个系统中,某个环节出现问题,哪怕是微小的事故隐患,都可能引发事故,甚至使整个运输系统陷于瘫痪。

二 运输事故

世界各国的城市轨道交通在运营过程中,都曾发生过各类事故。据统计,仅日本国1962—1971年10年间,地铁灾害及严重事故累计达43件。1993年4月,新加坡地铁发生一起列车追尾相撞事故,造成100多人受伤,同年10月,美国曼哈顿地铁列车发生火灾,数百人被困于车内。由于城市轨道交通列车多是运行于隧道之中或者高架线路之上,发生事故后的处理和救援工作十分不便。2002年韩国地铁也发生罕见事故,造成车毁人亡的悲剧。可见,加强城市轨道交通的安全管理和防灾工作具有非常重要的意义。研究如何提高救援工作的及时性,尽量减少人员伤亡或减轻事故损失,并制订一套相应的行车事故处理规则,是轨道交通运输的重要工作。救援办法以及事故后的调查分析制度等都是不可缺少的环节。

1 事故的定义分类

事故是指在运营过程中,因违反规章制度、违反劳动纪律、违反作业纪律或技术纪律、技术不良、设备不良及其他原因造成的人员伤亡、设备损坏、影响正常生产作业或危及安全生产的事件,达到事故规则规定的标准。城市轨道交通事故按其内容分为行车事故、设备事故、职工伤亡事故、火灾、爆炸事故、地外伤亡事故;按照事故的程度和性质分重大事故、大事故、险性事故、一般事故;按照事故责任分为责任事故和非责任事故等。其中,以事故的程度和性质分类具体如下。

(1) 重大事故

① 客运列车发生冲突、脱轨、火灾或爆炸,造成下列后果之一时认定为重大事故:

a. 人员死亡3人或死亡、重伤共5人。

b. 客车中破1辆。

c. 正线行车中断150min。

② 其他列车发生冲突、脱轨、火灾或爆炸,调车作业发生冲突或脱轨,造成下列后果之一时认定为重大事故:

a. 人员死亡3人或死亡、重伤共5人。

b. 客车大破1辆或中破2辆。

c. 内燃机车大破1辆或轨道车报废1辆。

d. 车辆报废1辆或车辆大破2辆。

e. 正线行车中断150min。

(2) 大事故

① 客运列车发生冲突、脱轨、火灾或爆炸,造成下列后果之一时认定为大事故:

a. 人员死亡1人或重伤2人。

b. 客车小破1辆。

c. 正线行车中断90min。

② 其他列车发生冲突、脱轨、火灾或爆炸,调车作业发生冲突或脱轨,造成下列后果之一时认定为大事故:

a. 人员死亡1人或重伤2人。

b. 客车中破1辆。

c. 内燃机车中破1辆或轨道车大破1辆。

d. 车辆大破1辆。

e. 正线行车中断90min。

在进行重大事故、大事故认定时,对人员伤亡、人员的认定是事故发生时执行任务的作业人员和持有效乘车凭证的乘客,重伤的认定根据国家有关标准、规定进行;对客车、车辆和机车破损,大破、中破和小破的认定依据是车辆主管部门的有关规定;对行车中断时间,按从事故发生时起至客运列车恢复连续通行时止进行统计。

(3) 险性事故

凡事故性质严重,但未造成损害后果或后果不够大的事故列为险性事故。险性事故认定的依据是发生下列情形之一。

① 与行车有关。与行车有关的情形包括:列车冲突、脱轨或分离;在进路未准备好的情况下接、发列车;未经许可,向占有区间发出列车或向占用站线接入列车;列车冒进信号;列

车开错方向或进错股道;电话闭塞法行车时,未办或错办闭塞发车。

②与客运有关。与客运有关的情形包括:客车错开车门、运行途中开门或车未停稳开门;客车车门夹人、夹物并造成一定后果。

③其他情形包括:列车运行中,客车齿轮箱或其他重要悬挂件脱落;列车发生火灾;障碍物侵入车辆限界并造成一定后果。

(4)一般事故

凡事故性质及损害后果不够险性事故的列为一般事故。一般事故的认定依据是发生下列情形之一。

①与行车有关。与行车有关的情形包括:调车冲突、脱轨;挤岔;因错误开放或未及时开放信号致使列车停车;应停站列车在车站通过或应通过列车在车站停车;因车辆故障或其他原因致使行车中断30min;因行车作业人员出务延迟、影响列车正点运行;调度命令漏发、漏传或错发、错传;错误办理行车凭证发车,或因此应向列车正点发车。

②其他情形包括:列车运行中,车辆部件脱落或货物装载不良刮坏技术设备;安全主管部门认定为危及行车安全的情形。

❷ 事故的处理

城市轨道交通的事故救援组织工作应把地铁或轻轨视为一个开放系统,实行救援工作社会化。事故发生后,公司调度所的事故紧急通报名单中,除了本公司有关领导及救援组织外,还应包括事故所在地的市政领导、公安局、消防总队、有关医疗机构,必要时还应包括电力、煤气、自来水公司等。各方面人员接到事故通报后,都应及时出动,分别进行伤亡人员救护,火灾扑灭,车辆起复,线路信号整修,乘客疏散,事故现场保护,水、电、煤气防护等工作,形成一个救援工作的立体作战体系。如果只依赖公司内部力量,那么在救援上需要较长时间,在人力,物力上也受到限制,从而会扩大事故的损失。

知识链接

行车事故的处理程序

(1)事故报告

在发生重大事故、大事故,或一时难以判定,但属于列车冲突或脱轨等严重事故时,应立即按规定程序报告。事故发生在区间时,由列车司机报告行车调度员;如不可能,则报告最近车站的车站值班员,由其转报行车调度员,事故发生在车站或段管线内时,由车站值班员或车辆段运转值班员报告行车调度员。

事故报告的事项包括:发生时间(月、日、时、分),发生地点(区间、公里、米、某站、上行或下行正线),列车车次、车组号、关系人员姓名、职务、事故概况及原因,人员伤亡及车辆、线路等设备损坏情况,是否妨碍邻线和是否需要救援等。

行车调度员接到事故报告后,应立即向值班调度主任、公司值班室以及有关基层段的值班室报告。值班调度主任应立即向公司经理、主管副经理和安全主管部门负责人,以及有关基层段段长和公安分局局长报告。

(2)事故应急处置

在接到行车重大事故、大事故报告后,控制中心应立即采取应急处置措施,最大限度减少人员伤亡,降低事故损失和防止事故升级,尽快开通线路和恢复按图行车。

(3)事故调查、分析与处理

事故调查是掌握事故发生经过与基本事实的过程;事故分析在事故调查的基础上进行,重点是分析事故原因和分清事故责任;事故处理,除对事故责任单位、责任人作出处理决定外,还应提出防止同类事故再次发生的技术组织措施或进一步研究建议。

另外,事故处理应坚持"四不放过"原则,即事故原因没有搞清楚不放过,事故责任人没有受到处理不放过,相关人员没有受到教育不放过,预防事故措施没有落实不放过。

3 事故的调查分析

事故发生后对事故起因的调查分析结果,是划分事故责任的根据,也为有关部门加强安全防范工作提供科学的依据。因此,事故起因的调查分析是运输安全管理中的重要一环。我国城市轨道交通建设尚处于起步阶段,有关事故调查分析和安全管理技术的研究还很不完善,因而借鉴国外有关轨道交通事故调查分析的经验来提高我国城市轨道交通的安全管理水平具有一定的现实意义。这里介绍美国铁路事故调查分析方面的有关情况,以供参考。

(1)一个超越铁路公司的事故调查机构

美国政府设有一个国家运输安全委员会,设主席、副主席各一名,各方面的权威专家若干名,委员会下设调查机构,由各方面技术专家、工程师组成;还设有各种试验室,可以直接掌握第一手资料。对发生的重大运输事故,均由安全委员会派员及时赶赴现场调查,并提出由安全委员会主席、副主席和有关委员签署的事故报告。发生事故的铁路公司仅有责任向调查人员提供资料和回答听证询问。

(2)一套科学的事故调查分析程序

经过几十年的不断探索和完善,美国运输安全委员会已形成一套较科学的事故调查分析程序,事故报告的一般内容包括:

①事故概况。

②调查。

a.事故发生的具体经过;

b.人员伤亡情况;

c.造成事故的可能原因(主要原因、次要原因、对某些存在问题以事实证明其为非事故原因)。

③分析。

④结论。

⑤建议(提出修改规章、改进操作方法、加强管理、设备改进及开发新技术的建议)。

(3) 以事实为依据、以科学技术为手段的调查分析方法

①十分强调书面记录资料。要求运输部门的技术人员对每一项工作都有详细的记录，尤其是行车记录、安全记录。

②重视科学试验。科学试验是美国铁路分析事故原因的重要手段，主要有制动距离试验、材料试验、瞭望距离试验、人员疲劳试验等。

③应用系统工程、管理心理学、行为科学等理论。从系统观点出发，把事故看成是综合因素的结果，多方面分析事故发生的可能诱发因素。

三 安全对策

主要从以下方面着手加强城市轨道交通运输的安全生产。

(1) 健全安全法制。要做好运输安全，必须把它纳入法制的轨道。一是要抓紧制定有关运输安全的法规、法令，做到有法可依；二是要做到执法必严，违法必究；三是要提高城市的文明程度和居民的法制观念。

(2) 健全安全管理制度，提高科学管理水平。为确保运输安全，不仅要不断探索和完善安全管理制度，而且还要不断提高科学管理水平，积极研究先进的管理方法、手段，采用系统工程的方法，分析、评价并控制系统中的事故，调整设备、操作、管理、生产周期和费用等因素，使系统发生事故的概率降到最小，以达到最佳安全状态。

 知识链接

城市轨道交通安全管理涉及的规程、规则和规章

为了实现地铁的运行安全并使各部门、各单位、人人都能有章可循、有法可依，所以各城市都建立、健全了相应的运行、安全规章制度。以上海城市轨道交通为例，已制订了一整套规程、规则和规章，主要涉及以下内容：

①地铁运营技术管理规程。
②地铁行车组织规则。
③各车站"细则"和车辆段"细则"。
④地铁客运组织规则。
⑤地铁行车事故处理规则。
⑥各专业的操作规程、安全规则。
⑦行车事故救援方法等。

上海市人民政府还批准、核准、颁布了《上海市地铁管理方法》，上海市市政工程局也批准颁发了《上海市地铁管理方法实施细则》。另外，还颁发了一系列预案，包括《地铁运营中大客流爆满突发事件处理》、《地铁外部人员伤亡现场事故处理预案》、《地铁发生火灾、爆

炸、投毒等突发性事件的处置预案》、《地铁停电、水管爆裂、列车脱轨等意外事故处理方案》等。

 **查一查**

我国主要城市的城市轨道交通安全管理的规章制度。

（3）提高关键设备（特别是行车指挥系统）的可靠性和先进性，为行车安全提供保障。对于城市轨道交通而言，脱轨事故可能由于车辆断轴或轨道状况不良所致；弓网事故既可能由于接触网参数失调，也可能是受电弓参数不匹配甚至因轨道不良引起。因此，设备方面的安全保障是无处不在的，一要尽量避免各类故障的发生，二要一旦发生故障就能引起监控系统的反应，以便及时采取措施使之不至于发展为危及安全的事故，具体原则如下：

① 采用设备优先原则，尽量减少对操作人员注意力的依赖。
② 遵循简单的系统构成原则，以反复验证过的技术为主体构成系统。
③ 加强维修养护工作，特别是保证预留充分的维护保养时间。
④ 吸取国内外同类事故的经验教训，对事故多发部位采取重点保护措施。
⑤ 不论发生何种故障，应采取首先停车或进行速度限制的故障安全原则。
⑥ 设备冗余原则，即重要设备采用二重或三重体制，以便在单台设备故障的情况下保证系统总体的正常运行。
⑦ 及早发现故障，迅速传递信息并采取有效措施。

（4）加强安全运行的组织管理，不断提高行车组织工作水平。城市轨道交通的调度指挥系统大都以现代化的硬件设备为支撑条件，为行车调度员提供最佳工作环境，可以最大限度地减少调度员的机械、重复性工作。同时，还以优化调度指挥为目标，为调度员提供调度决策方案，全面提高调度指挥质量和调度指挥水平，保证稳定的列车运行秩序和正常运行状态。

① 加强列车速度控制，使列车速度保持在指定速度以下（避免冒进信号）或按规定对进站列车进行速度控制。在列车通过小半径曲线或进站通过道岔，以及进行工务维修或线路状况不佳需缓行时，也应规定相应的限速值；在轨道上出现障碍物、发生自然灾害以及设备发生故障时，首要的安全措施也是对列车进行限速缓行或指令停车。
② 严格执行接、发列车的标准化作业和程序。城市整个轨道交通网或某一线路上沿线各站应实行统一的接、发列车作业标准，这对提高运输质量，保证行车安全具有重要意义。
③ 合理的运行图是安全运行的基础。运行图的铺画必须符合《技术管理规程》和《行车组织规则》的有关规定，特别是必须严格遵守有关时间间隔标准和行车作业程序。

（5）为确保列车的运行安全，除了保证设备的安全外，提高使用和操作这些系统的工作人员的素质和责任心也同样十分重要。因此，必须加强对工作人员安全责任心的教育和培养，操作技能的培训，逐步建立一套完整的安全规章和人员培训制度，形成强有力的安全保障体系。

此外，事故发生后的调查分析也是运输安全管理的一个重要组成部分。事故发生后，科学地调查分析事故原因,不仅为了查明责任,进行处理,更重要的是在于找出确实存在的不安全因素,预防为主,防患于未然。

四 系统防灾

由于城市轨道交通系统的基础设施,如高架桥梁、浅埋地下隧道、地面轨道以及其他设施,不可避免要受到自然环境的影响,譬如地震、洪水、大风等会对这些基础设施构成严重威胁,因此,城市轨道交通系统的防灾工作也是十分重要的,应本着预防为主的原则,从细微处着手,常抓不懈。

8.3 城市轨道交通应急预案

应急预案是针对具体设备、设施、场所和环境,在安全评价的基础上,为降低事故造成的人身、财产与环境损失,就事故发生后的应急救援机构和人员、应急救援的设备、设施、条件和环境、行动的步骤和纲领、控制事故发展的方法和程序等,预先做出的科学而有效的计划和安排。相关资源见二维码43、二维码44。

二维码43　　二维码44

应急预案分为企业预案和政府预案,前者由企业根据自身情况制定和负责;后者由政府组织制定和由相应级别的政府负责。

应急预案在面对突发事件,如自然灾害、重特大事故、环境公害及人为破坏时,可以有效进行应急管理、指挥、救援计划等。它一般应建立在综合防灾规划之上。应急预案有几大重要子系统为:完善的应急组织管理指挥系统;强有力的应急工程救援保障体系;综合协调、应对自如的相互支持系统;充分备灾的保障供应体系;体现综合救援的应急队伍等。

一 城市轨道交通应急预案编制

1 突发事件的分类

突发公共事件是指突然发生,造成或有可能造成人员伤亡和重大财产损失、生态环境破坏和严重危害社会,危及公共安全的紧急事件。突发公共事件的分类,从学术研究和应对的能力机制角度考虑,在我国把突发公共事件分为自然灾害、事故灾难、公共卫生事件和社会安全事件四类。

工矿企业和交通运输企业的突发事件一般源于重大的生产事故,像"京广路塌陷",就属于重大的交通事故,还有城市轨道交通运营事故,工厂的生产安全事故、煤矿的坍塌、爆炸等,都归属于事故灾难类。

我们讲的公共卫生突发事件,像SARS、"禽流感",都属于公共卫生领域的突发公共事件。比如恐怖袭击,是涉及重大社会安全的事件。

根据突发公共事件的发生过程、性质和机理,突发公共事件主要分为以下四类:

(1)自然灾害。主要包括水旱灾害,气象灾害,地震灾害,地质灾害,海洋灾害,生物灾害和森林草原火灾等。

(2)事故灾难。主要包括工矿商贸等企业的各类安全事故,交通运输事故,公共设施和设备事故,环境污染和生态破坏事件等。

(3)公共卫生事件。主要包括传染病疫情,群体性不明原因疾病,食品安全和职业危害,动物疫情,以及其他严重影响公众健康和生命安全的事件。

(4)社会安全事件。主要包括恐怖袭击事件,经济安全事件和涉外突发事件等。

各类突发公共事件按照其性质、严重程度、可控性和影响范围等因素,一般分为四级:Ⅰ级(特别重大)、Ⅱ级(重大)、Ⅲ级(较大)和Ⅳ级(一般)。对可能发生和可以预警的公共事件应当进行预警。预警级别依据突发事件可能造成的危害性、紧急程度和发展态势,也分为四级:Ⅰ级(特别严重)、Ⅱ级(严重)、Ⅲ级(较重)和Ⅳ级(一般),依次以红色、橙色、黄色、蓝色表示。

❷ 编制预案的目的

编制预案的目的是:做好城市轨道交通事故灾难的防范与处置工作,保证及时、有序、高效、妥善地处置城市轨道交通事故灾难,最大限度地减少人员伤亡和财产损失,维护社会稳定,支持和保障经济发展。

❸ 应急管理的规定

按《城市轨道交通运营管理办法》(建设部第140号令2005年6月28日)规定:城市人民政府城市轨道交通主管部门应当会同有关部门制定处理突发事件的应急预案;城市轨道交通运营单位应当根据实际运营情况制定地震、火灾、浸水、停电、反恐、防爆等分专题的应急预案,建立应急救援组织,配备救援器材设备,并定期组织演练。

(1)当发生地震、火灾、或者其他突发事件时,城市轨道交通运营单位和工作人员应当立即报警和疏散人员,并采取相应的紧急救援措施。

(2)城市轨道交通车辆地面行驶中遇到沙尘、冰雹、雨、雪、雾、结冰等影响运营安全时,城市轨道交通运营单位应当启动应急预案,并按照操作规程进行安全处置。

(3)遇有城市轨道交通客流量急增危及安全运营的紧急情况,城市轨道交通运营单位应当采取限制客流量的临时措施,确保运营安全。

（4）遇有自然灾害,恶劣气象条件或者发生突发事件等严重影响城市轨道交通安全的情形,并且无法采取措施保证安全运营时,运营单位可以停止线路或者部分路段运营,但是应当提前向社会公告,并报告城市人民政府城市轨道交通主管部门。

（5）城市轨道交通运营中发生安全事故,城市人民政府城市轨道交通主管部门,城市轨道交通运营单位应当依据应急预案进行处置。

（6）城市轨道交通运营中发生人员伤亡事故,应当按照"先抢救受伤者,及时排除故障,恢复正常运行,后处理事故"的原则处理,并按照国家有关规定及时向有关部门报告;城市人民政府城市轨道交通主管部门,城市轨道交通运营单位应当配合公安部门及时对现场进行勘察,检验,依法进行现场处理。

4 应急情况报告

事故的报警是非常重要的,早期预警可以使事故救援工作开始于事故初发期,可以及时控制事故,防止事故蔓延和扩大。

应急情况报告的基本原则是:快捷、准确、直报、续报。

（1）快捷

最先接到事故灾难信息的单位应在第一时间报告（事故现场应立即上报、事故发生单位须在1h内上报、政府及其他管理部门在2h内上报,重、特大事故应在4h内上报国务院）。

（2）准确

报告内容要真实,不得瞒报、虚报、漏报。

（3）直报

发生特别重大事故灾难,要直报领导小组办公室,同时报省、市地铁事故灾难应急机构。紧急情况下,可越级上报国务院,并及时通报有关部门。

（4）续报

在事故灾难发生一段时间内,要连续上报事故灾难应急处置的进展情况及有关内容。

（5）报告内容

特别重大事故灾难快报及续报应当包括以下内容:

①事件单位的名称、负责人、联系电话及地址;

②事件发生的时间、地点;

③事件造成的危害程度、影响范围、伤亡人数、直接经济损失;

④事件的简要经过;

⑤其他需上报的有关事项。

二 城市轨道交通应急预案处置

城市轨道交通应急预案是针对城市轨道交通突发事件事前制定的应急管理、指挥、救援计划等方案。当突发事件出现时,信息的及时传递对于及时启动预案、减少事故损失、及早恢复正常运营是十分重要的,因此必须制定信息传递制度。

① 信息传递原则

信息传递应遵循"快速准确、有序高效、对口汇报"的原则。现场处置应遵循"职责明确、快速到位、控制有效"的原则。

② 信息分类和传递

(1)信息分类

城市轨道交通突发事故或事件的信息按事件的性质和严重程度分为:A、B、C 三类。其中 A 类事件最为严重。事件的严重程度按 A、B、C 次序递降。

(2)信息传递

信息传递坚持"电话汇报为主、短信群发为辅"的报告原则。

(3)应急报告程序

对任何事故、事件的整体应急报告程序与预案实施的报告程序基本相同,即发现事故或征兆需要进入应急报告程序时,一般都应按下列规定程序进行:报警;发出救援指令;开始救援行动;现场处置;结束紧急状态。

③ 报告(警)内容及要求

事故报警是非常重要的,早期报警可以使事故救援工作开始于事故初发期,及时控制事故的蔓延和扩大。在事故救援中,任何贻误时机的行为都可能带来灾难性的后果。

报警分为两种形式,即自动报警和人工报警。在安装自动报警系统的场所,当发生事故时,自动报警系统会发出报警,否则,只能依靠人工报警形式。

④ 应急预案启动程序

应急预案启动流程如图 8-3 所示。

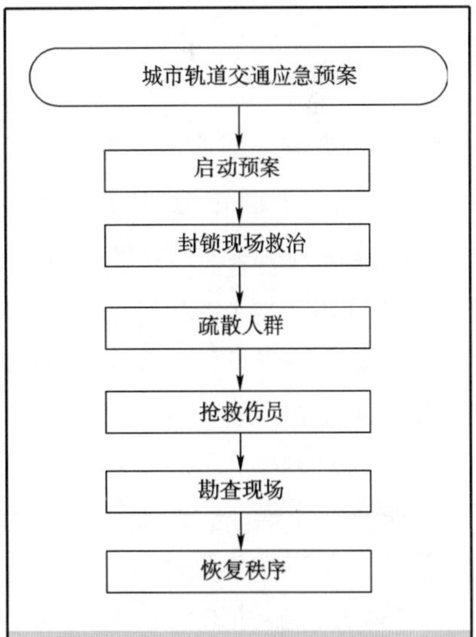

(1)启动预案

城市轨道交通事故发生后,指挥中心迅速了解掌握事故发生的时间、地点、人数、起因等情况,进一步判明性质,在报告轨道交通公安部门的同时,迅速启动有关预案,公安部门应及时调动交巡警、特巡警、消防、宣传、通信及事发地公安派出所等警种和部门快速赶往现场,开展先期处置,必要时通知 110 联动单位到场开展应急救援。各部门迅速启动各自的预案开展工作。

图 8-3 应急预案启动流程

(2)封锁现场

在现场情况进一步判明的基础上,指挥中心通过指挥调度系统,继续调集相应处置力量赴指定位置集结待命。前期到达现场参与处置力量,根据指挥部分工,进行处置工作。

(3)疏散人群

案发地公安派出所和刑警、特巡警、交巡警到达现场后,视情况采取相应措施。有人员伤亡的,组织进行抢救;发生危险化学品车辆倾覆、外溢事故的,及时疏导和组织受到威胁的群众安全撤离,并及时将情况报告总指挥部。

(4)抢救伤员

根据现场情况,组织到达现场警力和110联动单位,紧张有序地营救被困、遇险的伤亡人员。同时协调卫生、急救部门在现场附近设立紧急救护站和救护车集结处,迅速确立若干家医院为抢救点,保证抢救渠道畅通。交巡警部门负责全面保障抢救车辆、人员出入现场的交通顺畅,开设紧急救助通道。文保部门迅速与医院协调,开辟专用抢救通道和救治病房,并及时统计伤亡人数,上报总指挥部。交巡警大队与医院方面配合,尽快查明伤亡者身份。

(5)勘查现场

交巡警部门组织力量对现场进行全面、细致的勘验检查,对现场进行勘查、拍照和录像,提取和固定痕迹物证,扣押肇事者或有关证件、暂扣肇事车辆,寻找目击证人,查明事故原因。

(6)恢复秩序

在抢救伤员、排除险情、勘查现场等各项工作结束后,立即安排施救单位迅速撤除现场,清扫道路,待施救单位撤除现场后,再撤除警戒区域,撤除时,必须从事故车辆处由远到近、由内到外依次撤除安全设施。尽最大努力,尽快恢复交通,各项处置工作结束后,各参战单位及时总结处置工作情况,并由轨道公安分局办公室负责汇总,上报区委、区政府和市公安局。

5 应急保障

城市轨道交通应急保障主要包括如下6个方面:信息网络通畅、救援物资齐备、人员调动迅速、指令及时传输、培训训练到位、法律法规保障。从这6个方面着手,确保在发生紧急情况时能迅速控制险情、减少损失、尽快恢复城市轨道交通的运营正常。

(1)信息网络通畅

建立质量高、技术先进、实用稳定而又封闭独立的网络化应急通信系统,配备必要的应急备用设施和技术力量,确保信息报送渠道的安全畅通。

(2)救援物资齐备

加强对车辆、警械、防毒及防爆、灭火、打捞、起吊等设备、器材的保管和维护,满足处置时需要。保障应急处置期间的交通运输,以及"伤员抢救绿色通道"的畅通。

(3)人员调动迅速

交警、巡警、特警、治安大队及属地派出所按照事故规模要求,随时保持一定的处置应急力量,或随时能集结一定力量投入处置工作。应急力量应包括医疗卫生、市政部门有关人员和相关专家等,当然也包括对轨道交通运营管理部门的专业技术人员的及时调动。

（4）指令及时传输

通信部门应做好现场指挥部和参与处置单位的通信联系畅通，保障处置现场的指令、信息汇报的传输畅通，确保指挥部门与现场的通信联络。

（5）培训训练到位

积极组织开展应对事故现场指挥人员及队伍的指挥和技能培训，定期进行应急模拟综合演练，提高合成作战和快速有效反应能力。

（6）法律法规保障

城市轨道交通事故的处置工作应根据相关法律进行事件的善后处理，法制部门也应及时、主动地提供相关的服务和支持。

复习与思考

一、填空题

1. 站台设置屏蔽门有如下好处：_____、_____、_____。
2. _____、_____是城市轨道运输企业永恒的主题。
3. 安全系统涉及的范围极广，主要由_____、_____、_____、_____等基本要素构成。
4. 按照事故的程度和性质分为_____、_____、_____、_____四类。
5. 我国将突发公共事件分为_____、_____、_____和社会安全事件四类。
6. 城市轨道交通运营中发生人员伤亡事故，应当按照"_____、_____、_____、_____"的原则处理。
7. 应急情况报告的基本原则是：_____、_____直报、_____。
8. 信息传递应遵循"_____、_____、_____"的原则。现场处置应遵循"_____、_____、_____"的原则。

二、问答题

1. 地铁火灾有什么特点？
2. 事故处理中坚持"四不放过"的原则是什么？
3. 城市轨道交通中安全对策有哪些？
4. 简述特别重大事故灾难快报及续报应当包括哪些内容？
5. 简述应急预案启动程序有哪些？

附 录 《城市轨道交通概论(第2版)》课程标准

一 课程计划

课程类别	课程名称	教学时间安排
专业基础课程	城市轨道交通概论	60课时

课程描述

本课程是城市轨道交通各专业必修的一门专业基础课程,本课程的教学任务是对学生进行城市轨道交通系统涉及内容的总体概念教学,以帮助学生建立专业理论研究和实际应用研究的基本知识框架,使其在其后展开的专业课学习中具有更加明确的目标,能够将各门专业课知识贯穿成为一个整体,并帮助学生了解在城市轨道交通领域面临的基本问题和解决问题的思维方式。

学习目标

学生以独立或小组合作的形式,在教师指导下或借助轨道交通资源等资料,进一步提高学生的专业素养,培养学生对专业的兴趣。通过本课程的学习,使学生掌握城市轨道交通系统的整体概念、系统的结构特点;各组成部分的特点及其衔接协调。使学生初步了解城市轨道交通的线路工程、轨道结构、车辆、通信信号系统、电传动、运营组织等,并了解各部分之间的相互关系和作用。可以使学生更全面地了解本专业,热爱本专业,为进一步学习专门化课程打下良好基础。

学习与工作内容		
学习与工作对象	工具	工作要求
●城市轨道交通资料的查阅和应用; ●了解轨道交通的发展现状; ●了解不同的轨道交通形式及其特点; ●了解轨道工程的相关知识; ●掌握车辆的构造和组成; ●了解城市轨道交通电力牵引系统和供电系统; ●了解城市轨道交通信号、控制与通信设备; ●了解轨道交通的运营组织; ●了解城市轨道交通的安全管理知识。	●各种类型的城市轨道交通图片与相关资料; ●城市轨道交通网络资源。 工作方法 ●实物、实地参观,通过收集资料与参观记录,编写调查报告; ●通过一些活动,培养学生的活动能力与学习兴趣。	●分组讨论,组内成员之间、各小组成员之间进行熟练的交流与沟通; ●实地参观应注意安全。

附录 《城市轨道交通概论(第2版)》课程标准

课业名称/学习情境
1.了解轨道交通的发展现状;2.了解城市轨道交通的规划知识;3.了解不同的轨道交通形式及其特点;4.了解轨道工程的相关知识;5.掌握车辆的构造和组成;6.了解城市轨道交通电力牵引系统和供电系统;7.了解城市轨道交通信号、控制与通信设备;8.理解轨道交通的运营组织;9.了解城市轨道交通的安全管理知识。
学习组织形式与方法
大部分学习任务的"学习准备"阶段采用正面课堂教学,部分采用独立学习;多数计划实施阶段采用小组学习,明确小组负责人并定期更换。
学业评价
1.关注学生个体差异;2.注重学习过程的评价,借鉴企业对员工完成工作任务的评价内容和评价方式;3.在职业能力评价时注重专业能力(知识与技能)和关键能力内容的整合;4.采用自我评价、小组评价和教师评价相结合的评价方式,以学生自我评价为主。

二 课业

课业/学习情境	学习目标	学习内容	评价建议	课时数	教学建议与说明
学习任务1 了解轨道交通的发展现状	1.了解发展轨道交通的必要性 2.了解我国轨道交通发展现状 3.了解轨道交通涉及的专业 4.了解轨道交通发展对人才的需求	1.发展轨道交通的必要性 2.轨道交通涉及的专业 3.轨道交通发展对人才的需求	1.自我评价内容:学习准备和计划实施的学习效果 2.小组评价内容:轨道交通涉及的专业;轨道交通发展对人才的需求 3.调查报告:通过上网查资料,写出轨道交通演变的报告	2	利用因特网等信息资源举办一次以"城市轨道交通发展"为主题的个性演讲
学习任务2 了解不同的轨道交通形式及其特点	1.掌握轨道交通的定义 2.了解有轨电车系统 3.了解地铁、轻轨系统 4.了解独轨(单轨)系统 5.了解自动导轨运输系统 6.了解世界及我国主要城市的轨道交通发展情况	1.有轨电车 2.地铁与轻轨 3.独轨(单轨) 4.自动导轨运输系统 5.磁浮系统 6.市郊铁路系统 7.世界及我国主要城市的轨道交通发展情况	1.自我评价内容:学习准备和计划实施的学习效果,特别是能区分地铁与轻轨 2.小组评价内容:几种轨道交通特点、运送速度和运送能力 3.调查报告:调查我国在建高铁所采用的新技术	6	多媒体展示;学生设计一个表格来区分各种轨道交通的特征

续上表

课业/学习情境	学习目标	学习内容	评价建议	课时数	教学建议与说明
学习任务3 了解城市轨道交通的规划知识	1. 了解城市轨道交通规划的原则和内容 2. 了解城市轨道交通线网设计的定义 3. 掌握城市轨道交通线网的基本结构 4. 了解城市轨道交通规划方案评价过程和指标体系	1. 城市轨道交通规划的原则和内容 2. 城市轨道交通线网设计的定义 3. 城市轨道交通线网的基本结构 4. 城市轨道交通规划方案评价过程和指标体系	1. 自我评价内容：学习准备和计划实施的学习效果，特别是线网的基本结构 2. 小组评价内容：城市轨道交通规划的原则和内容 3. 调查报告：调查我国各城市轨道交通规划方案评价指标体系	4	多媒体展示；学生调查各国轨道交通线网的基本结构
学习任务4 了解城市轨道交通土木工程	1. 掌握线路走向选择 2. 掌握车站站距 3. 了解线路平面设计 4. 掌握限界 5. 理解城市轨道交通轨道结构的特点 6. 了解轨道结构的基本部件 7. 了解道岔、车挡 8. 掌握各种轨道交通车站建筑形式 9. 掌握车站内各建筑组成部分 10. 了解车站文化	1. 线路选线 2. 线路平面 3. 线路纵断面 4. 轨道结构 5. 车站类型 6. 车站建筑平面 7. 车站设备 8. 车站文化	1. 自我评价内容：学习准备和计划实施的学习效果，特别是限界的概念、无缝线路、车站建筑形式等 2. 小组评价内容：车站站距的选择、轨道结构的基本部件、车站内各设备设施的布局 3. 调查报告：调查各国各种轨道交通车站建筑形式	8	多媒体展示；学生知识问答和各国轨道交通车站形态及车站文化展示
学习任务5 掌握车辆的构造和组成	1. 掌握轨道交通车辆的走行装置 2. 了解轨道交通车辆车钩牵引缓冲连接装置 3. 了解轨道交通车辆的车体结构 4. 了解轨道交通车辆的制动装置 5. 了解轨道交通车辆停放及维修基地的主要任务、布局	1. 车辆组成 2. 车辆设计参数 3. 转向架 4. 车辆制动 5. 车辆停放、检修方式和维修基地	1. 自我评价内容：学习准备和计划实施的学习效果，车辆的总体结构的掌握情况 2. 小组评价内容：车辆的制动方式的优先级别和选择 3. 调查报告：参观检修基地并撰写检修方式的改革报告	10	多媒体展示；实地参观检修基地

续上表

课业/学习情境	学习目标	学习内容	评价建议	课时数	教学建议与说明
学习任务6 了解城市轨道交通供电系统	1．了解轨道交通车辆电气传动控制技术的发展 2．了解供电电源 3．了解变电站及变电所 4．了解车辆受电方式 5．掌握地下迷流危害及其防护 6．了解远动控制	1．轨道交通供电的类型 2．牵引变电所、降压变电所接线形式及作用 3．接触网的种类、常见结构 4．地下迷流危害及其防护措施 5．SCADA系统	1．自我评价内容：学习准备和计划实施的学习效果 2．小组评价内容：交直流电力牵引系统的区别和接触网的种类 3．调查报告：交流电力牵引系统优点和应用情况；你所在城市的轨道交通地下迷流危害及其防护措施	8	多媒体展示和现场参观
学习任务7 了解城市轨道交通信号、控制与通信设备	1．理解通信系统的作用 2．了解通信网的基本结构 3．了解通信网的基本设备 4．了解信号引论 5．了解城市轨道交通信号的特点 6．了解轨道电路的进步 7．理解ATC	1．通信传输子系统 2．无线传输子系统 3．闭塞、联锁 4．轨道电路 5．列车自动控制系统	1．自我评价内容：学习准备和计划实施的学习效果 2．小组评价内容：闭塞、联锁的概念和列车自动控制系统的应用 3．调查报告：城市轨道交通通信和信号系统的新技术应用情况	6	多媒体展示；通过互联网络和图书、杂志等资料查询列车自动控制系统的应用
学习任务8 了解轨道交通的运营管理	1．理解轨道交通的行车组织 2．了解轨道交通行车管理手段 3．理解轨道交通的定价原则 4．了解各国轨道交通的多元化经营 5．了解城市轨道交通网络化运营的作用和要求	1．运输计划 2．列车运行图 3．运输调度指挥系统 4．客运服务 5．票价的制定 6．城市轨道交通网络化运营	1．自我评价内容：学习准备和计划实施的学习效果 2．小组评价内容：列车运行图的绘制 3．调查报告：你所在城市的轨道交通网络运行管理	10	通过互联网络查询资料，使学生对各国票价情况有所对比

续上表

课业/学习情境	学习目标	学习内容	评价建议	课时数	教学建议与说明
学习任务9 了解轨道交通安全管理知识	1. 了解城市轨道交通环境的特点 2. 了解城市轨道交通给排水设备、消防报警系统、屏蔽门及门禁系统和自动监控系统 3. 掌握城市轨道交通的安全管理要求 4. 了解城市轨道交通的应急预案	1. 城市轨道交通环境的特点 2. 城市轨道交通给排水设备、消防报警系统、屏蔽门及门禁系统和自动监控系统 3. 城市轨道交通的安全管理要求 4. 城市轨道交通的应急预案	1. 自我评价内容：学习准备和计划实施的学习效果 2. 小组评价内容：城市轨道交通的安全管理要求 3. 调查报告：我国各城市轨道交通的应急预案	4	多媒体展示；案例教学；通过互联网络和图书、杂志等资料，查询我国各城市轨道交通的应急预案
考核				2	
合计				60	

三 城市轨道交通概论实践教学装备标准

序号	设备名称	单位	数量	技术要求
1	列车模型	列	1	至少三辆包括动车和拖车
2	练功型地铁动车转向架模型	台	2	包括庞巴迪型、阿尔斯通型
3	练功型地铁拖车转向架模型	台	2	包括庞巴迪型、阿尔斯通型
4	练功型受电弓	台	2	气动类型
5	地铁微机连锁沙盘模型	套	1	40台计算机组成计算机网络
6	轨道交通杂志	本	10	建议2种以上
7	城市轨道交通发展史	套	2	DVD光盘

四 实施建议

1. 建议本课程采用理论与实践、资源一体化的教学模式和行动导向的教学方法。

2. 教学场所中应设置理论教学区和实训教学区，最好在理论教学区中还能设置学习讨论区，配备课程中各学习任务所需的挂图、车标、图片、轨道交通杂志和计算机网络资源查询等。

3. 为保证教学的效果，建议每位指导教师负责组织和指导15～20个学生，学生分组控制在 4~5 人/组。

4.教师在讲授或演示教学中,尽量使用多媒体教学设备,利用丰富的信息资源配备丰富的课件、DVD 等多媒体教学资源。

5.评价方式以学生自评为主,学生互评为辅,教师在评价过程中起引导调控作用。教师评价内容:要观察学生的学习过程,根据学生自我评价和小组评价情况,给出总体评价和改善意见。

6.学习资源如下:

(1)阎国强,仇海兵.城市轨道交通概论,2 版[M].北京:人民交通出版社,2012.

(2)http://www.sues.edu.cn

7.教材在实际使用中,要以实际的师资、学生、场地和设备等条件进行调整,并结合轨道交通发展与地位的实际、具体学习任务对教学时间和教学内容进行修改。

参考文献

[1] 李建国.城市轨道交通系统概论[M].北京:机械工业出版社,2009.
[2] 张凡,钱传贤.城市轨道交通概论[M].成都:西南交通大学出版社,2007.
[3] 阎国强.城市轨道交通系统[M].上海:上海科学技术出版社,2012.
[4] 谭复兴,高伟君.城市轨道交通系统概论[M].北京:中国水利水电出版社,2007.
[5] 上海申通地铁集团有限公司轨道交通培训中心.城市轨道交通概论[M].北京:中国铁道出版社,2009.
[6] 曾青中,韩增盛.城市轨道交通车辆[M].成都:西南交通大学出版社,2006.
[7] 何宗华,汪松滋,何其光.城市轨道交通车辆运行与维修[M].北京:中国建筑工业出版社,2007.
[8] 郑瞳炽,张明锐.城市轨道交通牵引供电系统[M].北京:中国铁道出版社,2000.
[9] 何宗华,汪松滋,何其光.城市轨道交通通信信号系统运行与维修[M].北京:中国铁道出版社,2007.
[10] 张国宝.城市轨道交通运营组织[M].上海:上海科学技术出版社,2007.